RELIURE SERREE
Absence de marges
intérieures

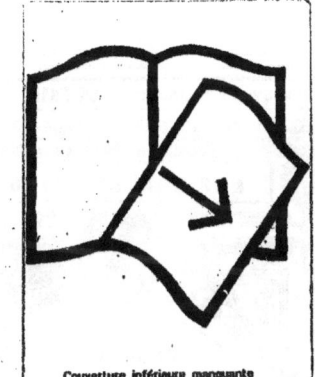

Couverture inférieure manquante

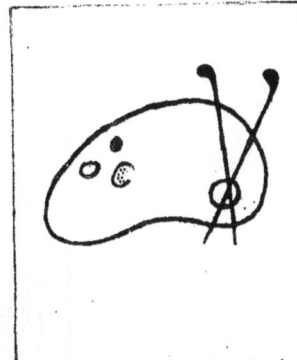

Début d'une série de documents
en couleur

VALABLE POUR TOUT OU PARTIE
DU DOCUMENT REPRODUIT

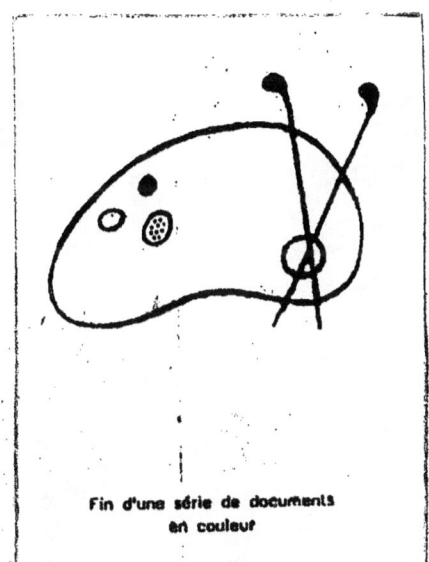

Fin d'une série de documents en couleur

LA VAMPIRE

LA

VAMPIRE

PAR

PAUL FÉVAL

PARIS
E. DENTU, ÉDITEUR
LIBRAIRE DE LA SOCIÉTÉ DES GENS DE LETTRES
3, PLACE DE VALOIS, 3, PALAIS-ROYAL

1891
Tous droits réservés.

AVANT-PROPOS

Ceci est une étrange histoire dont le fond, rigoureusement authentique, nous a été fourni comme les neuf dixièmes des matériaux qui composent ce livre, par le manuscrit du « papa Sévérin ».

Mais le hasard, ici, est venu ajouter, aux renseignements exacts donnés par l'excellent homme, d'autres renseignements qui nous ont permis d'expliquer certains faits que notre héroïque bonne d'enfants des Tuileries regardait comme franchement surnaturels.

Ces éclaircissements, grâce auxquels ce drame fantastique va passer sous les yeux du lecteur dans sa bizarre et sombre réalité, sont puisés à deux sources : une page inédite de la correspondance du duc de Rovigo, qui eut, comme on sait, la confiance intime de l'empereur et qui fut chargé, pendant la retraite de Fouché (1802-1804), de contrôler militairement la police générale, dont les bureaux étaient administrativement réunis au département de la justice, dirigé par le grand-juge Régnier, duc de Massa.

Ceci est la première source. La seconde, tout orale, consiste en de nombreuses conversations avec le respectable M. G..., ancien secrétaire particulier du comte Dubois, préfet de police à la même époque.

Nous nous occuperons peu des événements politiques, intérieurs, qui tourmentèrent cette période, précédant immédiatement le couronnement de Napoléon. Saint-Réjant, Pichegru, Moreau, la machine infernale n'entrent point dans notre sujet et c'est à peine si nous verrons passer ce gros homme, Brutus de la royauté, audacieux et solide comme un conjuré antique : Georges Cadoudal.

Les guerres étrangères nous prendront encore moins de place. On n'entendait en 1804 que le lointain canon de l'Angleterre.

Nous avons à raconter un épisode, historique il est vrai, mais bourgeois, et qui n'a aucun trait ni à l'intrigue du cabinet ni aux victoires et conquêtes.

C'est tout bonnement une page de la biographie secrète de ce géant qu'on nomme Paris et qui, en sa vie, eut tant d'aventures!

Laissons donc de côté les cinq cents volumes de mémoires diffus qui disent le blanc et le noir sur cette grande crise de notre Révolution, et tournant le dos au château où la main crochue de ce bon M. Bourrienne griffonne quelques vérités parmi des monceaux de mensonges bien payés, plongeons-nous de parti pris dans le fourré le plus profond de la forêt parisienne.

Nous avons l'espoir que le lecteur n'aura pas oublié cette touchante et sereine figure qui traverse les pages de notre introduction. Il n'y a que des récits dans ce livre : notre préface elle-même était encore un récit, dont le héros se nommait le « papa Sévérin ».

Nous avons la certitude que le lecteur se souvient d'une autre physionomie, tendre et bonne aussi, mais d'une autre manière, moins austère et plus mâle, plus tourmentée, moins pacifique surtout : le chantre de Saint-Sulpice, le prévôt d'armes qui, dans *la Chambre des Amours*, enseigna si rudement ce beau coup droit, dégagé main sur main, à M. le baron de Guitry, gentilhomme de la chambre du roi Louis XVI.

Un Sévérin aussi : Sévérin, dit Gâteloup.

Ce Gâteloup, presque vieillard, et papa Sévérin presque enfant, vont avoir des rôles dans cette histoire.

L'un était le père de l'autre.

Et s'il m'était permis de descendre encore plus avant dans nos communs souvenirs, je vous rappellerais cette chère petite famille, composée de cinq enfants qui ne se ressemblaient point, et dont papa Sévérin était *la bonne* aux Tuileries : Eugénie, Angèle et Jean qui avaient le même âge, Louis et Julien, des bambins.

Ces cinq êtres, abandonnés, orphelins, mais à qui Dieu clément avait rendu le meilleur des pères, reviendront tous et chacun sous notre plume. Ils forment à eux cinq, dans la personne de leurs parents, la légende lamentable du suicide.

Papa Sévérin avait dit en montrant Angèle, la plus jolie de ces petites filles, et celle dont la précoce pâleur nous frappa comme un signe de fatalité :

— Celle-ci tient à ma famille par trois liens.

Il avait ajouté, ce jour où la fillette jetait ses regards avides à travers les glaces de la Morgue :

— Elle a déjà l'idée.

Car papa Sévérin croyait à la transmission d'un héritage fatal.

Notre histoire va montrer la première des trois Angèle.

Notre histoire va montrer aussi les tables de marbre toutes neuves et vierges encore de tout contact mortel. Nous y verrons quelle fut l'étrenne de la Morgue du Marché-Neuf.

Tout cela à propos d'un adorable et impur démon qui ressuscita un instant, au beau milieu de Paris et près du berceau de notre « siècle des lumières », les plus noires superstitions du moyen âge.

LA VAMPIRE

I

LA PÊCHE MIRACULEUSE

Le commencement du siècle où nous sommes fut beaucoup plus légendaire qu'on ne le croit généralement. Et je ne parle pas ici de cette immense légende de nos gloires militaires, dont le sang républicain écrivit les premières pages au bruit triomphant de la fanfare marseillaise, qui déroula ses chants à travers l'éblouissement de l'empire et noya sa dernière strophe — un cri splendide — dans le grand deuil de Waterloo.

Je parle de la légende des conteurs, des récits qui endorment ou passionnent la veillée, des choses poétiques, bizarres, surnaturelles, dont le scepticisme du dix-huitième siècle avait essayé de faire table nette.

Souvenons-nous que l'empereur Napoléon Ier aimait à la folie les brouillards rêveurs d'Ossian, passés par M. Baour au tamis académique. C'est la légende guindée, roidie par l'empois; mais c'est toujours la légende.

Et souvenons-nous aussi que le roi légitime des pays légendaires, Walter Scott, avait trente ans quand le siècle naquit.

Anne Radcliffe, la sombre mère de tant de mystères et de tant de terreurs, était alors dans tout l'éclat de cette vogue qui donna le frisson à l'Europe. On courait après la peur, on recherchait le ténébreux. Tel livre sans queue ni tête obtenait un frénétique succès rien que par la description d'une oubliette à ressort, d'un cimetière peuplé de fantômes à l'heure « où l'airain sonne douze fois » ou d'un confessionnal à double fond bourré d'impossibilités horribles et lubriques.

C'était la mode; on faisait à ces fadaises une toilette de

grands mots, appartenant spécialement à cette époque solennelle; on mettait le tout comme une purée sous le héros, cuit à point, qui était un « cœur vertueux », une « âme sensible », daignant croire au « souverain maître de l'univers » et aimant à voir lever l'aurore.

Le contraste de ces confitures philosophiques et de ces sépulcrales abominations formait un plat hybride, peu comestible, mais d'un goût étrange, qui plaisait à ces jolies dames, vêtues si drôlement, avec des bagues aux orteils, la ceinture au-dessus du sein, la hanche dans un fourreau de parapluie et la tête sous une gigantesque feuille de chicorée.

Paris a toujours adoré d'ailleurs les contes à dormir debout, qui lui procurent la délicieuse sensation de la chair de poule. Quand Paris était encore tout petit, il avait déjà nombre d'histoires à faire frémir, depuis la coupable association formée entre le barbier et le pâtissier de la rue des Marmousets, pour le débit des vol-au-vent de gentilshommes, jusqu'à la boucherie galante de la maison du cul-de-sac Saint-Benoît, dont les murs démolis avaient plus d'ossements humains que de pierres.

Et depuis si longtemps, à cet égard, Paris a peu changé.

Aux premiers mois de l'année 1804, il y avait dans Paris une vague et lugubre rumeur, née de ce fait que des pêches miraculeuses avaient lieu depuis quelque temps à la pointe orientale de l'île Saint-Louis, en tournant un peu vers le sud-est, non loin de l'endroit où les bains Petit réunissent aujourd'hui, dans les mois d'été, l'élite des tritons parisiens.

C'est chose rare qu'un banc de poisson dans Paris. Tant d'hameçons, tant de nasses, tant d'engins divers sont cachés sous l'eau entre Bercy et Grenelle, que les goujons seuls, d'ordinaire, et les imprudents barbillons se hasardent dans ce parcours semé de périls. Vous n'y trouveriez ni une carpe, ni une tanche, ni une perche, et si parfois un brochet s'y engage, c'est que ce requin d'eau douce a le caractère tout particulièrement aventureux.

Aussi la gent pêcheuse faisait-elle grand bruit de l'aubaine envoyée par la Providence aux citoyens amateurs de la ligne, de l'épervier et du carrelet. Sur un parcours d'une centaine de pas, depuis l'égout de Bretonvilliers jusqu'au quai de la Tournelle, tout le long du quai de Béthune, vous auriez vu, tant que le jour durait, une file de vrais croyants, immobiles et silencieux, tenant la ligne et suivant d'un œil inquiet le bouchon flottant au fil de l'eau.

Dire que tout le monde emplissait son panier serait une imposture. Les bancs de poisson, à Paris, ne ressemblent guère à ceux de nos côtes; mais il est certain que çà et là un heureux gaillard piquait un gros brochet ou un barbillon de taille inusitée. Les goujons abondaient, les chevaignes tournoyaient à fleur d'eau, et l'on voyait glisser dans l'onde trouble ces reflets pourprés qui annoncent la présence du gardon.

Ceci, en plein hiver et alors que d'habitude les poissons parisiens, frileux comme des marmottes, semblent déserter la Seine pour aller se chauffer on ne sait où.

En apparence, il y a loin de cette joie des pêcheurs et de cette folie du poisson à la rumeur lugubre dont nous avons annoncé la naissance. Mais Paris est un raisonneur de première force; il remonte volontiers de l'effet à la cause, et Dieu sait qu'il invente parfois de bien drôles de causes pour les plus vulgaires effets.

D'ailleurs, nous n'avons pas tout dit. Ce n'était pas exclusivement pour pêcher du poisson que tant de lignes suspendaient l'amorce le long du quai de Béthune. Parmi les pêcheurs de profession ou d'habitude qui venaient là chaque jour, il y avait nombre de profanes, gens d'aventures et d'imagination, qui visaient à une tout autre proie.

Le Pérou était passé de mode et l'on n'avait pas encore inventé la Californie. Les pauvres diables qui courent après la fortune ne savaient trop où donner de la tête et cherchaient leur vie au hasard.

L'Europe ingrate ne sait pas le service que lui rendent ces féeriques vésicatoires qui se nomment sur la carte du monde San-Francisco, Monterey, Sydney ou Melbourne.

Il y avait bien la guerre, en ce temps-là, mais à la guerre on gagne plus de horions que d'écus, et les aventuriers modèles, les « vrais chercheurs d'or » font rarement les bons soldats de la bataille rangée.

Il y avait là, sous le quai de Béthune, des poètes déclassés, des inventeurs vaincus, d'anciens don Juan, banqueroutiers de l'industrie d'amour qui s'étaient cassé bras et jambes en voulant grimper à l'échelle des femmes, des hommes politiques dont l'ambition avait pris racine dans le ruisseau, des artistes souffletés par la renommée, — cette cruelle! — des comédiens honnis, des philanthropes maladroits, des génies persécutés, et ce notaire qui est partout, même au bagne, pour avoir accompli son sacerdoce avec trop de ferveur.

Nous le répétons, de nos jours, tous ces braves eussent été dans la Sonore ou en Australie, qui sont de bien utiles pays. En l'année 1804, s'ils grelottaient les pieds dans l'eau, sondant avec mélancolie le cours troublé de la Seine, c'est que la légende plaçait au fond de la Seine un fantastique Eldorado.

Au coin de la rue de Bretonvilliers et du quai, il y avait

un petit cabaret de fondation nouvelle qui portait pour enseigne un tableau, brossé naïvement par un peintre étranger à l'Académie des beaux-arts.

Ce tableau représentait deux sujets fraternellement juxtaposés dans le même cadre.

Premier sujet : Ezéchiel en costume de *ravageur*, faisant tourner d'une main sa sébile, au fond de laquelle on voyait briller des pièces d'or, et relevant de l'autre une ligne, dont la gaule, pliée en deux, supportait un monstre marin copié sur nature dans le récit de Théramène.

Ezéchiel était le nom du maître du cabaret.

Second sujet : Ezéchiel en costume de maison, éventrant, dans le silence du cabinet, le monstre dont il est question ci-dessus et retirant de son ventre une bague chevalière ornée d'un brillant qui reluisait comme le soleil.

Il est juste d'ajouter que la bague était passée à un doigt et que le doigt appartenait à une main. Le tout avait été avalé par le monstre du récit de Théramène, sans mastication préalable et avec une évidente volupté dont témoignait encore:

Sa croupe recourbée en replis tortueux.

Les deux sujets jumeaux n'avaient qu'une seule légende qui disait enlettre mal formées:

A la pêche miraculeuse.

Le lecteur commence peut-être à comprendre la connexité existant entre le fameux banc de poisson de l'île Saint-Louis et cette rumeur funèbre qui courait vaguement dans Paris.

Nous ne lui marchanderons point, du reste, le chapitre des explications.

Mais, pour le moment, il nous faut dire que tout Paris connaissait l'aventure d'Ezéchiel représentée par le tableau, aventure authentique, acceptée, populaire, et dont personne ne se serait avisé de mettre en doute l'exactitude avérée.

En effet, avec le produit de la vente de ce bijou trouvé dans l'estomac du monstre, Ezéchiel avait monté, au vu et au su de tout le monde, son établissement de cabaretier.

Et comme il avait découvert le premier ce Pérou en miniature, ce gisement de richesses subaquatiques, il était permis à l'imagination des badauds d'enfiler à son sujet tout un chapelet d'hypothèses dorées. Son nom indiquait une origine israélite, et l'on sait la bonne réputation accordée à l'ancien peuple de Dieu par la classe ouvrière. On parlait déjà d'un caveau où Ezéchiel amoncelait des trésors.

Les autres étaient venus quand la veine aurifère était déjà écrémée; les autres, pêcheurs naïfs ou pêcheurs d'aventures : les poètes, les inventeurs, les don Juan battus, les industriels tombés, les artistes manqués, les comédiens fourbus, les philanthropes usés jusqu'à la corde, les génies piqués aux vers — et le notaire n'avaient en pour tout potage que les restes de cet heureux Ezéchiel.

Ils étaient là, non point pour le poisson qui foisonnait réellement d'une façon extraordinaire, mais pour la bague chevalière dont le chaton en brillants reluisait comme le soleil.

Ils eussent volontiers plongé tête première pour explorer le fond de l'eau, si la Seine, jaune, haute, rapide et entraînant dans sa course des tourbillons écumeux, n'eût pas défendu les prouesses de ce genre.

Ils apportaient des sébiles pour *ravager* le bas de la berge dès que l'eau abaisserait son niveau.

Ils attendaient, consultant l'étiage d'un œil fiévreux, et voyant au fond de l'eau des amas de richesses.

Ezéchiel, assis à son comptoir, leur vendait de l'eau-de-vie et les entretenait avec soin dans cette opinion qui achalandait son cabaret. Il était éloquent, cet Ezéchiel, et racontait volontiers que la nuit, au clair de la lune, il avait vu, de ses yeux, des poissons qui se disputaient des lambeaux de chair humaine à la surface de l'eau.

Bien plus, il ajoutait qu'ayant noyé ses lignes de fond, amorcées de fromage de Gruyère et de sang de bœuf, en aval de l'égout, il avait pris une de ces anguilles courtes, replètes et marquées de taches de feu qu'on rencontre en Loire entre Paimbœuf et Nantes, mais qui sont rares en Seine, autant que le merle blanc dans nos vergers : une lamproie, ce poisson cannibale, que les patriciens de Rome nourrissaient avec de la chair d'esclave.

D'où venait l'abondante et mystérieuse pâture qui attirait tant d'hôtes voraces précisément en ce lieu?

Cette question était posée mille fois tous les jours, les réponses ne manquaient point. Il y en avait de toutes couleurs; seulement, aucune n'était vraisemblable ni bonne.

Cependant, le cabaret de la *Pêche miraculeuse* et son maître Ezéchiel prospéraient. L'enseigne faisait fortune comme presque toutes les choses à double entente. Elle flattait à la fois, en effet, les pêcheurs sérieux, les pêcheurs de poissons, et cette autre catégorie plus nombreuse, les pêcheurs de chimères, poètes, peintres, comédiens, trouvers, industriels bourreaux de femmes en disponibilité et le notaire.

Chacun de ceux-là espérait à tout instant qu'un solitaire de mille louis allait s'accrocher à son hameçon.

Et vis-à-vis de la rangée des pêcheurs, il y avait, de l'autre côté de la rivière, une rangée de badauds qui regardaient de tous leurs yeux. Les cancans allaient et venaient, les commentaires se croisaient : on fabriquait là assez de bourdes pour désaltérer tout Paris, incessamment altéré de choses vraies qui n'ont pas le sens commun.

Je dis choses vraies, parce que, soyez bien persuadés de cela, sous toute rumeur populaire, si absurde qu'elle puisse paraître, un fait réel se cache toujours.

L'opinion la plus accréditée, sinon la plus vraisemblable, se résumait en un mot qui sollicitait énergiquement les imaginations et valait à lui seul deux ou trois des plus ténébreux livres de Mme Anne Radcliffe. Ce mot était plus sombre que le titre fameux le *Confessionnal des pénitents noirs*. Ce mot était plus mystérieux que les *Mystères du château des Pyrénées*, que les *Mystères d'Udolphe* et que les *Mystères de la caverne des Apennins*; il sonnait le glas, il flairait la tombe.

Ce mot, sincèrement appétissant pour les esprits inquiets, curieux, avides, pour les femmes, pour les jeunes gens, pour tous les curieux de terreur et d'horreur, c'était la VAMPIRE.

Notre éducation au sujet de ces funèbres pages du merveilleux en deuil a peu marché depuis lors. On a bien écrit quelques-uns de ces livres qui dissertent sans expliquer, qui compilent sans condenser et qui relient en de gros volumes le pâle ennui de leurs pages didactiques, mais il semblerait que les savants eux-mêmes, ces braves de la pensée, abordent avec un esprit troublé les redoutables questions de démonologie. Parmi eux, les croyants ont un peu ph sionomie de maniaques, et les incrédules restent mouillés de cette sueur froide, le doute, qui communique à coup sûr l'ennui contagieux.

Je cherche, et je ne trouve pas dans mes souvenirs d'enfant le titre du prodigieux bouquin qui prononça pour la première fois à mes yeux le mot *Vampire*. Ce n'était pas un décourageant article de revue, ce n'était pas une tranche de ce pain banal qu'on émiette dans les dictionnaires : c'était un pauvre conte allemand, plein de sève et de fougue sous sa toilette de naïveté empesée. Il racontait bonnement, presque timidement, des histoires si sauvages, que j'en ai encore le cœur serré.

Je me souviens qu'il était en trois petits volumes, et qu'il y avait une gravure en taille-douce à la tête de chaque tome. Elles ne valaient pas un prix fou, mais, Seigneur Dieu, comme elles faisaient frémir !

La première gravure en taille-douce, calme et paisible comme le prologue de tout grand poème, représentait... j'allais dire Faust et Marguerite à leur première rencontre.

Il n'y avait rien là qu'un jeune homme regardant une jeune fille, et cela vous mettait du froid dans les veines, tant Marguerite subissait manifestement le magnétisme fatal qui jaillissait en gerbes invisibles de la prunelle de Faust !

Pourquoi ne garderions-nous pas ces noms : Faust et Marguerite ? Qu'est le chef d'œuvre de Gœthe, sinon la splendide mise en scène de l'éternel fait de vampirisme qui, depuis le commencement du monde, a desséché et vidé le cœur de tant de familles ?

Donc Faust regardait Marguerite. — Et c'était une noce, figurez-vous, une noce de campagne où Marguerite était la Fiancée et Faust un invité de hasard. On dansait sur l'herbe parmi des buissons de roses.

Les parents imprudents et le marié aussi, car il avait le bouquet au côté, le pauvre jeune rustre, contemplaient avec admiration Faust qui faisait valser Marguerite.

Faust souriait ; la tête charmante de Marguerite allait se penchant sur son épaule, vêtue du dolman hongrois.

Et sur le buisson de roses qui fleurissait au premier plan, il y avait un large filet dodécagone : une toile d'araignée, au centre de laquelle l'insecte monstrueux qu'on appelle aussi la vampire suçait à loisir la moelle d'une mouche prisonnière...

C'était tout pour la gravure en taille-douce. Au texte maintenant.

La plume peint mieux que le crayon. — Ce sont des plaines immenses que la vieille forteresse d'Ofen regarde par-dessus le Danube, qui la sépare de Pesth la moderne.

De Pesth jusqu'aux forêts Baconier, le long de la Theiss bourbeuse et tumultueuse, c'est la plaine, toujours la plaine, sans limites comme la mer.

Le jour, le soleil sourit à cet océan de verdure, et la brise heureuse caresse en se jouant l'incommensurable champ de maïs, qui est la Hongrie du sud.

La nuit, la lune glisse au-dessus de ces muettes solitudes. Là-bas, les villages ont soixante mille âmes, mais il n'y a point de hameaux. Le souvenir de la guerre avec le Turc agglomère encore les rustiques habitations, abritées comme les troupeaux de moutons au bersail, derrière le tour ventrue coiffée du dôme oriental et armée de canons hors d'usage.

C'est la nuit. Les morts vont vite au pays magyare en Allemagne, mais ils vont en chariot et non à cheval.

C'est la nuit. La lune pend à la coupole d'azur, regardant passer les nues qui galopent follement.

L'horizon plat s'arrondit à perte de vue, montrant çà et là un arbre isolé ou la bascule d'un puits relevée comme une potence.

Un char attelé de quatre chevaux à tous crins passe rapide comme la tempête : un char étrange, haut sur roues, moitié valaque, moitié tartare, et dont l'essieu jette des cris éclatants.

Avez-vous reconnu ce hussard dont le dolman flotte à la brise? — Et cette enfant, cette douce et blonde fille? Les morts vont vite : les clochers de Czegled ont fui au lointain, et les tours de Keczkemet et les minarets de Szegedin. Voici les fières murailles de Temesvar, puis, là-bas, Belgrade, la cité des mosquées...

Mais le char ne va pas jusque-là. Sa roue a touché les tables de marbre du dernier cimetière chrétien ; sa roue se brise. Faust est debout, portant Marguerite évanouie dans ses bras...

La seconde gravure en taille-douce, oh ! je m'en souviens bien ! représentait l'intérieur d'une tombe seigneuriale dans le cimetière de Petervardein : une longue file d'arceaux où se mourait la lueur d'une seule lampe.

Marguerite était couchée sur un lit qui ressemblait à un cercueil. Elle avait encore ses habits de fiancée. Elle dormait.

Sous les arceaux, éclairés vaguement, une longue file de cercueils, qui ressemblaient à des lits, supportaient de belles et pâles statues, couchées et dormant l'éternel sommeil.

Toutes étaient vêtues en fiancées ; toutes avaient autour du front la couronne de fleur d'oranger. Toutes étaient blanches de la tête aux pieds, sauf un point rouge au-dessous du sein gauche : la blessure par où Faust-Vampire avait bu le sang de leur cœur.

Et Faust, il faut bien le dire, se penchait au-dessus de Marguerite endormie : le beau Faust, le valseur admiré, le tentateur et le fascinateur.

Il était hâve ; sans son costume de hussard vous ne l'auriez point reconnu ; les ossements de son crâne n'avaient plus de cheveux, et ses yeux, ses yeux si beaux, manquaient à leurs orbites vides.

C'était un cadavre, ce Faust, et, chose hideuse à penser, un cadavre ivre !

Il venait d'achever sa lugubre orgie : il avait bu tout le sang du cœur de Marguerite !

Et le texte ? Ma foi, je ne sais plus. Ce second tome était bien moins amusant que le premier. Le vampire hongrois s'ennuie chez lui comme don Juan l'Espagnol, comme l'Anglais Lovelace, comme le Français, bourreau des cœurs, quel que soit son nom. Tous ces coquins-là tuent platement, comme des pleutres qu'ils sont au fond. Ils ne valent qu'avant l'assassinat. Je n'ai jamais pu découvrir, pour ma part, la grande différence qu'il y a entre ce pauvre Dumolard, vampire des cuisinières, et don Juan grand seigneur. La statue du commandeur elle-même ne me semble pas plus forte que la guillotine.

Et s'il est un maraud capable de plaider la cause aux trois-quarts perdue de la guillotine, c'est don Juan.

Passons à la troisième gravure en taille-douce, et qu'on me décerne un prix de mémoire !

Celle-là était la statue du commandeur, la guillotine, tout ce que vous voudrez.

Personne n'ignore qu'un bon vampire était invulnérable et immortel, comme Achille, fils de Pélée, à la condition de n'être point blessé à un certain endroit et d'une certaine façon. Le fameux vampire de Debreckzin vécut et mourut, pour mieux dire, pendant quatre cent quarante quatre ans. Il vivrait encore si le professeur Hemzer ne lui eût plongé dans la région cardiaque un fer à gaufrer rougi préalablement au feu.

C'est là une recette bien connue et qui, au premier aspect, ne nous semble pas dépourvue d'efficacité.

La troisième gravure montrait le vrai cercueil de Faust, où il reposait peut-être depuis des siècles, gardant la bizarre permission de se relever certaines nuits, de revêtir son costume de hussard, toujours propre et fort élégant, pour aller à la chasse de Marguerite.

Faust était là, le monstre ! avec ses yeux brillants et ses lèvres humides. Il buvait le sang de Marguerite, couchée un peu plus loin.

Les gens de la noce avaient, je ne sais trop comment, découvert sa retraite. On avait apporté un fourneau de forge, on avait fait rougir une vaillante barre de fer, et le fiancé la passait à deux mains, de tout son cœur, au travers de l'estomac du vampire, qui n'avait garde de protester.

Et Marguerite s'éveillait là-bas, comme si la mort de son bourreau lui eût rendu la vie.

Voilà ce que disait et ce que contenait mon vieux bouquin en trois petits tomes. Et je déclare que les articles des recueils savants ne m'en ont jamais tant appris sur les vampires.

J'ajoute que les badauds de Paris, en l'an 1804, étaient à peu près de notre force, au bouquin et à moi : ce qui donne la mesure de ce que pouvait être leur opinion au sujet de cet être mystérieux que la frayeur publique avait baptisé : *la Vampire.*

II

SAINT-LOUIS-EN-L'ILE

La vampire existait, voilà le point de départ et la chose certaine : que ce fût un monstre fantastique comme certains le croyaient fermement, ou une audacieuse bande de malfaiteurs réunis sous cette raison sociale, comme les gens plus éclairés le pensaient, la vampire existait.

Depuis un mois il était bruit de plusieurs disparitions. Les victimes semblaient choisies avec soin parmi cette population flottante et riche qu'un intervalle de paix amenait à Paris. On parlait d'une vingtaine d'étrangers pour le moins, tous jeunes, tous ayant marqué leur passage à Paris par de grandes dépenses, et qui s'étaient éclipsés soudain sans laisser de traces.

Y en avait-il vingt en effet ? La police niait. La police eût affirmé volontiers que ces rumeurs n'avaient pas l'ombre de fondement et qu'elles étaient l'œuvre d'une opposition qui devenait de jour en jour plus hardie.

Mais l'opinion populaire s'affermit d'autant mieux que les dénégations de la police sont plus précises. Dans les faubourgs, ce n'était pas de vingt victimes que l'on parlait, on comptait les victimes par centaines.

A ce point qu'on affirmait l'existence d'un ténébreux charnier situé au bord du fleuve. On ne savait, il est vrai, où ce charnier pouvait être caché ; on objectait même des impossibilités matérielles, car il eût fallu supposer que le fleuve communiquait directement avec cette tombe, pour expliquer le phénomène de la pêche miraculeuse. Et comment admettre la présence d'un canal inconnu aux gens du quartier ?

Dans la saison d'été, la Seine abandonne ses rives et livre à tous regards le secret de ses berges.

C'était assurément là une objection frappante et qui venait à l'appui de l'outrageuse invraisemblance du fait en lui-même : une oubliette au dix-neuvième siècle !

Les sceptiques avaient beau jeu pour rire.

Paris ne se faisait point faute d'imiter les sceptiques il riait ; il répétait sur tous les tons : c'est absurde, c'est impossible.

Mais il avait peur.

Quand les poltrons de village ont peur, la nuit, dans les

chemins creux, ils chantent à tue-tête. Paris est ainsi : au milieu de ses plus grandes épouvantes, il rit souvent à gorge déployée.

Paris riait donc en tremblant ou tremblait en riant, car les objections et les raisonnements ne peuvent rien contre certaines évidences. La panique se faisait tout doucement. Les personnes sages ne croyaient peut-être pas encore, mais l'inquiétude contagieuse les prenait, et les railleurs eux-mêmes, en colportant leurs moqueries, augmentaient la fièvre.

Deux faits restaient debout, d'ailleurs : la disparition de plusieurs étrangers et provinciaux, disparition qui commençait à produire son résultat d'agitation judiciaire, et cette autre circonstance que le lecteur jugera comme il voudra, mais qui impressionnait Paris plus vivement encore que la première : la *pêche miraculeuse* du quai de Béthune.

C'était, on peut le dire, une préoccupation générale. Ceux qui se bornaient à hocher la tête en avouant qu'il y avait là « quelque chose » pouvaient passer pour des modèles de prudence.

Est-il besoin d'ajouter que la politique fournissait sa note à ce concert ? Jamais circonstances ne furent plus propices pour mêler le mélodrame politique à l'imbroglio du crime privé. De grands événements se préparaient, de terribles périls, récemment évités, laissaient l'administration fatiguée et pantelante. L'Empire, qui se fondait à bas bruit dans la chambre à coucher du premier consul, donnait à la préfecture les coliques de l'enfantement.

Le citoyen préfet, qui ne devait jamais être un aigle et qui ne s'appelait pas encore le comte Dubois, tressaillait de la tête aux pieds à chaque bruit de porte fermée, croyant ouïr un écho de cette machine infernale dont il n'avait point su prévenir l'explosion. Les sombres inventeurs de cet engin, Saint-Rejant et Carbon, avaient porté leurs têtes sur l'échafaud ; mais, du fond de sa disgrâce, Fouché murmurait des paroles qui montaient jusqu'au chef de l'État.

Fouché disait : Saint-Rejant et Carbon ont laissé des fils. Avant eux, il y avait Ceracchi, Diana et Arena qui ont laissé des frères. Entre le premier consul et la couronne, il y a la France républicaine et la France royaliste. Pour sauter ce pas, il faudrait un bon cheval, et Dubois n'est qu'un âne !

Le mot était dur, mais le futur duc d'Otrante avait une langue de fer.

Celui qui devait être l'empereur l'écoutait bien plus qu'il n'en voulait avoir l'air.

Quant à Louis-Nicolas-Pierre-Joseph Dubois, ce n'était pas un âne, non, puisqu'il mangeait des truffes et du poulet, mais c'était un brave homme prodigieusement embarrassé.

Les cartes se brouillaient, en effet, de nouveau, et une conspiration bien autrement redoutable que celle de Saint-Réjant menaçait le premier consul.

Les trois ou quatre polices chargées d'éclairer Paris, affolées tout à coup par ce danger invisible que chacun sentait, mais dont nul ne pouvait saisir la trace palpable, s'entre-choquaient dans la nuit de leur ignorance, se nuisaient l'une à l'autre, se contrecarraient mutuellement, et surtout s'accusaient réciproquement avec un entrain égal.

Paris avait pour elles tant d'affection et en elles tant de confiance, qu'un matin, Paris s'éveilla disant et croyant que la vampire, cette friande de cadavres, était la police, et que les jeunes gens disparus payaient de leur vie certaines méprises de la police ou des polices frappant au hasard les prétendus constructeurs d'une machine infernale.

Ce jour-là Paris oublia de rire; mais il s'en dédommagea le lendemain en apprenant que Louis-Nicolas-Pierre-Joseph Dubois avait fait cerner par deux cent cinquante agents l'enclos de la Madeleine, douze heures juste après la fin d'un conciliabule en plein air tenu par Georges Cadoudal et ses complices, derrière les murailles de l'église en construction.

Il semblait, en vérité, que Paris sût ce que le citoyen Dubois ignorait. Le citoyen Dubois passait au milieu de ces événements, gros de menaces, comme l'éternel mari de la comédie qui est le seul à ne point voir les gaietés de sa chambre nuptiale.

Il cherchait partout où il ne devait point trouver, il se démenait, il suait sang et eau et jetait, en fin de compte, sa langue au chien avec désespoir.

Ce fut dans ce conciliabule de l'église de la Madeleine que Georges Cadoudal proposa aux ex-généraux Pichegru et Moreau le plan hardi qui devait arrêter la carrière du futur empereur.

Le mot hardi est de Fouché, duc d'Otrante Au mot hardi Fouché ajoute le mot *facile*.

Voici quel était ce plan, bien connu, presque célèbre.

Les trois conjurés avaient à Paris un contingent hétérogène, puisqu'il appartenait à tous les partis ennemis du premier consul, mais uni par une passion commune et composé d'hommes résolus.

Les mémoires contemporains portent ce noyau à deux mille combattants pour le moins : Vendéens, chouans de Bretagne, gardes nationaux de Lyon, babouvistes et anciens soldats de Condé.

Une élite de trois cents hommes, parmi ces partisans, avait été pourvue d'uniformes appartenant à la garde consulaire.

Le chef de l'État habitait le château de Saint-Cloud.

A la garde montante du matin, et à l'aide d'intelligences qui ne sont pas entièrement expliquées, les trois cents conjurés, revêtus de l'uniforme réglementaire, devaient prendre le service du château.

Il paraît prouvé qu'on avait le mot d'ordre.

A son réveil, le premier consul se serait donc trouvé au pouvoir de l'insurrection.

Le plan manqua, non point par l'action des polices qui l'ignorèrent jusqu'au dernier moment, mais par l'irrésolution de Moreau. Ce général était sujet à ces défaillances morales. Il eut frayeur ou remords. L'exécution du complot fut remise quatre jours de là.

Jamais les complots remis ne s'exécutent.

On raconte qu'un Breton conjuré, M. de Querelles, pris de frayeur à la vue de ces hésitations, demanda et obtint une audience du premier consul lui-même et révéla tous les détails du plan.

Napoléon Bonaparte rassembla, dit-on, dans son cabinet, sa police militaire, sa police politique et sa police urbaine : M. Savary, depuis duc de Rovigo ; le grand juge Régnier et M. Dubois. Il leur raconta la très curieuse histoire de la conspiration; il leur prouva que Moreau et Pichegru allaient et venaient depuis huit jours dans les rues de Paris comme de bons bourgeois, et que Georges Cadoudal, gros homme de mœurs joyeuses, fréquentaient assidûment les cafés de la rive gauche après son dîner.

L'histoire ne dit pas que son discours fût semé de compliments très chauds pour ses trois chargés d'affaires au département de la clairvoyance.

Le futur empereur ne remercia que Dieu — et son ancien ami J.-Victor Moreau, qu'il avait toujours regardé comme une bonne arme mal chargée et susceptible de faire long feu.

Moreau et Pichegru furent arrêtés. Georges Cadoudal, qui n'était pourtant pas de corpulence à passer par le trou d'une aiguille, resta libre.

Et Fouché se frotta les mains, disant : Vous verrez qu'il faudra que je m'en mêle !

Par le fait, les gens de police sont rares, et Fouché lui-même fut en défaut nombre de fois. Argus a beau posséder cinquante paires d'yeux, qu'importe s'il est myope ? L'histoire des bévues de la police serait curieuse, instructive, mais monotone et si longue, si longue, que le découragement viendrait à moitié route.

Nous avions, pour placer ici cette courte digression historique, plusieurs raisons qui toutes appartiennent à notre métier de conteur. D'abord il nous plaisait de bien poser le cadre où vont agir les personnages de notre drame; ensuite il nous semblait utile d'expliquer, sinon d'excuser, l'inertie de la police urbaine en face de ces rumeurs qui faisaient, par la ville, une véritable concurrence aux cancans d'État.

La police avait autre chose à faire et ne pouvaient s'occuper de la vampire. La police s'agitait, cherchait, fouillait, ne trouvait rien et était sur les dents.

Le 28 février 1804, le jour même où Pichegru fut arrêté dans son lit, rue Chabannais, chez le courtier de commerce Leblanc, un homme passa rapidement sur le Marché-Neuf, devant un petit bâtiment qui était en construction, au rebord même du quai, et dont les échafaudages dominaient la Seine.

Les maçons qui pliaient bagages et les conducteurs des travaux connaissaient bien cet homme, car ils l'appelèrent, disant:

— Patron, ne venez-vous point voir si nous avons avancé la besogne aujourd'hui?

L'homme les salua de la main et poursuivit sa route en remontant le cours de la rivière.

Maçons et surveillants se prirent à sourire en échangeant des regards d'intelligence, car il y avait une jeune fille qui allait à quelque cent pas en avant de l'homme, enveloppée dans une mante de laine noire et cachant son visage sous un voile.

— Voilà trois jours de suite, dit un tailleur de pierres, que le patron court le guilledou de ce côté-là.

— Il est vert encore, ajouta un autre, le patron!

Et un troisième:

— Ecoutez donc! on n'est pas de bois! Le patron a un métier qui ne doit pas le régayer plus que de raison. Il faut bien un peu rire.

Un vieux maçon, qui remettait sa veste, blanche de plâtre, murmura:

— Voilà trente ans que je connais le patron; il ne rit pas comme tout le monde.

L'homme allait cependant à grand pas, et se perdait déjà derrière les masures qui encombrent le Marché-Neuf, aux abords de la rue de la Cité.

Quant à la fillette voilée, elle avait complètement disparu.

L'homme était vieux, mais il avait une haute et noble taille, hardiment dégagée. Son costume, qui semblait le classer parmi les petits bourgeois, dispensés de tous frais de toilette, était grandement porté. Il avait, cet homme, des pieds à la tête, l'allure franche et libre que donne l'habitude de certains exercices du corps, réservés, d'ordinaire, à la classe la plus riche.

Du bâtiment en construction jusqu'au pont Notre-Dame, nombre de gens se découvrirent sur son passage; c'était évidemment une notabilité du quartier. Il répondait aux saluts d'un geste bienveillant et cordial, mais il ne ralentissait point sa course.

Sa course semblait calculée, non point pour rejoindre la jeune fille, mais pour ne la jamais perdre de vue.

Celle-ci, dont les jambes étaient moins longues, allait du plus vite qu'elle pouvait. Elle ne se savait point poursuivie; du moins pas une seule fois elle ne tourna la tête pour regarder en arrière.

Elle regardait en avant, de tous ses yeux, de toute son âme. En avant, il y avait un jeune homme à tournure élégante et hautaine qui longeait en ce moment le quai de la Grève. Le suivait-elle ?

Plus notre homme que les maçons du Marché-Neuf appelaient le patron approchait de l'Hôtel-de-Ville, moins nombreux étaient les gens qui le saluaient d'un air de connaissance. Paris est ainsi et contient des célébrités de rayon qui ne dépassent pas tel numéro de telle rue. Une fois que l'homme eut atteint le quai des Ormes, personne ne le salua plus.

L'homme cependant, « le patron », qu'il courût ou non le guilledou, avait la vue bonne, car, malgré l'obscurité qui commençait à borner les lointains, il surveillait non seulement la fillette, mais encore le charmant cavalier que la fillette semblait suivre.

Celui-ci tourna le premier l'angle du Pont-Marie, qu'il traversa pour entrer dans l'île Saint-Louis; la fillette fit comme lui; le patron prit la même route.

Le pas de la fillette se ralentissait sensiblement et devenait pénible. Rien n'échappait au patron, car sa poitrine rendit un gros soupir, tandis qu'il murmurait:

— Il nous la tuera! Faut-il que tant de bonheur se soit changé ainsi en misère !

On ne voyait plus le jeune cavalier, qui avait dû tourner le coin des rues Saint-Louis-en-l'Ile et des Deux-Ponts. La fillette marchait désormais avec un effort si visible, que le patron fit un mouvement comme s'il eût voulu s'élancer pour la soutenir.

Mais il ne céda point à la tentation, et calcula seulement sa marche de façon à bien voir où elle dirigerait sa course, après avoir quitté la rue des Deux-Ponts.

Elle tourna vers la gauche et franchit sans hésiter la porte de l'église Saint-Louis.

La brume tombait déjà dans cette rue étroite. A l'ombre de

l'église et devant le portail, il y avait un riche équipage qui allumait ses lanternes d'argent.

La République dormait, prête à s'éveiller Empire. Elle avait fait trêve un peu au luxe extravagant du Directoire, mais elle ne proscrivait en aucune façon les 'allures seigneuriales. La voiture arrêtée à la porte de l'église Saint-Louis eût fait honneur à un prince. L'attelage était splendide, le coffre d'une élégance exquise, et les livrées brillaient irréprochables.

En ce temps, la rue Saint-Louis-en-l'Ile ne se distinguait point par une animation exceptionnelle : elle desservait un quartier somnolent et presque désert ; elle ne venait d'aucun centre, elle ne menait à aucune artère. Vous eussiez dit, en la voyant, la rue principale d'un chef-lieu de canton situé à cent lieues de Paris.

A l'heure où nous sommes, Paris n'a point de quartiers déserts. Le commerce s'est emparé du Marais et de l'île Saint-Louis. Les uns disent qu'il déshonore ces magnifiques hôtels de la vieille ville, les autres qu'il les réhabilite.

A cet égard, le commerce n'a pas de parti pris. Il ne demande pas à réhabiliter, il ne craint pas de souiller. Il veut gagner de l'argent et se moque bien du reste.

Sous le Consulat, Paris ne comptait guère plus de cinq cent mille habitants. Toute cette portion orientale de la ville, abandonnée par la noblesse de robe et n'ayant point encore l'industrie, était une solitude.

A cause de cela, sans doute, le resplendissant équipage stationnant à la porte de l'église avait attiré un concours inusité de curieux : vous eussiez bien compté dans la rue une douzaine de commères et un nombre égal de bambins. Le concile en plein air était présidé par un portier.

Le portier, adonné comme ses pareils à une philosophie austère et détestant tout ce qui est beau parce qu'il était affreusement laid, prononçait un discours contre le luxe. Les gamins regardaient luire les lanternes et piaffer les chevaux ; les commères se disaient : Si le ciel était juste, nous éclabousserions aussi le pauvre monde !

— S'il vous plait, demanda le patron des maçons du Marché Neuf, à qui appartient cette voiture ?

Gamins, commères et portier le toisèrent de la tête aux pieds.

— Celui-là n'est pas du quartier, dirent les gamins.

— Est-il chargé de faire la police ? demanda une commère.

— Comment vous nomme-t-on, l'ami ? interrogea le portier, nous n'avons pas de comptes à rendre à des étrangers.

Car les gens de Paris sont des étrangers pour ces farouches insulaires *penitus toto divisos orbe*, séparés du reste de l'univers par les deux bras de la Seine.

À l'instant où le patron allait répondre, la porte de l'église s'ouvrit, et il recula de trois pas en laissant échapper un cri de surprise, comme si un spectre lui eût apparu.

C'était, en tous cas, un fantôme charmant: une femme toute jeune et toute belle, dont les cheveux blonds tombaient en boucles gracieuses autour d'un adorable visage.

Cette femme donnait le bras à un jeune homme de vingt-cinq à trente ans, qui n'était point celui que suivait naguère notre fillette, et que vous eussiez jugé Allemand à certains détails de son costume.

— Ramberg !... murmura le patron.

La délicieuse blonde était assise déjà sur les coussins de la voiture où le jeune Allemand prit place à côté d'elle.

Une voix sonore et douce commanda :

— A l'hôtel !

Et la portière se referma.

Les beaux chevaux prirent aussitôt le trot de parade dans la direction du Pont-Marie.

— Je vous dis que c'est une ci-devant ! affirma le portier.

— Non pas ! riposta une commère, c'est une duchesse de Turquie ou d'ailleurs.

— Une espionne de Pitt et Cobourg peut-être !...

Les gamins, à qui on avait jeté des pièces blanches, couraient après l'équipage en criant avec ferveur:

— Vive la princesse !

Le patron resta un moment immobile. Son regard était baissé ; on lisait sur son front pâle le travail de sa pensée.

— Ramberg ! répéta-t-il. Qui est cette femme ? Et qui me donnera le mot de l'énigme ?... On croyait le baron de Ramberg parti depuis huit jours, et voilà plus de deux semaines que le comte Wenzel a disparu... La femme avec qui je le vis était brune, mais c'était le même regard...

Sans s'inquiéter davantage du petit rassemblement qui l'examinait désormais avec défiance, il monta tout pensif les marches de l'église et en franchit le seuil.

L'église semblait complètement déserte. Les derniers rayons du jour envoyaient à peine, à travers les vitres, de sombres et incertaines lueurs. La lampe perpétuelle laissait battre sa lueur toujours mourante au-devant du maître-autel. Pas un bruit n'indiquait dans la nef la présence d'un être humain.

Le patron était pourtant bien sûr d'avoir vu entrer la jeune fille, et si la jeune fille était entrée, ce devait être sur les traces de celui qu'elle suivait.

Le patron avait déjà parcouru l'un des bas-côtés, visitant de l'œil chaque chapelle, et la moitié de l'autre, lorsqu'une main le toucha au passage, sortant de l'ombre d'un pilier.

Il s'arrêta, mais ne parla point, parce que la créature humaine qui était là, tapie dans l'angle profond laissé derrière la chaire, mit un doigt sur ses lèvres et montra ensuite un confessionnal situé à quelques pas de là.

Le patron s'agenouilla sur la dalle et prit l'attitude de la prière.

L'instant d'après, la porte du confessionnal s'ouvrit, et un prêtre jeune encore, dont la tonsure laissait une place d'une blancheur éclatante au milieu d'une forêt de cheveux noirs, se dirigea vers l'autel de la Vierge et s'y prosterna.

Après une courte oraison, pendant laquelle il frappa trois fois sa poitrine, le prêtre baisa la pierre en dehors de la balustrade, et gagna la sacristie.

L'ombre sortit alors de son encoignure et dit :

— Maintenant, nous sommes seuls.

C'était un enfant, ou du moins il semblait tel, car sa tête ne venait pas tout à fait à l'épaule de son compagnon, mais sa voix avait un timbre viril, et le peu qu'on voyait de ses traits donnait un démenti à la petitesse de sa taille.

— Y a-t-il longtemps que tu es là, Patou ? demanda notre homme.

— Monsieur le gardien, répondit l'ombre, la clinique du docteur Loysel a fini à trois heures douze minutes, et il y a loin de Saint-Louis-en-l'Ile à l'Ecole de médecine.

— Qu'as-tu vu ? interrogea encore celui qu'on nommait ici M. le gardien, et là-bas « le patron ».

Au lieu de répondre, cette fois, le prétendu enfant secoua d'un mouvement brusque la chevelure hérissée qui se crêpait sur sa forte tête, et murmura comme en se parlant à lui-même :

— Je serais bien venu plus tôt, mais le professeur Loysel faisait sa leçon sur l'*Organon* de Samuel Hahnemann. Voilà huit jours que dure cette parenthèse, où il n'est pas plus question de clinique que du déluge. Je n'avais jamais entendu parler de ce Samuel Hahnemann, mais on l'insulte tant et si bien à l'Ecole, que je commence à le regarder comme un grand inventeur...

— Patou, mon ami, interrompit le gardien, vous autres de la Faculté, vous êtes tous des bavards. Il ne s'agit pas de ce Samuel, qui doit être un juif ou tout au moins un baragouineur allemand, puisqu'il a un nom en *mann*... Qu'as-tu vu ? Dis vite !

— Ah ! monsieur le gardien, répliqua Patou, de drôles de choses, parole d'honneur ! Les gens de police doivent s'amuser, c'est certain, car pour une fois que j'ai fait l'espion, je me suis diverti comme un ange !... La jolie femme, dites donc !

— Quelle femme ?
— La comtesse.
— Ah ! ah ! fit le gardien, c'est une comtesse !
— L'abbé Martel l'a appelée ainsi... Mais pensiez-vous que je voulais parler de votre Angèle, pauvre cher cœur, puisque vous me demandiez : Quelle femme ?
— N'as-tu point vu Angèle ?
— Si fait... bien pâle et avec des larmes dans ses beaux yeux.
— Et René ?
— René aussi... plus pâle qu'Angèle... mais le regard brûlant et fou...
— Et as-tu deviné ?
— Patience !... Au lit du malade, celui qui expose le mieux les symptômes ne découvre pas toujours le remède. Il y a les savants et les médecins : ceux qui professent et ceux qui guérissent... Je vais vous exposer les faits : je suis le savant... vous serez le médecin, si vous devinez le mot de la charade... ou des charades, car il y a là plus d'une maladie, j'en suis sûr.

Un bruit de clefs se fit entendre en ce moment du côté de la sacristie, et le bedeau commença une ronde, disant à haute voix : On va fermer les portes.

Hormis le gardien et Patou, il n'y avait personne dans l'église. Le gardien se dirigea vers l'entrée principale, mais Patou le retint et se mit à marcher en sens contraire.

En passant près du petit bénitier de la porte latérale, le gardien y trempa les doigts de sa main droite, et offrit de l'eau bénite à Patou, qui dit merci en riant.

Le gardien se signa gravement.

Patou dit :

— Je n'ai pas encore examiné cela. Hier je me moquais de Samuel Hahnemann, aujourd'hui j'attacherais volontiers son nom à mon chapeau ; quand j'aurai achevé mon cours de médecine, je compte étudier un peu la théologie, et peut-être que je mourrai capucin.

Il s'interrompit pour ajouter en montrant la porte :

— C'est par là que M. René est sorti, et après lui Mlle Angèle.

Le gardien était pensif.

— Tu as peut-être raison de tout étudier, Patou, mon ami, dit-il avec une sorte de fatigue, moi je n'ai rien étudié, sinon la musique, l'escrime et les hommes...

— Excusez du peu ! fit l'apprenti médecin.

— Il est trop tard pour étudier le reste, acheva le gardien. Je suis du passé, tu es de l'avenir : le passé croyait à ce qu'il ignorait ; vous croirez sans doute à ce que vous aurez appris ; je le souhaite, car il est bon de croire. Moi, je crois en Dieu qui m'a créé ; je crois en la république que j'aime et en ma conscience qui ne m'a jamais trompé.

Patou sauta sur le pavé de la rue Poultier, et fit un entrechat à quatre temps qu'on n'eût point espéré de ses courtes jambes.

— Vous, patron, dit-il en éclatant de rire, vous êtes naïf comme un enfant, solide comme un athlète et absurde comme une jolie femme. Vous confondez toutes les notions. J'ai un petit-neveu qui me disait l'autre jour : J'aime maman et les pommes d'api. C'est de votre... A propos ! — c'est cette belle comtesse blonde qui me fait songer à cela, — quel sujet à disséquer ! J'étudie en ce moment les maladies spéciales de la femme. J'aurais grand besoin de quelqu'un... j'entends quelqu'un de jeune et de bien conformé... un beau sujet... Auriez-vous cela dans votre caveau de bénédiction, M. Jean-Pierre ?

III

GERMAIN PATOU

Il faisait presque nuit. Un seul pas, lourd et lent, sonnait sur le pavé si vieux, mais presque vierge, de ces rues mélancoliques où nul ne passe et que le clair regard des boutiques ouvertes n'illumine jamais. Ce pas solitaire était celui d'un pauvre estropié qui allait, allumant l'une après l'autre les mèches fumeuses des réverbères avares de rayons.

L'estropié cahotait sous ses haillons comme une méchante barque secouée par la houle. Il chantait une gaudriole plus triste qu'un *libera*.

Patou et l'homme que nous avons désigné sous tant de noms déjà, le patron des maçons du Marché-Neuf, M. le gardien, M. Jean-Pierre, descendaient de la petite porte de l'église Saint-Louis au quai de Béthune. Dans l'ombre, la différence qui existait entre leurs tailles atteignait au fantastique. Patou semblait un nain et Jean-Pierre un géant.

Quelque jour nous retrouverons ce nain, grandi, non pas au physique beaucoup, mais au moral ; nous verrons le docteur Germain Patou porter à son chapeau, selon sa propre volonté, le nom de Samuel Hahnemann comme une cocarde, et produire de ces miracles qui firent lapider une fois, à Leipzig, le fondateur de l'école homéopathique, mais qui fondirent plus tard le bronze dont est faite sa statue colossale, la statue de ce même Samuel Hahnemann, érigée au beau milieu de la maîtresse place, en cette même cité de Leipzig, sa patrie.

Si l'on pouvait appliquer un mot divin à ces petites persécutions qui arrêtent un instant, puis fécondent le progrès à travers les siècles, nous dirions que la plus curieuse de toutes les histoires à faire est celle des calvaires triomphants.

Dans cette comédie bizarre et terrible que nous mettrons bientôt en scène sous ce titre : *Numéro treize*, le docteur Germain Patou aura un rôle.

Le patron répondit ainsi à sa dernière question :

— Petit homme, tu ne parles pas toujours avec assez de respect des choses qui sont à ma garde Je n'aime pas la plaisanterie à ce sujet ; mais tu vaux mieux que ton ironie, et l'on dit que pour le métier que tu as choisi il n'est pas mauvais de s'endurcir un peu le cœur. Je t'ai connu enfant ; je n'ai pas fait pour toi tout ce que j'aurais voulu.

Patou l'interrompit par une nouvelle pression de main.

— Halte-là, s'écria-t-il. Vous m'avez donné deux fois du pain, monsieur Sévérin, prononça-t-il avec une profonde émotion qui vous eût étonné bien plus encore que l'entrechat à quatre compartiments : le pain du corps et celui de l'âme ; c'est par vous que j'ai vécu, c'est par vous que j'ai étudié ; si je domine mes camarades à l'école, c'est que vous m'avez ouvert ce sombre amphithéâtre près duquel vous dormez, miséricordieux et calme, comme la bonté incarnée de Dieu...

Sur la main du patron une larme tomba.

— Tu es un bon petit gars ! murmura-t-il, merci.

— Je serai ce que l'avenir voudra, repartit Patou, qui redressa sa courte taille. Je n'en sais rien, mais je puis répondre du présent et vous dire que, sur un signe de vous, je me jetterais dans l'eau ou dans le feu, à votre choix !

Le patron se pencha sur lui et le baisa, répétant à demi-voix :

— Merci, petit homme. Je serais bien embarrassé de dire au juste où le bât me blesse, mais je sens que j'aurai bientôt besoin de tous ceux qui m'aiment... Dis-moi ce que tu as vu.

Ils se reprirent à marcher côte à côte, et Patou commença ainsi :

— Quand je suis arrivé, après l'école, l'abbé Martel était seul avec le gros marchand de chevaux. Ils parlaient de ceci et de cela, de l'arrestation de Pichegru, je suppose, car l'abbé Martel a dit :

« — Le malheureux homme a terni en quelques jours de bien belles années de gloire.

« — Savoir, savoir ! a répondu le gros maquignon ; ça dépend du point de vue ! »

Puis il ajouta :

« — Monsieur l'abbé, vous savez que je ne me mêle guère de politique. Mon commerce avant tout, et s'il arrivait quelque chose au premier consul, vous jugez quel gâchis!

« — Que Dieu nous en préserve ! » a dit l'abbé en faisant un grand signe de croix.

Après quoi il a donné au maquignon l'adresse d'une personne dont je n'ai pas entendu le nom et qui demeure « en son hôtel, chaussée des Minimes ».

Et il a ajouté :

« — Celle-là est un ange et une sainte.

« — Tout ce que vous voudrez, monsieur l'abbé, a répondu le gros marchand, qui a l'air d'un joyeux compère, pourvu qu'elle m'achète une paire ou deux de mes beaux chevaux normands... »

— Il n'a point parlé de son neveu? demanda le patron.

— Pas que je sache, répondit Patou, mais je n'ai entendu que la fin de leur entretien... Et la leçon du professeur Loysel me trottait encore un peu par la tête! Quel gaillard que ce Hahnemann!... Un véritable ange, je ne dis pas une sainte, je n'en sais rien, c'est cette blonde comtesse. Vous n'avez pas pu la bien voir comme moi. La nuit venait déjà, et il faut le grand jour à ces exquises perfections. Des yeux, figurez-vous deux saphirs! une bouche qui est un sourire, une taille qui est un rêve de grâce et de jeunesse, des cheveux transparents où la lumière glisse et joue...

— Petit homme, interrompit le patron, je suis ici pour René et pour Angèle.

— Bon! s'écria Patou. Il paraît que je m'enflammais comme une brassée de bois sec, patron? Et pourtant je ne me fais pas l'effet d'être un amoureux. Mais il est certain que, si le diable pouvait me tenter, cette créature-là... Enfin, n'importe ; arrivons à M. René de Kervoz. Je crois que M. René de Kervoz est du même avis que moi et que votre pauvre Angèle avait deviné tout cela avant nous.

Je vais vous faire le procès-verbal pur et simple de ce que j'ai vu. Ce n'est pas grand'chose, mais vous êtes un finaud, vous, patron, et vous allez trouver du premier coup le mot de l'énigme.

Après le départ du gros marchand de chevaux, l'abbé Martel est rentré à la sacristie, et j'ai pris mon poste au coin du pilier. Un pas léger m'a fait tourner la tête ; un éblouissement a passé devant mes yeux : c'était l'ange blond. Parole d'honneur ! je n'ai jamais rien imaginé de plus charmant... L'ange a franchi le seuil de la sacristie, laissant derrière elle ce vent parfumé qui trahissait la présence de Vénus. Voir Virgile,

Quand elle est ressortie, l'abbé Martel la suivait : un beau prêtre, bien vénérable, quoiqu'il s'occupe un peu trop de politique.

Il parlait encore politique en gagnant son confessionnal, et il disait :

« — Ma fille, le premier consul a fait beaucoup pour la religion ; je crains que vous ne soyez mêlée à toutes ces intrigues des conspirateurs. »

La belle blonde a eu un étrange sourire en répondant :

« — Mon père, aujourd'hui même vous allez connaître le secret de ma vie. Une fatalité pèse sur moi. Ne me soupçonnez pas avant que je vous aie dit mon malheur et l'espoir qui me reste. Je suis de noble race, de race puissante même ; la mort a moissonné autour de moi, me laissant seule. La lettre de l'archevêque primat de Gran, vicaire général de Sa Sainteté en Hongrie, vous a dit que je cherche dans l'Église une protection, une famille. Les conspirations me font horreur, et si je perds la dernière chance que j'ai d'être heureuse par le cœur, mon dessein est de chercher la paix au fond d'un cloître. »

Le confessionnal de l'abbé Martel s'est ouvert, puis refermé. Je n'ai plus rien entendu...

Ici l'apprenti médecin s'interrompit brusquement pour fixer sur son compagnon ses yeux qui brillaient dans la nuit.

— Patron, demanda-t-il, comprenez-vous quelque chose à cela ?

— Va toujours, répliqua le gardien, dont la tête pensive s'inclinait sur sa poitrine.

— Si vous comprenez, grand bien vous fasse ! reprit Patou. Je continue. Un quart d'heure environ se passa. Cette brave église de Saint Louis-en-l'Ile ne reçoit pas beaucoup de visites. La première personne qui entra fut ce grand garçon d'Allemand à qui vous donniez des leçons d'escrime dans le temps.

— Ramberg, murmura le gardien. Je l'ai vu.

— C'est une rencontre qui a dû vous étonner, car vous m'aviez dit qu'il était reparti pour l'Allemagne. En entrant, il alla droit à la sacristie, où l'abbé Martel et la divine blonde le rejoignirent bientôt. Dans la sacristie, il y eut une conférence d'un peu plus de vingt minutes, à la suite de laquelle la blonde délicieuse alla s'agenouiller devant l'autel de la Vierge, tandis que l'Allemand et l'abbé Martel prenaient place au confessionnal... Est-ce qu'on ne se confesse pas avant de se marier, patron ?

Le gardien ne répondit point. Patou poursuivit :

— M. René de Kervoz entra pendant que l'Allemand se

confessait. Angèle le suivait de près. Vous jugez si j'avais mes yeux et mes oreilles dans ma poche !

René de Kervoz traversa l'église d'un pas rapide. Ce ne devait pas être la première fois qu'il avait un rendez-vous dans ce lieu, ou tout au moins dans un lieu pareil.

Ma déesse blonde entendit le bruit de ses pas et se retourna. Elle mit un doigt sur sa bouche. Kervoz s'arrêta comme par enchantement. Ils se croyaient seuls tous deux, car Angèle, pâle, essoufflée et prête à tomber d'épuisement, mais les yeux en feu et la poitrine haletante, se tenait immobile à quelques pas de moi, derrière le même pilier.

La nuit venait déjà. Angèle ne me voyait pas. Quand elle s'agenouilla, ne pouvant plus se tenir sur ses jambes, j'aurais pu la toucher, rien qu'en étendant la main.

Je restais immobile, mais j'avais le cœur serré par le bruit sourd des sanglots qui déchiraient sa poitrine.

Ils devaient se croire seuls. Ni l'un ni l'autre ne soupçonnait ma présence; et, du confessionnal où l'abbé Martel écoutait l'Allemand, on ne peut voir l'autel de la Vierge.

La charmante inconnue avait une figure à peindre, éclairée qu'elle était par les dernières lueurs du jour passant à travers les vitraux. Derrière moi, la pauvre Angèle murmurait d'une voix noyée par les larmes :

« — Mon Dieu, mon Dieu ! qu'elle est belle ! »

Kervoz a voulu parler; un geste impérieux a fermé sa bouche.

La reine des blondes souriait comme une madone.

Elle a prononcé quelques mots qui ne sont pas venus jusqu'à moi, et il m'a semblé que son doigt désignait le confessionnal de l'abbé Martel.

L'entrevue, du reste, n'a pas duré une minute.

La main de ma belle inconnue s'est étendue vers le dehors, et René de Kervoz, avec une obéissance d'esclave, a quitté l'église par la porte latérale.

Angèle, la pauvre enfant, s'est relevée en gémissant, pour s'élancer encore sur ses traces.

Juste à ce moment la confession de l'Allemand prenait fin. Mon inconnue, car elle est à moi aussi, patron, et quoique je sois un assez laid papillon, je me brûlerais volontiers les deux ailes à ce flambeau diabolique ou céleste, mon inconnue a rejoint M. de Ramberg, et ils se sont agenouillés l'un près de l'autre.

Avant de partir, ils se sont inclinés tous deux devant le confessionnal, d'où est sorti une parole de bénédiction.

C'est tout, sauf ce détail que j'ai entendu tomber dans le tronc des pauvres une double offrande, lourde et sonore.

Vous savez le reste mieux que moi, puisque vous êtes entré au moment où ils sortaient ensemble...

— Maintenant, patron, s'interrompit le petit médecin, qui fixa sur son compagnon ses yeux brillants de curiosité, ayez pitié de moi. Si vous voyez clair, dites-moi bien vite le mot de cette charade, car je grille de savoir ! N'est-ce qu'une intrigue galante ? La vieille histoire d'une jolie femme jouant sous jambe deux amoureux ? Sommes-nous sur la trace d'un complot ? Ce prêtre est-il trompé ? est-il complice ? Tout est bizarre là-dedans, jusqu'au gros marchand de chevaux, dont la figure m'apparaît menaçante et terrible, quand je regarde en arrière... Vous ne répondez pas patron ?

Le gardien était en effet pensif et silencieux.

Ils s'étaient arrêtés au bout de la rue Poultier, devant le parapet du quai qui regarde le port aux vins. La lune, qui se levait derrière les arbres de l'île Louviers, prolongés par les peupliers énormes du Mail Henri IV, frappait obliquement le courant de la Seine et y formait un long spectre tout fait de paillettes mobiles. Il n'y a plus d'île Louviers, et les peupliers géants de l'Arsenal sont tombés.

Vers l'ouest, tout le long de l'eau, Paris allumait gaiement ses bougies, ses lampes et ses réverbères; du côté de l'est, c'était presque la nuit campagnarde, car l'île Louviers et le Mail cachaient le quartier de l'Arsenal, et, sur l'autre bord de la Seine, le regard devait aller jusqu'à Ivry, par delà le jardin des Plantes, pour rencontrer quelques lumières.

Une seule lueur, vive et rouge, attirait l'œil au coin de la rue de Bretonvilliers. C'était la provocante lanterne du cabaret d'Ezéchiel, le maître de la *Pêche miraculeuse*.

Il n'y avait pas une âme sur le quai, mais le silence y était troublé parfois tout à coup par de soudaines rumeurs mêlées d'éclats de rire. Ce bruit venait de la rivière, et pour en connaître l'origine il eût suffi de se pencher au-dessus du parapet.

Les pêcheurs de miracles étaient à leur poste malgré l'heure avancée. Il y avait sur la berge une ligne pressée de bonnes gens qui jetaient l'hameçon avec un zèle patient. Les clameurs et les rires étaient produits par ces petits incidents qui égayent constamment la pêche en rivière de Seine, où l'hameçon accroche plus de vieux chapeaux, plus de bottes noyées et plus de carcasses de chats décédés que d'esturgeons.

Chaque déconvenue de ce genre amenait des transports de joie.

L'apprenti médecin, qui était évidemment un gaillard à s'amuser de tout, écouta un instant le remue-ménage qui se faisait au bas du mur. Il avait l'air de connaître très bien l'endroit ainsi que le genre de besogne qui réunissait tout ce monde. Au bout d'une minute ou deux, il releva la tête vers son compagnon et répéta :

— Patron, vous ne répondez pas ?

Le gardien avait mis ses deux coudes sur le parapet, au delà duquel son regard plongeait.

— Crois-tu à cela, toi, Patou ? demanda-t-il en pointant du doigt la rangée de pêcheurs qui en ce moment se taisait.

— Je crois à tout, répliqua le petit homme : c'est moins fatigant que de douter. D'ailleurs j'ai acheté, ici, la semaine passée, un fémur de toute beauté qui semblait désarticulé par un préparateur de l'amphithéâtre.

— Ah !... fit le gardien.

Il ajouta :

— On l'avait retiré de l'eau, ton fémur !

— Il n'y avait pas séjourné longtemps, repartit Patou, et rien ne m'ôtera de l'idée qu'il y a là-dessous quelque diablerie... Mais tout cela n'est pas une réponse à ma question. En savez-vous plus long que moi, oui ou non ?

Le gardien s'assit sur le parapet et souleva son chapeau pour essuyer la sueur qui baignait son front dépouillé.

— Ce qui se passe là, dit-il, est une énigme pour moi comme pour toi. C'est parce que je ne comprends pas que j'ai peur.

Il était ému profondément; il dit encore :

— Je ne voudrais pas qu'on fît du mal au premier consul, je l'aime, quoique je le soupçonne de vouloir confisquer la république... Mais le premier consul est bon pour se défendre si on l'attaque ; je ne pense pas au premier consul... Angèle, René, ces deux enfants-là sont le sang de mon cœur... je donnerais ma main droite pour savoir !

— Une vaillante main ! s'écria Patou ; ce serait trop cher !

— Que ce soit une intrigue d'amour, poursuivit le gardien, une conspiration ou les deux ensemble... ou encore quelqu'une de ces ténébreuses scélératesses qui profitent des temps troublés pour aboutir, il y a quelque chose... je sens qu'il y a quelque chose de menaçant et de sanglant... Je saurai le fond de tout ceci, dussé-je aller jusqu'au préfet de police !...

Patou eut un ricanement qui ne témoignait pas d'une haute confiance en cet important magistrat.

— J'irai plus loin s'il le faut, poursuivit le gardien. Il y a déjà un de mes trois amis d'Allemagne qui a disparu. Si Ramberg disparaît, ce sera dans le même trou. J'avais prévenu le premier, j'avertirai le second ; mais cet femme est belle, et son regard donne le vertige...

— Vous croiriez!... commença Patou, qui resta bouche béante.

— J'ai peur! dit pour la troisième fois le gardien.

Le petit homme murmura :

— C'est vrai! son regard donne le vertige... Je commence à comprendre.

Il y eut une explosion de cris au bord de l'eau.

— Tiens bon, Colinet, disait-on.

— Ferme, Colinet! ne laisse pas aller!

— Colinet, tu tiens ta fortune! Amène!

Nos deux compagnons se mirent au balcon sur le parapet et regardèrent.

Aux lueurs de la lune ils purent voir les rangs des pêcheurs qui se rompaient pour entourer un homme en costume misérable, attelé à une ligne de fond et tirant de toute sa force.

— Pour le coup, ça doit être une baleine! grommela Patou.

— Ou un cadavre tout entier, dit le gardien.

On vint en aide à Colinet, dont la ligne était solide, et après quelques efforts prudemment dirigés, l'objet pêché parut à fleur d'eau, éclairé par des torches de paille que les assistants curieux avaient allumées.

Un formidable éclat de rire éveilla les échos déserts du rivage, depuis le chevet de Notre Dame jusqu'au quai de la Râpée.

— Bravo, Colinet!

— Colinet a de la chance!

— Colinet a pêché un pierrot à la ligne de fond, avec une boule de terre glaise! Vive Colinet!

L'objet était en effet un pierrot, habillé de pied en cap avec la défroque traditionnelle du bouffon de la comédie italienne, mais ce n'était pas un noyé en chair et en os. Pour un motif ou pour un autre, on avait joué ce tour lugubre aux pêcheurs de miracles, de couler à leur place favorite un mannequin bourré de paille et de sable.

Le bruit de la berge fut longtemps à se calmer. Colinet, dépourvu de mauvaise honte, fit un paquet des loques qui habillaient le mannequin et les mit aux enchères sur le prix de quarante sous.

Patou avait ri d'abord comme les autres, mais la réflexion vint, et il dit :

— Ceux qui ont fait cela devaient avoir un intérêt.

— Petit homme, répliqua brusquement le gardien, je n'ai plus besoin de toi. Monte à présent à la maison, où ma bonne femme est seule et peut-être inquiète. Angèle doit être rentrée à l'heure qu'il est. Si tu connais un remède contre le chagrin, fais-lui une ordonnance... Annonce que je rentrerai tard, et bonne nuit.

Patou, ainsi congédié, s'éloigna docilement dans la direction du Pont-Marie. Le gardien, resté seul, se mit à marcher lentement vers le cabaret d'Ezéchiel, à l'enseigne de la *Pêche miraculeuse*.

IV

LE CŒUR D'OR

Si la Dame aux Camélias, cette photographie après décès tirée par Alexandre Dumas fils, le poète charmant et implacable, avait pris passage en temps utile sur un clipper de l'*Australian general company*, elle se serait guérie de sa phtisie pulmonaire et figurerait maintenant dans les fêtes du Trois-quarts-du-monde en qualité de baronne de N'importequoi. Elle serait riche terriblement ; elle aurait à ses pieds toutes les illustrations de l'époque et ferait à ses contemporains l'aumône de mémoires en dix volumes, instructifs, amusants et tout particulièrement propres à former le cœur du dix-neuvième siècle.

Il faut une Californie aux prêtresses d'amour, qu'elles soient dames aux camélias de dix louis ou dames aux giroflées d'un sou, que l'Eldorado soit le Pérou antique ou la Nouvelle-Galles du Sud. Elles ne toussent plus dès qu'elles s'en vont en guerre, à l'instar de Marlboroug, Colomb, Cortès, Pizarre, le capitaine Cook, ont découvert et conquis pour elles deux parties du monde sur cinq ; M. Benazet a fondé la sixième. Les vîtes-vous jamais cracher le sang au bruit de l'or remué à la pelle ? Ont-elles jamais manqué à aucun tripot, brillant ou humble ?

Dieu nous préserve de comparer le sordide cabaret d'Ezéchiel aux merveilleux champs d'or qui entourent Melbourne, le Paris océanéen, aux romanesques *placers* de la mer Vermeille, ni même à ce gentil paradis de Bade. Entre les tripots il y a des catégories.

Nous voulons dire seulement que tout tripot, hideux ou magnifique, attire ces dames aux fleurs comme la laine attire les mites ; elles y sont bien, elles s'y portent à merveille ; c'est là, évidemment, leur atmosphère propre.

Il y avait des dames aux giroflées dans le cabaret du brave Ezéchiel, qui était un tripot. Ce pauvre champ d'or du quai de Béthune attirait les aventureuses de la Cité et du faubourg Saint-Marceau, qui venaient voir Midas en guenilles risquer sur une carte sale l'indigente aubaine arrachée aux boues de ce Pactole pour rire.

Ezéchiel seul gagnait à cela un peu d'argent. Que l'histoire de la première épave retirée du fleuve, la bague en diamants, fût controuvée ou authentique, il est certain qu'Ezéchiel en avait très habilement profité.

C'était un bonhomme long, maigre, jaune de teint et de cheveux ; il avait la figure plate, le regard insignifiant, le sourire déteint. La ruse en lui se cachait sous une épaisse couche d'innocence. Vous avez tous connu de ces paroissiens, moitié Normands, moitié juifs, qui en remontreraient aux Auvergnats eux-mêmes pour la coquinerie.

Ezéchiel, avant de passer capitaliste, était pêcheur de son état. Il savait par expérience comment on donne rendez-vous au poisson en jetant d'avance l'appât abondant à de certaines places. Avait-il préparé ici une place, non point pour les poissons, mais pour les dupes ?

Cette idée-là n'était encore venue à personne.

La seule chose qui étonnât dans l'histoire d'Ezéchiel, c'était le rare bonheur avec lequel il avait vaincu les difficultés matérielles qui s'opposaient à l'établissement même de son cabaret.

Le quai de Béthune présentait alors comme aujourd'hui un alignement rigide et monumental. Il n'y avait point là de place pour une baraque. De l'autre côté de la pointe, aux environs de l'hôtel Lambert, qui donne son nom maintenant aux bains des dames, on trouvait bien quelques masures, mais elles tournaient le dos au lieu consacré déjà par la première trouvaille. Il fallait que le *Casino* fût à proximité de la plage : on ne pouvait mieux choisir que le coin de la rue de Bretonvilliers.

Seulement les deux coins de cette rue étaient formés par deux grands diables d'hôtels aux murs rectangulaires, en pierres de taille, épais comme des remparts. Le vrai miracle, pour Ezéchiel, c'avait été d'obtenir la permission d'attaquer un de ces angles et de nicher son bouge dans l'épaisseur de cette noble maçonnerie, comme on voit la larve impudente arrondir sa demeure dans l'aubier sain d'un grand arbre.

Ezéchiel avait obtenu cette permission.

Le cabaret de la *Pêche miraculeuse*, sorte de caverne irrégulière, s'insinuait en boyau à l'intérieur des bâtiments et ne prenait qu'un tiers environ de la hauteur du rez-de-chaussée. Depuis que le Marais a pris faveur dans l'industrie, nombre d'hôtels ont du reste, suivi cet exemple, ouvrant leurs propres flancs, comme le pélican, non point par charité, mais par avarice.

Le sol du cabaret d'Ezéchiel était un peu plus bas que la rue. On y buvait, on y mangeait, on y jouait, on y achetait lignes, hameçons, appâts, gaules, tout ce qu'il fallait, en un mot, pour harponner des poissons, nourris de bagues chevalières.

L'hôtel appartenait à un respectable vieillard, M. d'Aubremesnil, ancien conseiller au parlement, qui n'avait point émigré et vivait à Versailles. Il n'y avait d'habité qu'un pavillon, situé au bout d'un grand jardin, et dont l'entrée était rue Saint-Louis, vis-à-vis des communs de l'hôtel Lambert.

Ce pavillon avait été loué quelques mois auparavant par une jeune dame d'une rare beauté, qui vivait solitairement et s'occupait de bonnes œuvres.

Quand notre homme, le « patron » des maçons du Marché-Neuf, arriva au seuil du bouge à demi souterrain où le brave Ezéchiel était maître après Dieu, il hésita, tant l'aspect de cette caverne était repoussant et obscène. Il y a bien longtemps que Paris a jeté loin de lui ces souillures; Paris, malgré les exagérations de certains peintres à la plume, est une des villes les moins déshonorées de l'univers. Ce qui, à Paris, serait de nos jours une monstrueuse exception, se rencontre à chaque pas dans les plus beaux quartiers de Londres, cette Babylone de la débauche glaciale et de l'ennui impudique.

Mais les mœurs de Paris, en 1804, gardaient encore l'effronté cachet du Directoire. La lanterne de la *Pêche miraculeuse* n'éclairait bien que le dehors. Au dedans, c'était un demi-jour brumeux, dans lequel grouillaient des nudités à peine voilées. Une demi-douzaine de femmes étaient là, vautrées sur des sophas de bois recouverts de quelques brins de paille, buvant, jouant ou regardant jouer un nombre égal d'hommes appartenant à la classe abandonnée des batteurs de pavés. Ce n'était pas français, à vrai dire, pas plus que les stupides et froides nuits de Paul Niquet ne sont françaises. On peut regarder ces hideuses choses comme des emprunts désespérés faits à la dégradation anglaise.

Londres seul est le cadre favorable pour ces horreurs sans rémission, où le vice prend physionomie de torture et où les misérables s'amusent comme on souffre en enfer. À Paris, le vice garde toujours une bonne part de forfanterie; à Londres, la perdition sérieuse et convaincue nage dans le boue naturellement comme le poisson dans l'eau.

Quiconque a pénétré de nuit dans les *spirit-shops* de l'ancien quartier Saint-Gilles, où même dans les *gin-palaces* groupés en foule, en pleine ville fashionable, autour de Covent-Garden, doit reconnaître la vérité de ce dire : A Paris, l'horreur est une mode excentrique ; à Londres, c'est un fruit du terroir.

Le gardien hésita, pris à la gorge par les exhalaisons fétides qui sortaient de ce souterrain, mais son hésitation ne dura pas. Il était homme à franchir de bien autres barrières.

— Je sais un autre caveau, pensa-t-il, où l'air est encore plus mauvais.

Et il entra, souriant avec mélancolie.

Quoiqu'il n'eût, certes, pas l'air d'un grand seigneur par son costume, et qu'un bourgeois bien mis eût regardé avec dédain la grosse étoffe de ses vêtements, il y avait un tel contraste entre sa tenue et celle des habitués de la *Pêche miraculeuse*, que son apparition fit scandale.

Il n'était pas sans exemple qu'un honnête homme, excusé par sa passion pour la pêche à la ligne, fût entré de jour chez Ezéchiel qui tenait, nous l'avons dit, boutique d'engins de toute sorte ; mais après la nuit tombée, la physionomie de son bouge était si nettement caractérisée, que le plus vaillant des badauds eût pris ses jambes à son cou après avoir jeté un coup d'œil à l'intérieur.

— Voilà un agneau! dit une des giroflées.

— Un mouton plutôt, riposta un coquin à figure patibulaire qui tenait les cartes à une partie de *foutreau* (noble jeu qui est un dérivé de la bouillotte) et dont le nez busqué portait une *drogue* ou pincette de bois crânement posée de travers : un vieux mouton! et dur! Voyez voir à lui, Ezéchiel.

Ezéchiel n'avait pas besoin qu'on le mit en arrêt : c'était un chien de race. Il vint au-devant du gardien la pipe à la bouche et d'un air mauvais.

— Que vous faut-il, citoyen? demanda-t-il.

— Du vin, répondit le patron, qui s'assit.

Ezéchiel prit un air insolent.

— Mon vin n'est pas assez bon, dit-il, pour un monsieur de votre sorte.

Les femmes éclatèrent de rire, les hommes s'écrièrent :

— Le rentier s'est trompé de porte.

Le patron ôta son chapeau, qui n'était pas neuf, et le posa sur la table. Comment dire cela? Il y avait bien en effet du rentier dans l'aspect de ce crâne à demi dépouillé, que le regard débonnaire de deux grands yeux bleus marquait au sceau d'une sorte de candeur, mais il y avait aussi autre chose.

Le mouton avait je ne sais quoi du loup.

Les attaches de son cou se dégageaient selon de grandes lignes, ses mouvements étaient larges et souples; malgré les allures placides qu'il affectait, on découvrait en lui je ne sais quoi qui annonce le *découplement* des muscles et fait les athlètes.

Les hommes se sentirent mal à l'aise sous son regard, et les femmes cessèrent de railler.

— Donne ton vin tel qu'il est, l'ami, dit-il à Ezéchiel, et fais vite : j'ai soif.

Le cabaretier, cette fois, obéit en grondant.

Quand il revint avec la demi-pinte d'étain pleine et le verre humide, princesses et coquins avaient repris le cours de leurs ébats.

— L'ami, lui dit le gardien en touchant du pied une escabelle, asseyez-vous là, que nous causions tous deux.

— Croyez-vous que j'aie le temps de causer ?... commença Ezéchiel.

— Je ne sais pas si vous avez le temps, l'ami, et peu m'importe. J'ai besoin de m'entretenir avec vous : prenez ce siège.

— Si je ne veux pas, cependant... fit le cabaretier.

— Si vous ne voulez pas, l'interrompit le patron en se versant rasade, nous traiterons tout haut un sujet dont vous aimeriez mieux parler tout bas.

Il but. Ezéchiel s'assit.

— Le fait est, reprit tranquillement le patron, que votre vin est détestable... Combien cela vous a-t-il coûté, l'ami, pour obtenir permission de déshonorer l'encoignure de l'hôtel d'Aubremesnil?

Ezéchiel baissa ses gros sourcils, derrière lesquels un éclair s'alluma.

— Et quel cimetière avez-vous profané, poursuivit le patron, pour donner tant de chair morte aux poissons, ici près car vous n'êtes pas un tigre, l'ami, je vous connais : vous n'êtes qu'un chacal.

La colère du cabaretier combattait une évidente terreur. Ces deux sentiments se traduisaient par la contraction de ses traits et par la pâleur de ses lèvres.

— Qui êtes-vous? demanda-t-il.

— Je suis, répliqua le gardien, l'homme qui va et vient, la nuit, sur la rivière. Je n'y cours pas le même gibier que vous. Nous nous sommes rencontrés le soir où vous devintes riche.

— Ah! fit Ezéchiel, c'était vous?

Il ajouta d'une voix sourde :

— Il y avait aussi une morte dans votre bateau!

Le gardien inclina gravement la tête en signe d'affirmation

Puis il tira de sa poche une pièce de six livres, qu'il déposa sur la table.

— Je ne suis pas riche, l'ami, dit-il, et je ne vous veux point de mal. Je sortirai de chez vous comme j'y suis entré, si vous me faites savoir le nom de la femme qui vous paye. Vous n'êtes qu'un aveugle instrument : aucun malheur ne vous arrivera par moi...

Le cabaretier avait courbé la tête. Il recula tout à coup et saisit son escabelle par un pied pour la brandir au-dessus de sa tête.

— A moi, les fils ! s'écria-t-il. Celui-là est un agent de Cadoudal ! Il venait ici acheter du monde pour tuer le premier consul ! Sa tête vaut cher : gagnons la prime !

Cette accusation, si absurde qu'elle puisse paraître, et surtout si complètement étrangère au sujet de l'entretien qu'elle interrompait, ne doit point surprendre. Chaque moment a son cheval de bataille. Nous avons vu dans Paris certaine heure où le premier venu aurait pu tuer un passant en l'accusant d'avoir jeté de la poudre de choléra dans la Seine.

Les habitués de la *Pêche miraculeuse* bondirent sur leurs pieds et s'élancèrent pour barrer le chemin de la porte. Le patron eut un sourire.

— Ce n'est pas là ma route, murmura-t-il.

Il se leva à son tour et remit avec beaucoup de sang-froid son chapeau à larges bords sur sa tête.

— L'ami, reprit-il en gagnant la table où tout à l'heure on jouait, tu as trouvé là une assez bonne rubrique ; mais tu ne sais pas à qui tu as affaire, et il faut quelque chose de plus fort encore pour me mettre dans l'embarras... Fais place !

En parlant il avait pris à la main la lampe qui était sur la table.

Comme le cabaretier levait son escabelle, il l'écarta d'un seul revers de la main qu'il avait libre, et passa.

Le cabaretier fit quelques pas en chancelant, et ne s'arrêta qu'en heurtant la muraille.

— Une rude poigne ! dirent ces dames avec admiration.

Les hommes s'armaient de tout ce qu'ils rencontraient sous leurs mains ; plusieurs avaient des couteaux.

Ezéchiel grondait :

— Si vous abattez ce chien enragé, vous aurez son pesant d'or à la police !

Le patron, pendant cela, tenant toujours sa lampe haute, s'était rendu tout au fond du cellier. Il y avait là quelques engins de pêche, des filets neufs roulés en paquets et des bottes de gaules. Il jeta de côté les gaules, sans trop se presser, et découvrit une porte qu'il éprouva du pied. La porte céda; elle s'ouvrait en dehors et n'était point fermée.

— Aux couteaux! s'écria Ezéchiel, qui s'élança bravement. Celui-là en a trop fait : il ne sortira pas vivant d'ici !

Le patron se retourna juste au moment où le cabaretier, bien accompagné du reste, arrivait sur lui.

La lampe éclairait sa figure si extraordinairement calme, qu'il y eut un temps d'arrêt dans le mouvement des assaillants.

Le patron tendit la lampe à Ezéchiel, qui la reçut d'un geste machinal.

— J'ai vu ce que je voulais voir, dit-il, et j'ai gagné ma journée.

— C'est un fou! s'écria une femme prise de pitié à le voir ainsi souriant et sans défiance.

— Fermez la porte de la rue, ordonna Ezéchiel, et finissons la besogne!

— La! la! fit le patron, qui prit une gaule et la brisa sur son genou, juste à la longueur qu'il fallait pour une canne de combat : je vous dis que vous ne savez pas à qui vous avez affaire!

Son sourire s'anima, et une lueur éclata dans ses yeux.

Au moment même où la porte de la rue se fermait, le patron fut attaqué de trois côtés à la fois : par Ezéchiel, qui, soulevant son escabelle à deux mains, lui en déchargea un coup sur la tête, et par deux bandits déguenillés, dont l'un lui lança au flanc un coup de couteau donné à bras raccourci, tandis que l'autre lui plantait son bâton dans l'estomac.

Ce fut une transfiguration. Toute la personne du patron prit un admirable caractère de jeunesse et de crânerie. Sa taille se développa, sa poitrine s'élargit, son front s'illumina.

Nul ici n'aurait su dire comment les trois attaques furent parées; c'est à peine si la tête du patron s'inclina un peu à gauche pour laisser passer l'escabeau, tandis que sa moitié de gaule décrivait deux demi-cercles, dont l'un fit sauter en l'air le bâton, dont l'autre brisa net le poignet qui tenait le couteau.

Le blessé poussa un hurlement de douleur et de rage.

— Et veillez à ce que la lampe ne s'éteigne pas, dit gaiement ce diable de patron : je n'y verrais plus à vous corriger avec délicatesse; ce serait tant pis pour vos crânes!

Ezéchiel s'était mis bravement au dernier rang. Il s'arma d'une gaffe emmanchée de long et compta de l'œil ses soldats.

— La Meslin ! s'écria-t-il, le coquin a estropié ton homme pour la vie : il faut que les femmes s'en mêlent... S'il n'était pas si maigre, je vous dirais que c'est Cadoudal en personne. Je parie ma tête à couper qu'on le payera mille écus à la pré fecture... Prenez les tisons du foyer, mes mignonnes ! Brûlons-le ! quand on devrait mettre le feu à la maison !

La Meslin était une grande femme, solidement bâtie, qui déjà s'agenouillait auprès de « son homme » terrassé. Elle se releva et bondit comme une lionne vers l'âtre où la marmite bouillait.

— Brûlons le gueux ! brûlons-le !

Les hommes s'écartèrent, serrant leurs couteaux et leurs gourdins, semblables à l'infanterie qui attend la besogne faite des canonniers pour se ruer à la charge.

Le taudis s'emplit de fumée et de flammes ; les six mégères secouaient leurs brandons.

Le patron fit un saut de côté qui évita le brûlant projectile lancé par la Meslin à tour de bras. La terrible canne décrivit une demi-douzaine de cercles, et pendant une longue minute, ce fut à l'intérieur du bouge un indescriptible tohu-bohu : des cris, des chocs, des blasphèmes, des chutes, des grincements de dents et un coup de pistolet.

La minute une fois écoulée, voici quel était l'état de la question : notre singulier ami, le patron des maçons du Marché-Neuf, se tenait debout au beau milieu de la chambre, où les tisons éparpillés fumaient de tous côtés ; il avait du noir à la joue droite, et le revers de sa houppelande était largement brûlé, mais on ne lui voyait aucune blessure sérieuse.

Au fond du taudis, les filets commençaient à flamber, atteints qu'ils avaient été par les éclats de braise.

Ezéchiel n'avait plus sa gaffe emmanchée de long, dont les morceaux jonchaient le sol ; en revanche, il portait au front une magnifique bosse d'un violet sanguinolent, et sa bouche édentée crachait rouge.

L'homme de la Meslin se roulait dans la boue, tenant encore à la main un pistolet déchargé. Ses cheveux crépus n'avaient pas défendu son crâne, qui portait une large fêlure.

Les autres bandits se tenaient à distance, et les femmes épouvantées étaient pelotonnées dans un coin, sauf la Meslin, qui essayait de soulever la tête fendue de son amant.

Il n'y avait pas eu une seule parole échangée entre l'assiégé, seul de son bord, et le troupeau des assaillants.

En ce moment l'assiégé, qui avait perdu l'éclair fulgurant de ses yeux et qui semblait aussi calme que s'il eût été flânant dans le Jardin du Palais-Royal, mit sa canne sous son bras et plongea sa main dans sa poche.

— C'est le diable ! grommela Ezéchiel.

— Vous êtes dix contre un, rugit la Meslin, qui se releva ivre de rage. Attaquons-le tous ensemble, et mon homme sera vengé !...

Elle s'interrompit en un cri étouffé; le couteau qu'elle avait ramassé à terre s'échappa de ses mains !

— Ah ! fit-elle en attachant sur le patron un regard stupéfait, c'est bien pis que le diable !... Comment ne l'ai-je pas reconnu ?... C'est M. Gâteloup !

Ce nom de Gâteloup, répété dans tous les coins du cellier, forma un long murmure.

L'amant de la Meslin rouvrit les yeux et regarda.

Le patron avait retiré sa main de sa poche, et nouait tranquillement à sa boutonnière l'objet qui l'avait fait reconnaître.

Au premier aspect, cela semblait donner raison aux accusations d'Ezéchiel, car les chouans de Bretagne portaient un objet pareil comme signe de ralliement à leur chapeau ou sur leur poitrine, et Georges Cadoudal devait en avoir un dans sa poche.

Mais bien avant les chouans de Bretagne, la frérie des maîtres en fait d'armes parisiens avaient consacré ce signe que professeurs et prévôts portaient au côté gauche de leurs plastrons.

C'était un cœur brodé d'or et encadré dans une rosette de rubans écarlates.

Chaque maître y ajoutait un signe distinctif, qui était en quelque sorte un blason et qui disait son nom aux initiés.

Or, si le patron des maçons du Marché-Neuf était, sous son espèce de bon bourgeois, une célébrité de quartier, recevant des coups de chapeau depuis le Palais de justice jusqu'à l'Hôtel de Ville, sous un autre aspect, comme combattant des bagarres révolutionnaires, comme sauveteur, comme entraîneur ou modérateur du peuple, Gâteloup était une gloire universellement acceptée, surtout dans la classe pauvre. Les bons l'admiraient et l'aimaient, les méchants le redoutaient.

Dans le danger autrefois, lors des batailles civiles, où il avait joué un rôle à la fois terrible et bienveillant, il se faisait reconnaître à l'aide de son écu de maître d'armes : un cœur d'or dans un nœud de faveurs rouges où deux raies noires, largement accusées, marquaient une croix de Saint-André.

Cela signifiait : Je suis Jean-Pierre Sévérin, dit Gâteloup ; comme jadis les fleurs de lis d'or sur champ d'azur disaient : Bourbon ; les macles accolées : Rohan ; et les seize alérions d'azur cantonnant la croix de gueules en champ d'or : Montmorency.

Dans les luttes antiques il n'y avait aucune honte pour l'homme brave à se retirer devant un plus fort. Le char d'Achille traversait les batailles sans rencontrer devant soi d'autres ennemis que les myopes qui ne reconnaissaient pas assez vite le flamboyant bouclier présent d'Hippodamie. Les coquins rassemblés au cabaret de la *Pêche miraculeuse* n'étaient nullement imbus de préjugés chevaleresques.

Il n'y eut pas une seule main pour garder une arme, et la Meslin dit en montrant son homme.

— Ah ! citoyen Gâteloup, c'est encore de la reconnaissance qu'on vous doit, car si vous aviez voulu, vous ne me l'auriez pas assommé à demi !

— C'est vrai, ma fille, répliqua le patron, et si j'ai mis mon nom à ma boutonnière, c'est que la peur m'a pris de vous assommer tous... Éteins le feu, Ezéchiel... Vous autres, faites-moi place.

Deux ou trois seaux d'eau lancés à la volée sur les filets qui allaient se consumant lentement firent l'affaire. Ezéchiel, le sourire aux lèvres, s'était rapproché du vainqueur.

Celui-là devait être un damné scélérat, car il cachait sa rancune sous un air obséquieux et caressant.

— Mon bon maître, dit-il, ça nous perd la tête de penser qu'il y a un homme dans Paris qui veut tuer le citoyen Bonaparte. Moi qui vous parle, je vois partout le traître Cadoudal... Et quant à ce qui est de la porte du fond, là-bas, elle mène tout uniment à la cave où je tiens mon pauvre vin que vous trouvez si mauvais.

Le patron lui mit la main sur l'épaule, et Ezéchiel fut sur le point de s'affaisser comme si on l'eût chargé d'un poids trop lourd.

— Ne me faites point de mal, murmura-t-il.

— Ecoute, l'interrompit le patron... Es-tu homme à répondre franchement et honnêtement aux questions qu'on te fera ?

— Quant à ça, mon maître, s'écria Ezéchiel, demandez à tout le monde, je n'ai que trop de franchise. Le cœur sur la main, toujours !... Ah ! si j'avais eu un tantinet de malice, mon affaire serait depuis longtemps dans le sac !

— C'est pour une dame que tu travailles ? prononça tout bas le patron.

— Pour une dame ?... répéta Ezéchiel ; voilà une idée ?

Puis il ajouta en clignant de l'œil d'une façon confidentielle.

— Eh bien, oui, là. On ne peut rien vous cacher, mon maître. C'est pour une dame... et nous essayons de nouer un fil à la patte des scélérats qui veulent tuer le premier consul !... est-ce défendu ?

La main du patron pesa plus lourde sur son épaule, mais à ce moment une éclatante et joyeuse clameur passa au travers de la porte de la rue.

— Aubaine ! aubaine ! criait-on. Ouvrez, citoyen Ezéchiel !

— Il y a eu pêche miraculeuse !

— Et bonne chasse ! ajoutèrent d'autres voix qui semblaient plus lointaines.
— Nous apportons la marée ! dirent les pêcheurs.
— Et nous le gibier ! firent les chasseurs.
— Ouvre, Ezéchiel ! Mais ouvre donc, vieux drôle !
— Faut-il ouvrir, mon bon maître ? demanda le cabaretier en adressant au vainqueur de la lutte récente une œillade respectueuse et soumise.

Celui-ci fit un geste de consentement.

La porte roula sur ses gonds, et une compagnie nombreuse entra chargée de butin. Ils étaient quatre d'abord, quatre forts lurons, pour porter un tout petit panier où il y avait bien une cinquantaine de goujons.

Ensuite venait l'heureux propriétaire du mannequin de paille.

En troisième lieu, deux gamins soutenaient triomphalement une vieille culotte, dans la poche de laquelle on avait trouvé une pièce de six liards.

— Voici la pêche ! cria-t-on. Ferme boutique, Ezéchiel. Il n'y a plus rien dans la rivière.

— Je sais bien qui me joue ces tours-là ! répondit le cabaretier avec mélancolie : ce sont les ennemis du premier consul !

Il fut interrompu par un autre flot qui arrivait clamant :
— Voici la chasse !

Ceux-là apportaient sur des cannes à pêche, disposées en brancard, une pauvre belle enfant, évanouie ou morte.

Quand la lueur de la lampe tomba sur son visage livide, mais toujours charmant, le patron des maçons du Marché-Neuf poussa un grand cri qui était un nom :
— Angèle !

V

LA BORNE

Aux premières lignes de cette histoire nous avons vu un jeune homme élégant et beau longeant seul le quai de la Grève.

Puis, derrière lui, une charmante jeune fille, seule aussi et qui semblait le suivre de loin.

Puis, enfin, un vieil homme, habillé bourgeoisement, mais campé à la noble, qui avait l'air de suivre les deux.

Dans le courant de notre récit, nous avons appris le nom

du jeune homme : René de Kervoz, et le nom de la jeune fille : Angèle.

Quant au vieux bourgeois, ceux qui ont lu le premier épisode de cette série : *la Chambre des Amours*, le connaissaient dès longtemps.

Après la scène mystérieuse et presque muette qui eut lieu, vers la tombée de la nuit, dans l'église de Saint-Louis-en-l'Ile, entre cette blonde éblouissante qu'on appelait Mme la comtesse, l'Allemand Ramberg, René et l'abbé Martel, scène dont l'apprenti médecin Germain Patou, d'un côté, et Angèle de l'autre, furent les témoins silencieux, René de Kervoz sortit le premier.

Angèle le suivit aussitôt, comme elle l'avait fait depuis la place du Châtelet.

Elle semblait bien faible ; son pas lent et pénible chancelait, mais ces pauvres cœurs blessés ont un terrible courage.

Il n'était pas nuit tout à fait encore quand René de Kervoz, sortant par la porte latérale, s'engagea dans la rue Poultier. Au lieu de tourner vers le quai de Béthune, comme devaient faire plus tard Germain Patou et « le patron », il remonta vers la rue Saint-Louis.

Sa marche était lente aussi et incertaine, mais ce n'était pas faiblesse.

Ceux qui le connaissaient et qui l'eussent vu en face à cette heure auraient remarqué avec étonnement le rouge ardent remplaçant la pâleur habituelle de sa joue.

Ses yeux brûlaient sous ses sourcils violemment contractés.

Angèle, pauvre douce enfant, avait grandi entre deux cœurs simples et bons, son père d'adoption et sa mère, les deux seuls amis qu'elle eût au monde. Elle ne savait rien de la vie.

Elle ne voyait point le visage de René ; par conséquent elle ne pouvait lire le livre de sa physionomie.

Mais sait-on où elles prennent cette seconde vue ? Il y a une admirable sorcellerie dans les cœurs malades d'amour. Ce qu'elle ne voyait pas, Angèle devinait.

La passion qui bouleversait les traits de René de Kervoz avait dans l'âme d'Angèle comme un écho douloureux et navré.

Elle ne songeait pas à elle-même ; sa pensée était pleine de lui.

Souffrait-il ? Parfois c'est le bonheur qui écrase ainsi.

Elle avait presque aussi grande frayeur de la souffrance que du bonheur.

Et pourtant, d'ordinaire, c'est le bonheur seulement que redoute la jalousie des femmes.

Mais Angèle n'était pas encore une femme tout à fait ; les jeunes filles aiment autrement que les femmes. Angèle tenait le milieu entre la femme et la jeune fille.

René tourna le coin de la rue de Saint-Louis et se dirigea vers le retour du quai d'Anjou qui faisait face à l'île Louviers.

Ce n'était pas la première fois qu'Angèle suivait René. Elle avait le droit de le suivre, si la plus sacrée de toutes les promesses, ce contrat d'honneur liant l'homme à la pure enfant qui s'est donnée, confère un droit.

Angèle était pour tous la fiancée de René de Kervoz ; elle était sa femme devant Dieu.

Jamais elle n'en avait tant vu qu'aujourd'hui.

Ce qu'elle soupçonnait, depuis longtemps peut-être, lui entrait dans le cœur, ce soir, comme une certitude amère.

René aimait une autre femme.

Non point comme il l'avait aimée, elle, doucement et saintement. Oh ! que de bonheur perdu !

René aimait l'autre femme avec fureur, avec angoisse.

A moitié chemin de la rue Poultier, au retour oriental du quai d'Anjou, un mur monumental formait l'angle de la rue Bretonvilliers, à l'autre bout de laquelle était le cabaret de la *Pêche miraculeuse.*

Le pâté de propriétés compris entre les deux rues formait la pointe est de l'île ; il se composait du pavillon de Bretonvilliers et de l'hôtel d'Aubremesnil, avec leurs jardins : ces deux habitations, séparées seulement par une magnifique avenue, appartenaient au même maître, l'ancien conseiller au parlement dont il a été parlé.

Outre ces demeures nobles, il y avait quelques maisons bourgeoises ayant façade sur rue.

Le pavillon de Bretonvilliers, qui n'était autre chose que le pignon d'un très vieil hôtel, sorte de manoir contemporain peut-être de l'époque où l'île était encore la campagne de Paris, s'enclavait dans le mur et faisait même une saillie de plusieurs pieds sur la voie : ce qui motiva plus tard sa démolition.

Il n'avait que deux étages : le premier à trois fenêtres de façade ; le second, beaucoup moins élevé, à cinq ; le tout était surmonté d'une toiture à pic.

Il n'existait point d'ouverture au rez-de-chaussée. On y entrait par une porte percée dans le mur, à droite de la façade et donnant dans les jardins.

Ce fut à cette porte que René de Kervoz frappa.

Un aboiement de chien, grave et creux, qui semblait sortir de la gueule d'un animal géant, répondit à son appel.

Une femme âgée et portant un costume étranger vint

ouvrir. Elle barra d'abord le passage à René, lui disant : « Les maîtres sont absents. »

René lui répondit, donnant à ces deux mots latins la prononciation magyare : « *Salus Hungariæ*. »

La vieille femme le regarda en face et sembla hésiter.

— *Introi, domine*, dit-elle enfin, également en latin prononcé à la hongroise, *sub auctoritate dominæ meæ* (entrez, monsieur, sous l'autorité de ma maîtresse).

La porte se referma. Un coup de fouet retentissant mit fin aux aboiements du gros chien.

Angèle était trop loin pour voir ou pour entendre.

Quand elle arriva devant la porte, tout était silence à l'intérieur.

Elle s'arrêta, immobile, affaissée comme la statue du Découragement.

Elle ne pleurait point.

L'idée ne lui vint pas de frapper à cette porte.

Pourquoi était-elle venue, cependant !

Hélas, elles ne savent pas, ces pauvres blessées.

Elles vont pour glisser un regard tout au fond de leur malheur, mais non point pour combattre.

Quand l'idée de combattre leur vient, elles poussent presque toujours la vaillance jusqu'à la folie. Mais l'idée de combattre leur vient le plus souvent trop tard.

Elles doutent si longtemps ! si longtemps elles se cramponnent à la chère illusion de l'espoir.

Angèle resta pendant de longues minutes debout en face de la porte, le cœur oppressé, les yeux fermés à demi.

Aucun bruit ne venait du dedans. Le dehors était également silencieux, car la nuit s'était faite et le pas des allumeurs de lanternes avait cessé de se faire entendre.

Un seul murmure, confus et intermittent, venait du côté du quai de Béthune, où le cabaret de la *Pêche miraculeuse* restait ouvert.

En face de la porte par où René avait disparu, au coin d'une maison dont toutes les fenêtres étaient noires et qui semblait inhabitée comme la plupart des demeures dans ce triste quartier, il y avait une borne de granit cerclée de fer.

Angèle s'y assit.

De là on pouvait voir les fenêtres de l'ancien pavillon de Bretonvilliers.

Elles étaient noires aussi, énormes de hauteur et bizarrement éclairées par la lune à son lever, qui leur envoyait ses rayons obliques, avant de les laisser dans l'ombre en montant vers le sud.

Machinalement, le regard d'Angèle s'attacha sur ces trois

gigantesques croisées, derrière lesquelles on devinait des rideaux de mousseline, drapés largement.

Elle vit, comme on voit les choses en rêve, un de ces rideaux se soulever à demi et une tête paraître. Les lueurs de la lune n'en éclairaient plus que les reliefs, et c'était si vague!...

Une jeune tête, une tête bien-aimée : ce front et ce regard qu'Angèle voyait nuit et jour, cette bouche qui lui avait dit : je t'aime!

Oh! et ce sourire! et ces cheveux si doux qu'un chaste baiser avait mêlés bien souvent avec ses cheveux à elle!

René! son âme tout entière, son premier, son unique amour!

C'était René! c'était bien René! Pourquoi en ce lieu? et seul? Attendait-il? qu'attendait-il?

La lune tournait; l'ombre accusait davantage ce sourire qui n'existait pas peut-être. Pour Angèle, René souriait, et si doucement! et, à travers ces carreaux maudits, René la regardait avec tant de tendresse!

Cela se pouvait-il? Si René l'avait vue, si René l'avait reconnue, lui dans cette maison, elle dans la rue et sur cette borne, René n'aurait pas souri. Oh! certes.

Il était bon, il était noble.

Il aurait eu honte, et remords, et frayeur.

Mais qu'importe ce qui est possible ou impossible? A certaines heures, l'esprit ne juge plus, la fièvre est maîtresse. Angèle tendit ses pauvres mains tremblantes vers René et se mit à lui parler tout bas.

Elle lui disait de ces douces choses que le tête-à-tête des enfants amoureux échange et ressasse pour enchanter les plus belles heures de la vie. La mémoire de son cœur récitait à son insu la litanie des jeunes tendresses. Comme elle aimait! comme elle était aimée! Et se peut-il, mon Dieu! qu'on manque à ces serments qui jaillirent une fois d'une âme à l'autre pour former un indissoluble lien?

Se peut-il... car il y avait plus que des serments, et René était noble et bon. Nous l'avons dit déjà une fois; elle se le répéta cent fois à elle-même.

Elle ne sentait point que ses mains étaient glacées et que ses petits pieds gelaient sur le pavé humide par cette froide nuit de février. Elle savait seulement que son front la brûlait.

Un soir, c'était au dernier automne, l'air de la nuit était si tiède et si charmant, je ne sais comment la promenade s'était prolongée le long du quai de la Grève, puis au bord de l'eau, sous ces beaux arbres qui allaient jusqu'au Pont-Marie. Il y avait là des fleurs et de l'herbe autour de la cabane de l'inspecteur du halage; René voulut s'asseoir; il était faible alors et malade; Angèle étendit pour lui son écharpe sur le gazon.

Elle se mit près de lui, si jolie et si belle que René avait des larmes dans les yeux.

Il lui dit :

— Si tu ne m'aimais plus, je mourrais.

Elle ne répondit point, Angèle, parce que la pensée ne lui venait même pas que son René pût cesser de l'aimer.

Ce fut une chère soirée, dont le souvenir ne devait jamais s'effacer.

Tout à l'heure, en passant sur le Pont-Marie, Angèle avait reconnu les grands ormes.

Et maintenant, parlant tout bas comme si René eût été auprès d'elle, Angèle disait à son tour :

— Si tu ne m'aimais plus, je mourrais.

La lune avait tourné, laissant dans l'ombre la façade du vieux pavillon de Bretonvilliers.

Il était impossible de voir la silhouette de René à la grande fenêtre, et pourtant Angèle la voyait encore.

Sur ce fond noir elle devinait une forme adorée; seulement René ne souriait plus. Il avait le visage triste, ému, amaigri, comme ce soir de la promenade au bord de l'eau, et il semblait à Angèle que la distance disparaissait; elle montait, il descendait; tous deux s'appuyaient à l'antique balcon, l'un en dedans, l'autre en dehors, et ils échangeaient de murmurantes paroles entrecoupées de longs baisers.

Tout à coup Angèle tressaillit et s'éveilla, car ceci était un véritable rêve. La façade noire changeait d'aspect: deux des grandes fenêtres s'éclairaient vivement.

Angèle ne s'était point trompée. La silhouette de René trancha en sombre sur ce fond lumineux.

Il était là: il n'avait pas quitté la fenêtre.

Un cri s'étouffa dans la poitrine d'Angèle, parce qu'une autre silhouette se détachait derrière celle de René : une forme féminine, admirablement jeune et gracieuse, qu'Angèle reconnut du premier regard.

— La femme de l'église Saint-Louis ! murmura-t-elle en portant ses deux mains à sa poitrine qui haletait; toujours elle !

Elle essaya de se lever et ne put. Elle aurait voulu s'élancer et défendre son bonheur.

Parmi la confusion de ses pensées une idée, cependant, se fit jour.

— La porte ne s'est pas rouverte depuis le passage de René, se dit-elle, et cette femme n'a pu le précéder ici, puisqu'elle est sortie de l'église, accompagnée... Par où est-elle entrée ?

L'ombre féminine dessinée avec netteté par la lumière qui l'éclairait à revers portait sur le rideau transparent. On voyait sa taille déliée et les détails légers de sa coiffure où le jour semblait jouer entre les boucles mobiles de ses cheveux.

— Ses cheveux! dit encore Angèle, ses cheveux blonds! jamais il n'y en a eu de pareils! Je crois distinguer leurs reflets d'or.. Elle est trop belle Oh! Réné, mon Réné, ne l'aime pas; on ne peut pas avoir deux amours... Si tu ne m'aimais plus je mourrais...

Sur le rideau révélateur deux mains se joignirent.

Angèle se redressa, galvanisée par sa terrible angoisse.

— Mais avant de mourir, fit-elle, je combattrai ! Je suis forte ! j'ai du courage ! Et qui donc l'aimera comme moi ? Il est à moi...

Elle s'affaissa de nouveau sur la borne. Autour de la fine taille, là-haut, un bras galant venait de se nouer derrière les rideaux de mousseline.

Angèle balbutia encore :

— Je suis forte... je combattrai...

Mais elle chancelait et sa gorge râlait.

Ses deux mains glacées pressèrent son front.

— C'est un rêve ! un rêve affreux! dit-elle; je veux m'éveiller...

Sa voix s'étrangla dans son gosier. Les deux ombres tournaient sur le rideau et présentaient maintenant leurs profils: deux profils jeunes et charmants.

Une douleur navrante étreignit la poitrine d'Angèle. Elle eut l'angoisse de l'attente, car ce fut lentement, lentement, que les deux bouches se réunirent en un étroit et long baiser.

Angèle tomba comme une masse inerte sur le pavé.

Du capuchon détaché de sa mante ses cheveux dénoués s'échappèrent et ruisselèrent : des cheveux plus beaux, plus brillants, plus doux que ceux de l'enchanteresse elle-même.

La silhouette de femme se retira la première et s'enfuit, tandis qu'un retentissant éclat de rire passait à travers les carreaux.

L'ombre de René se prit à la poursuivre.

Puis la troisième fenêtre de la façade s'éclaira brillamment tout à coup. Les deux ombres y passèrent entrelacées et disparurent.

Mais Angèle ne voyait plus rien de tout cela. Son pauvre corps inerte s'étendait tout de son long; entre son front et le pavé il n'y avait que ses cheveux épars, ses pauvres cheveux.

Une demi-heure après seulement, un groupe de fainéants quittant la berge du quai de Béthune passa.

Aucune ombre ne se dessinait plus aux carreaux du vieux pavillon de Bretonvilliers.

Les fainéants qui revenaient de la pêche avec leurs paniers vides rencontrèrent le corps d'Angèle. La chasse valait mieux que la pêche : au cou d'Angèle il y avait une croix d'or, présent de René de Kervoz.

Les fainéants eurent d'abord la pensée de se battre à qui aurait la croix d'or, puis il fut convenu qu'on irait au cabaret d'Ezéchiel, lequel, étant un peu juif, pourrait estimer le bijou et l'acheter comptant pour faire le partage.

Ils avaient compté sans le patron des maçons du Marché-Neuf, M. Jean-Pierre Sévérin, dit Gâteloup. Celui-ci se dépouilla de sa houppelande pour en envelopper les membres glacés de la jeune fille. D'après son ordre, que nul ne songea à discuter, quatre porteurs prirent une civière où Angèle fut déposée sur un matelas.

Puis le patron commanda : En route !

Et les porteurs se mirent en marche sans même s'informer du lieu où on les conduisait.

Décidément, ce soir, au quai de Béthune, la chasse ne valait pas mieux que la pêche.

Quand la Meslin eut emmené son homme tout endolori et que les coquins des deux sexes furent partis, Ezéchiel barricada sa porte.

Il était soucieux, ce brave garçon, et d'assez mauvaise humeur.

En éteignant la magnifique lanterne qui faisait la gloire de son établissement et du quartier, il se disait :

— C'est un jeu à se faire rompre les os. Voilà déjà un gaillard qui a deviné la farce. Si on savait une fois que tout cela est pour détourner les chiens et cacher le trou de la vampire...

Il frissonna et regarda tout autour de lui.

— Chaque fois que je prononce ce nom-là, grommela-t-il, j'ai la chair de poule. Je n'y crois pas, mais c'est égal... il doit y avoir quelque chose... Et j'aimerais voir, moi, la mine qu'elles font, ces bêtes-là, quand on leur enfonce un fer rouge dans le cœur ! Parole ! ça doit être drôle !

Il eut un sourire à la fois sensuel et poltron.

A coups de pied il dérangea les filets à moitié brûlés qui encombraient la porte de derrière et l'ouvrit en pensant tout haut :

— Ce n'est pas facile d'amasser un plein pot de pauvres écus !

Au delà de la porte il y avait ce sombre couloir aperçu par le patron et menant à un escalier de pierre. Le couloir, après l'escalier passé, allait en descendant, puis remontait jusqu'à une seconde porte communiquant avec un vaste jardin.

Aussitôt qu'Ezéchiel eut ouvert cette seconde porte, un mugissant aboiement se fit entendre au lointain; le lecteur aurait reconnu tout de suite la voix du chien géant qui gardait le pavillon de Bretonvilliers.

— Tout sent le diable, se dit Ezéchiel, dans le pays d'où ces gens-là viennent. Ce chien a la voix d'un démon.

Il s'engagea sous une sombre allée de tilleuls taillés en charmille, qui remontait vers la rue Saint-Louis-en-l'Ile.

Les aboiements du molosse devinrent bientôt si violents que le cabaretier s'arrêta épouvanté.

— Holà! bonne femme Paraxin! cria-t-il, retenez votre monstre ou je lui casse la tête d'un coup de pistolet.

Un éclat de rire cassé partit du fourré voisin et le fit tressaillir de la tête aux pieds.

— Le chien est enchaîné, trembleur de Français, fut-il dit par derrière les arbres; n'aie pas peur... Mais, à propos de pistolet, on s'est battu chez toi, là-bas. Y aura-t-il quelque chose pour nos poissons?

Avant qu'Ézéchiel pût répondre, une femme grande comme un homme et portant le costume hongrois entra dans une échappée de lumière que la lune faisait dans l'avenue.

— Bonsoir, Ezéchiel, dit-elle dans le français barbare qu'elle baragouinait avec peine. On ne peut pas te parler latin à toi; vous autres, Parisiens, vous êtes plus ignorants que des esclaves!... As-tu quelque chose à nous dire?

— Je veux voir madame la comtesse, répliqua le cabaretier.

— Madame la comtesse est loin d'ici, repartit Paraxin, qui s'était approchée et dominait Ézéchiel de la tête. Elle a de l'occupation ce soir.

— Elle en mange un? demanda le cabaretier avec une curiosité mêlée d'horreur.

La Paraxin fit un signe de tête caressant et répondit :

— Elle en mange deux.

Ézéchiel recula malgré lui. La grande femme ricanait. Elle répéta :

— Q'as-tu à dire?

— J'ai à dire, répliqua Ézéchiel, que tout ça ne peut pas durer. Le monde parle. Il y a des gens sur la trace, et la frime du quai de Béthune est usée jusqu'à la corde. Tout devait être fini voilà quinze jours...

— Tout sera fini dans huit jours, l'interrompit la grande femme. L'argent vient; la somme y sera. Ceux qui auront été avec nous jusqu'au bout auront leur fortune faite. Ceux qui perdront courage avant la fin engraisseront les poissons... Est-ce tout?

Ezéchiel restait silencieux.

— A quoi penses-tu? demanda la Hongroise brusquement.

— Bonne femme Paraxin, répondit le cabaretier, je pense à la peur que j'ai. Vos menaces m'effrayent beaucoup, je ne le cache pas, car je vous regarde comme une diablesse incarnée...

La Hongroise lui caressa le menton bonnement.

— Mais, poursuivit Ezéchiel, je suis plus effrayé encore des dangers qui m'environnent de toutes parts à cause de vous. A quoi me servira-t-il d'avoir gagné beaucoup d'argent si on me coupe le cou?

M⁽ᵐᵉ⁾ Paraxin lui donna un bon coup de poing entre les deux épaules et lui dit quelques injures en latin. Après quoi elle reprit d'un ton sérieux :

— Nous avons de quoi détourner l'attention, brave homme, ne t'inquiète pas... Vois-tu cette lumière, là-bas?

Ils arrivaient au bout de l'avenue, et le pavillon de Bretonvilliers détachait sa haute silhouette sombre sur le ciel.

Une lueur brillait au premier étage.

— Oui, je vois la lumière, répliqua Ezéchiel, mais qu'est-ce que cela dit?

— Cela dit, mon fils, qu'il y a là un joli jeune homme en train de se brûler à la chandelle. Avec ce papillon nous avons, si nous voulons, deux ou trois semaines de sécurité devant nous.

— Qui est ce papillon?

— Le propre neveu de Georges Cadoudal, mon fils, qui va nous vendre, pour un sourire... ou pour un baiser, ou plus cher, le secret de la retraite de son oncle.

VI

LA MAISON ISOLÉE

C'était une chambre très vaste et si haute d'étage qu'on eût dit une salle de quelque ancien palais de nos rois. Les tentures en étaient fatiguées et ternes de vétusté, mais d'autant plus belles aux yeux des coloristes, qui cherchent l'harmonie dans le fondu des nuances et qui chromatisent en quelque sorte la gamme contenue dans le spectre solaire pour obtenir leurs savants effets : de telle sorte, par exemple, que le costume d'un mendiant fournit sous leurs pinceaux des accords merveilleux.

La lampe entourée d'un globe en verre de Bohême non pas dépoli, mais troublé et imitant la demi-transparence de l'opale, éclairait à peine cette vaste étendue, effleurant chaque objet d'une lueur discrète et presque mystérieuse.

On ne pouvait juger ni les peintures du plafond ni celles des panneaux, coupés en cartouches octogones, selon les lignes régulières mais inégales qui caractérisaient l'époque de Louis XIV. C'est à peine si les dorures brunies renvoyaient çà et là quelques sourdes étincelles.

Au-devant de deux grandes fenêtres les draperies de lampas dessinaient leurs plis larges et nombreux sous lesquels tranchaient de moelleux rideaux en mousseline des Indes.

L'aspect général de cette pièce était austère et large, mais surtout triste, comme il arrive presque toujours pour les œuvres du moyen âge que le dix-septième siècle essaya de retoucher.

C'était aux carreaux de cette chambre et sous la mousseline des Indes qu'Angèle avait vu d'abord le visage de René, aux premiers rayons de la lune, puis les deux ombres dont la fenêtre avait trahi l'amoureuse bataille.

Maintenant il n'y avait plus personne.

Mais les gaies lueurs qui passaient par la porte entr'ouverte de la pièce voisine, celle qui n'avait qu'une croisée sur la rue et qui s'était éclairée la dernière, indiquaient la route à prendre pour retrouver ensemble René de Kervoz et la reine des blondes, comme l'appelait Germain Patou, la radieuse pénitente de l'abbé Martel, l'inconnue de l'église Saint-Louis-en-l'Ile.

La jalousie de celles qui aiment profondément ne se trompe guère. Il est en elles un instinct subtil et sûr qui leur désigne la rivale préférée.

Angèle avait reconnu le profil de sa rivale sur la mousseline des rideaux, et nous l'avons dit comme cela était, Angèle, dans cette silhouette mobile, avait deviné jusqu'à l'or léger qui frisait en délicieuses boucles sur le front de l'étrangère.

Franchissons cependant cette porte entr'ouverte qui laissait passer de joyeuses lueurs.

C'était une pièce beaucoup plus petite, et le seuil qui séparait les deux chambres pouvait compter pour un espace de six cents lieues. Il divisait l'Occident et l'Orient.

De l'autre côté de ce seuil, en effet, c'était l'Orient, les tapis épais comme une pelouse, les coussins accumulés, la lumière parfumée. Vous eussiez cru entrer dans un de ces boudoirs féeriques où les riches filles de la Hongrie méridionale luttent de magnificence et de mollesse avec les reines des *Mille et Une Nuits*.

Le contraste était frappant et complet. A droite, c'était la roideur mélancolique et un peu moisie du grand siècle ; à gauche de la cloison, le luxe voluptueux, la somptuosité demi-barbare de la frontière ottomane s'étalaient, comme si en ouvrant la croisée on eût pu voir à l'horizon les minarets de Belgrade, la blanche ville.

Dans la première pièce il faisait froid ; ici régnait une douce chaleur où passaient comme de tièdes courants chargés de langueurs odorantes.

La lumière de deux lampes magnifiques, rabattue par deux coupoles de cristal rosé, tombait sur une ottomane environnée d'arbustes exotiques en pleine fleur.

Il y avait là un jeune homme et une jeune femme : deux belles créatures s'il en fut jamais ; la jeune femme demi-couchée sur l'ottomane, le jeune homme assis sur les coussins à ses pieds.

C'étaient bien les deux silhouettes du rideau : René de Kervoz d'abord, qu'Angèle aurait reconnu entre mille, et quant à la femme, Angèle avait pu, sans se tromper, prendre son profil pour celui de la blonde étrangère. Les traits offraient en effet une parité complète : mêmes yeux, même bouche souriante et hautaine, même dessin de visage, exquise dans sa délicatesse.

Seulement, ces admirables cheveux blonds, si vaporeux et si brillants, n'existaient que dans l'imagination d'Angèle.

La jeune femme de l'ottomane avait d'admirables cheveux, il est vrai, mais plus noirs que le jais.

Il suffisait d'un regard pour voir, malgré l'extrême ressemblance, qu'elle n'était pas notre mystérieuse comtesse de Saint-Louis-en-l'Ile.

Au moment où nous entrons dans le boudoir, elle touchait justement d'un geste mutin ses adorables cheveux noirs et disait en souriant :

— Je n'aurais jamais cru qu'on pût nous prendre l'une pour l'autre : elle si blonde, moi si brune... et surtout mon beau chevalier breton, qui prétend que mon image est gravée dans son âme !

René la contemplait avec une sorte d'extase et ne répondait point.

Il éleva une gracieuse petite main jusqu'à ses lèvres et savoura un long baiser.

— Lila ! murmura-t-il.

Elle se pencha jusqu'à son front, qu'elle effleura, disant :

— Mon nom est doux dans votre bouche.

Il y a des souvenirs: un nuage passa sur le regard de René.

Une fois, cette pauvre enfant qui lui avait donné son cœur, Angèle, sa fiancée, lui avait dit :

— Dans ta bouche mon nom est doux comme une promesse d'amour.

Il l'avait bien aimée, et la passion qui l'entraînait vers une autre, à présent, avait été combattue par lui comme une folie.

Il aimait malgré lui, malgré sa raison, malgré son cœur, il subissait une irrésistible fascination.

Ces choses arrivent comme pour apporter une excuse à ceux qui croient aux sorts et aux charmes.

Angèle était pieuse. Quelques semaines auparavant, le soir du 12 février, René l'avait accompagnée au salut de Saint-Germain-l'Auxerrois. Pendant qu'Angèle priait, René rêvait — aux joies prochaines de leur union sans doute.

Il y avait une femme agenouillée non loin d'eux.

René vit briller deux lueurs sous un voile.

Et je ne sais comment, dans l'ombre où était l'inconnue, un rayon des cierges de l'autel pénétra.

René sentit en lui comme une vague angoisse. Son regard revint vers Angèle, qui priait si saintement. Il eut frayeur et remords, et ne fut soulagé que par l'effort qu'il fit sur lui-même pour ne plus tourner les yeux vers l'inconnue.

Il sortit avec Angèle et la reconduisit jusqu'à sa porte. Leurs logis étaient voisins. Il la quitta pour rentrer chez lui.

Mais il n'aurait point su dire pourquoi il reprit le chemin de l'église.

A la porte il hésita, car il comprenait que franchir de nouveau ce seuil c'était déjà une trahison.

D'ailleurs elle devait être partie.

Elle ! — René entra en se disant : Je n'entrerai pas.

Elle le croisa comme il passait devant le bénitier. Malgré lui, le doigt de René se plongea dans la conque de marbre. La main de l'inconnue toucha sa main ; il eut froid jusque dans le cœur.

Ce fut tout. Elle sortit. René resta immobile à la même place, car il se disait : Je ne la suivrai pas.

Une voix l'avertissait, murmurant au dedans de lui-même le nom d'Angèle et disant : C'est celle-là qui est le bonheur.

C'est l'autre qui est le caprice extravagant, la fièvre, le tourment, la chute...

Pourquoi est-ce ainsi? René s'élança sur les traces de l'inconnue. Son cœur battait, sa tête brûlait !

Il n'y avait personne sur le parvis encombré de masures qui séparait alors la façade de Saint-Germain-l'Auxerrois du Louvre non encore restauré.

Chose singulière, et qu'il faut exprimer pourtant, René n'avait pas même vu celle qu'il poursuivait malgré lui.

Il ne connaissait d'elle que la lueur de son regard et les vagues profils dessinés par les reflets descendant de l'autel. Quand leurs mains s'étaient touchées au bénitier, l'inconnue avait le visage caché derrière son voile.

C'était une toute jeune femme et d'une beauté merveilleuse, voilà ce dont il eût juré; il n'aurait point su détailler l'impression que lui laissait son costume sévère, mais d'une élégance extrême. Elle le portait à miracle, et, tandis qu'elle s'éloignait, René avait admiré la grâce noble de sa démarche.

Aime-t-on pour si peu, et quand le cœur a noué ailleurs une chaîne sérieuse et solide?

René était l'honneur même. Il arrivait d'un pays où l'honneur passe avant toute chose. Son enfance s'était écoulée dans une famille simple et sévère où la passion politique seule avait accès.

Encore la passion politique sommeillait-elle depuis longtemps déjà au manoir de Kervoz, situé entre Vannes et Auray; le père de René s'était battu de son mieux, mais il avait déposé les armes franchement et sans arrière-pensée, depuis que les portes de la paroisse s'étaient rouvertes au culte.

Il y avait deux sortes de chouans en Bretagne : les chouans du roi, les chouans de Dieu.

Quand on rendit à ces derniers la vieille maison de granit qui bénit la naissance, le mariage et la mort, il se fit bien des vides dans les rangs de la rustique armée.

Le père de René avait dit à son fils : Le passé s'en va : attendons pour juger l'avenir.

C'était un chouan de Dieu.

Mais la mère de René avait un frère qui était un chouan du roi.

On entendait parler de lui parfois au manoir des environs de Vannes. Il courait l'Europe, conspirant et suscitant des ennemis à ceux qui tenaient la place du roi. Son nom était célèbre.

Il avait promis hautement d'engager, lui, seul et proscrit, contre le premier consul, entouré de tant de soldats, défendu par tant de gloire, une sorte de combat singulier.

Tous ceux qui ont reçu l'éducation de nos collèges doivent être embarrassés quand ils deviennent les juges d'une action de ce genre. Le bon sens dit que le vrai nom d'un pareil tournoi est assassinat. Mais l'Université, pendant huit mortelles années, a pris la peine de nous enseigner de tous autres noms, latins ou grecs. Chacun se souvient des classiques admirations de son professeur pour le poignard de Brutus.

« En plein sénat, messieurs! en plein sénat! »nous disait le nôtre, qui pourtant recevait de César un traitement de mille écus par an, ni plus ni moins.

Il ajoutait :

« C'était bien le *vir fortis et ubicumque paratus*. Le gaillard n'avait pas froid aux yeux! En plein sénat, messieurs, en plein sénat! »

Cassius, le collaborateur, avait aussi sa part d'éloges.

Et l'on partait de là pour dire quelque chose d'aimable à propos de tous les citoyens qui, depuis Harmodius et Aristogiton, jusqu'aux amis de Paul Ier de Russie, engagèrent précisément ce tournoi que Georges Cadoudal proposait au premier consul.

Depuis que César a fait un livre, on prétend, cependant, que le poignard de Brutus est un peu moins préconisé dans nos collèges ; mais le livre de César est tout jeune, et nous qui fûmes élevés par l'Université dans le respect amoureux de l'homme et de son instrument, nous éprouvons un certain embarras à renier les admirations qui nous furent imposées.

« En plein sénat, messieurs ! »

Et applaudissez, ou gare la retenue !

Un jour viendra peut-être où l'Université, convertie à des sentiments moins féroces, aidera César à corriger les épreuves de son livre. Espérons que, ce jour-là, le poignard de Brutus, définitivement mis à la retraite, se rouillera dans les greniers d'académie. Ainsi soit-il !

Mais je demande au ciel et à la terre ce que l'Université, avant sa conversion, pouvait reprocher à l'épée de Georges Cadoudal.

René de Kervoz neveu de Cadoudal n'était point mêlé à ses intrigues désespérées. Il suivait à Paris les cours de l'École de droit et se destinait à la profession d'avocat. Nous devons dire que son oncle lui-même l'écartait des voies dangereuses où il marchait. Une sincère affection régnait entre eux.

De la conspiration dont son oncle était le chef René connaissait ce qui était à peu près au vu et au su de tout le monde; car la police, nous l'avons dit déjà, est souvent dans la position de ces maris trompés qui seuls ignorent leur malheur.

A Paris, l'affaire Cadoudal était le secret de la comédie. Tout le monde en parlait. A peine peut-on dire que la demeure du terrible Breton fût un mystère.

Le mystère, et c'en est un grand assurément, gît tout entier dans le chronique aveuglement de la police.

Nous avons vu de nos jours quelque chose de pareil, et les gens qui ne savent pas quelle épaisse myopie peut affecter les cent yeux d'Argus doivent croire qu'à de certaines époques la police a partagé les faiblesses de l'Université à l'endroit des outils dont se sert Brutus.

Cadoudal connaissait et approuvait l'amour de son neveu pour Angèle. Il s'était mis en rapport, sous un nom supposé, avec la famille adoptive de la jeune fille et devait servir de père à René lors du mariage.

Nous ajouterons qu'il avait discuté les conditions du contrat, en bon bourgeois, avec Jean-Pierre Sévérin, dit Gâte-Loup, le patron des maçons du Marché-Neuf. Jean-Pierre avait pour M. Morinière de l'estime et de l'amitié. Morinière était le nom d'emprunt de Georges Cadoudal.

Cadoudal avait dit à son neveu :

— Ton Angèle fera la plus délicieuse comtesse que l'on puisse voir. Moi, j'aurai la tête fêlée un jour ou l'autre, cela ne fait pas de doute; mais, quand le roi reviendra, tu seras comte en souvenir de moi, et du diable si le neveu du vieux Georges ne sera pas aussi noble que tous les marquis de l'univers !

René avait répondu :

— Je l'aime telle qu'elle est. Elle sera la femme d'un avocat, et je tâcherai de la faire heureuse.

Et l'on parlait de danser à la noce. Ce Georges était à Paris comme le poisson dans l'eau, tant il comptait bien sur la somnolence de la police. Les mémoires du temps, les mémoires de la police surtout, avouent qu'il allait et venait à son aise, s'occupant de ses affaires comme vous ou moi et menant même joyeuse vie.

Comme César doit regretter parfois de n'être pas gardé par un simple caniche.

En quittant l'église Saint-Germain-l'Auxerrois, René de Kervoz, l'œil troublé, la poitrine serrée, regarda tout autour de lui. Ce fut le nom d'Angèle qui vint à ses lèvres, comme s'il eût cherché dans cette sainte affection un refuge contre la folie.

Il était fou déjà. Il le sentait.

Au coin de la rue des Prêtres-Saint-Germain, une forme fuyait. René franchit d'un saut les degrés du perron et courut après elle.

A l'endroit où la rue des Prêtres débouche sur la place de l'École, une voiture élégante stationnait. La portière s'ouvrit, puis se referma. Les chevaux partirent au grand trot.

René n'avait point vu la personne qui était montée dans la voiture, et pourtant il la suivit à toutes jambes.

Il était sûr que la voiture contenait son inconnue.

La voiture alla longtemps au trot de ses magnifiques chevaux. La sueur inondait le front de René, qui perdait haleine sinon courage, et ne s'arrêtait point.

La voiture suivit les quais jusqu'à l'Hôtel de Ville, puis remonta la rue Saint-Antoine, dans laquelle elle fit une courte halte. Les portières restèrent fermées, le valet de pied seulement descendit, frappa à une porte, entra, ressortit et reprit sa place en disant :

— Allez! le docteur viendra.

René avait profité du temps d'arrêt pour reprendre haleine et nouer sa cravate autour de ses reins.

Quand la voiture repartit, il la suivit encore.

Que voulait-il, cependant ? Il n'aurait point su répondre à cette question.

Il allait, entraîné par une force irrésistible.

La voiture s'arrêta encore deux fois, rue Culture-Sainte-Catherine et Chaussée-des-Minimes.

Deux fois le valet de pied descendit et remonta sans avoir eu aucune communication avec l'intérieur de la voiture.

En quittant la Chaussée-des-Minimes la voiture regagna la rue Saint-Antoine. A ce moment l'horloge de l'église Saint-Paul sonnait dix heures de nuit.

Cette fois la traite fut longue et véritablement rude pour René. L'équipage, lancé à pleine course, brûla le pavé de la rue Saint-Antoine, franchit la place de la Bastille et longea tout le faubourg sans ralentir sa marche.

Il y avait alors un large espace vide entre les dernières maisons du faubourg Saint-Antoine et la place du Trône. La rue de la Muette n'était qu'un chemin creux, bordé de marais.

La voiture s'arrêta enfin devant une habitation isolée et assez grande, située à gauche du faubourg, dans les terrains qui avoisinaient la rue de la Muette.

Il n'y avait point de lumière aux fenêtres de cette habitation, à laquelle conduisait un chemin tracé à travers champs.

Au-devant de la porte, de l'autre côté du chemin, un mur de marais tombait en ruine, laissant voir, par ses brèches, un champ d'arbustes fruitiers, framboisiers, groseilliers et cassis, que surmontaient quelques cerisiers de maigre venue.

René était bon coureur, néanmoins, malgré ses efforts, s'était laissé distancer à la fin par le galop des chevaux. Il vit de loin l'équipage tourner, puis faire halte ; il ne put distinguer dans la nuit ce qui se passait à la porte de la maison.

Comme il arrivait au détour du chemin, la voiture, revnant sur ses pas, débouchait de nouveau dans le faubourg Saint-Antoine.

Les glaces des deux portières étaient maintenant abattues. René put glisser un regard à l'intérieur, qui lui sembla vide. Le cocher et le valet de pied restaient à leur poste. La voiture reprit le chemin qui l'avait amenée et disparut au loin dans le faubourg.

René hésita. Sa raison, un instant réveillée, se révolta énergiquement contre l'absurdité de sa conduite. Il se demanda encore une fois et avec un vif mouvement de colère contre lui-même :

— Que viens-je faire ici ?

Il était d'un pays où la superstition s'obstine. L'idée naquit en lui qu'on lui avait jeté un sort.

Et il se dit, résolu à clore cette triste équipée :

— Je n'irai pas plus loin !

Mais ce sont éternellement les mêmes paroles. Ceux à qui on jette des « sorts » du genre de celui qui tenait déjà le fiancé d'Angèle font toujours le contraire de ce qu'ils disent.

René tourna l'angle du chemin et marcha tout uniment vers la maison solitaire dont la lune, cachée sous les nuages, dessinait vaguement les profils.

Cette maison ressemblait à une fabrique abandonnée.

Il faisait froid, le vent fouettait une petite pluie fine qui rendait la terre molle et glissante.

René fit le tour de la maison, qui n'avait ni jardin ni cour et qui, à la considérer de plus près, avait l'air d'une de ces bâtisses inachevées, fruits de la spéculation indigente, qui restent à l'état de ruine avant même d'avoir abrité leurs maîtres.

Il y avait beaucoup de fenêtres. Toutes gardaient leurs contrevents fermés.

René revint à la façade qui donnait sur le chemin. De ce côté, les fenêtres étaient closes comme partout. Devant la porte, l'herbe croissait autour du petit perron de trois marches et jusque sur les degrés.

René regarda aux croisées. Les volets fermés ne laissaient passer aucune lueur.

Il écouta. Le silence et la solitude permettaient de saisir tous les sons, même les plus faibles.

Aucun bruit ne frappa ses oreilles.

Il s'éloigna afin de mieux voir, car, la nuit, une lueur fugitive s'aperçoit plus aisément à distance. Il dépassa le mur qui faisait face à la maison. — Rien.

Et cependant il resta, répétant en lui-même, comme un pauvre maniaque :

—Elle m'a jeté un sort!
La pluie froide pénétrait son vêtement léger; il trembla[it de] la fièvre. Il restait.

Naguère nous étions avec une pauvre enfant transie de froid jusqu'au cœur, qui, elle aussi, attendait interrogeant la façade muette d'une maison de Paris.

Mais notre Angèle, assise sur sa borne humide, devant le[s] fenêtres du pavillon de Bretonvilliers, savait ce qu'elle voulait.

Elle venait chercher son arrêt.

René ne savait pas. Il n'y avait pas en ce moment une idée, une seule, dans le vide de sa cervelle. C'était un malade qu[e] ses veines brûlaient, tandis que le frisson serpentait sous s[a] peau.

Il s'assit dans l'herbe mouillée parmi les buissons qui l[e] cachaient. La lune, dégagée de ses voiles, éclairait vivement la campagne.

Au loin le vent nocturne apporta les douze coups de minu[it] frappés au clocher de l'église Sainte-Marguerite.

En ce moment une étrange harmonie sembla sortir de terre. C'était un de ces chants graves et régulièrement cadencés qu[i] font reconnaître en toutes les parties du globe les émigrés d[e] la patrie allemande.

René sortit du demi-sommeil qui engourdissait son cor[ps] et son intelligence. Il écouta croyant rêver.

Comme il quittait sa retraite pour se rapprocher de la ma[ison] et prêter l'oreille de plus près, un bruit de voiture arriv[a] du faubourg Saint-Antoine.

Il se tapit de nouveau dans les buissons.

La voiture s'arrêta au coude du chemin. Un homme e[n] descendit et vint frapper à la porte de la maison isolée.

— Qui êtes-vous? demanda-t-on à l'intérieur et en latin.

Le nouveau venu répondit en latin également.

— Au nom du Père, du Fils et du Saint-Esprit, je suis u[n] frère de la Vertu.

Et la porte s'ouvrit.

VII

L'AFFUT

La lune, momentanément dégagée de son voile de nuage[s,] frappait en plein la porte de la maison solitaire. René p[ut] voir la personne qui ouvrait la porte en dedans.

C'était une vieille femme de taille virile, aux traits durs et tannés. Elle portait ce bizarre et beau costume hongrois que les danseuses nomades ont fait connaître dès longtemps sur nos théâtres.

La figure du nouveau venu restait au contraire invisible. Il se présentait de dos, et le collet de son manteau rejoignait les bords larges de son chapeau.

La vieille lui dit quelque chose à voix basse.

Il se retourna vivement, comme si son regard eût voulu percer les ténèbres dans la direction du champ de framboisiers où René était caché.

Ce fut l'affaire d'un instant. René vit seulement que la figure était jeune et encadrée de longs cheveux qui lui semblèrent blancs. La porte se referma, et la maison redevint silencieuse.

Mais minuit devait être l'heure d'une réunion ou d'un rendez-vous, car, dans l'espace de dix minutes tout au plus, trois autres voitures montèrent le faubourg, amenant trois mystérieux personnages qui frappèrent à la porte comme le premier, furent comme lui interrogés en latin et répondirent dans la même langue.

René avait pu remarquer qu'ils avaient une façon particulière d'espacer les coups en heurtant à la porte. Il y avait six coups, ainsi divisés : trois, deux, un.

Quand le dernier fut entré, les alentours restèrent muets pendant une demi-heure. La ville dormait maintenant et n'envoyait plus ces larges murmures qui, de nos jours, emplissent la campagne de Paris jusqu'à une heure si avancée de la nuit.

La pluie avait cessé; la lune épandait partout sur le paysage plat et triste sa froide lumière.

René n'avait pas bougé, des pensées confuses naissaient et mouraient dans son cerveau. Pas une seule fois, l'idée de se retirer ne lui vint.

Il était brave comme les neuf dixièmes des jeunes gens de son âge : nous ne voulons donc point noter comme un fait surprenant chez lui l'absence de toute crainte.

Mais il était discret, scrupuleux en toutes choses touchant l'honneur. Etant donnés son caractère et son éducation, il aurait dû éprouver un scrupule, doublé par la situation particulière de sa famille.

Evidemment il y avait là un mystère. Selon toute apparence, ce mystère se rapportait à des menées politiques. De quel droit René gardait-il l'affût à portée de ce mystère!

Une pareille conduite a un nom qui repousse l'estime et inspire la haine plus ou moins réfléchie de ce juge trop

4

prompt qui s'appelle tout le monde : un nom qui est une explication et devrait être souvent une excuse, car l'espion, ce soldat de la lutte douloureuse et sans gloire, met, la plupart du temps, sa vie même au service de son obscur dévouement.

René n'était pas un espion. On est espion par passion, par devoir ou pour un salaire. René vivait d'une existence complètement en dehors de la politique. Les idées qui enfiévraient encore ceux de son pays et de sa race n'avaient jamais été en lui. Il appartenait à cette génération transitoire qui réagissait contre la violence des grands mouvements : c'était un penseur, peut-être un poète; ce n'était ni un chouan, ni un républicain, ni un bonapartiste.

Au point de vue politique, la réunion qui avait lieu derrière ces muettes murailles n'avait pour lui aucune espèce d'intérêt. La passion ici lui manquait; il n'en était ni à discuter ni surtout à reconnaître ce devoir qui naît pour chacun à l'heure même où une conspiration montre le bout de son oreille, devoir controversé, mais que l'opinion du plus grand nombre caractériserait certainement ainsi : faire ou ne pas faire.

Combattre pour ou aller contre.

La neutralité porte honte.

René, pourtant, restait neutre, non point par défaut de courage, mais parce que, à certaines époques et après certaines secousses, le patriotisme ne sait pas à quoi se prendre.

Les partis ont intérêt à être sévères et à nier ces subtiles évidences; mais l'histoire parle plus haut que l'intolérance des raisonneurs et confesse de temps à autre qu'il y a lieu de se demander, parmi la cohue des égoïsmes ébriolant : Où donc est la patrie!

René restait là et ne s'interrogeait même pas sur la question de savoir quel usage il ferait d'une découverte éventuelle! Le souvenir de la machine infernale lui traversa l'esprit et le laissa dans sa somnolence morale.

Cela ne lui importait point. Il semblait qu'il fût dans un monde à part, tout plein de romanesques et puériles préoccupations.

On lui avait jeté un sort.

Il songeait à elle, à elle seulement. Elle était là. Qu'y faisait-elle ?

Il était là pour elle. Il restait là pour la voir sortir comme il l'avait vue entrer, et pour la suivre de nouveau, n'importe où.

Chose lugubre, la pensée d'Angèle lui venait à chaque instant et il la chassait brutalement comme on secoue la tyrannie de ces refrains qui s'obstinent.

La pensée d'Angèle, chassée, revenait douce, patiente : de pauvres beaux yeux souriants, mais mouillés de larmes.

Et comment dire cela? René la repoussait comme il eût fait d'un être vivant, lui disant avec colère : Ne sais-tu pas que je t'aime?

Il l'aimait. Peut-être ne l'avait-il jamais mieux aimée. Les rêves éveillés de cette nuit malade la lui montraient adorablement belle et suave.

Avez-vous connu de ces malheureux, de ces damnés qui délaissent furtivement la maison où dorment les enfants chéris et la femme bien-aimée pour aller je ne sais où, au jeu, à l'absinthe, au vertige, à la mort lente et ignominieuse?

Ils sont nombreux, ces fous. Ils sont innombrables.

On dirait que leur mal endémique appartient étroitement à la nature humaine.

Ils sont du peuple, et pour eux de terribles spéculateurs ont bâti récemment ces palais presque somptueux où le billard au rabais et l'alcool vendu au plus juste prix appellent le pauvre. — Et quand le pauvre, laissant ce rêve de lumière et d'ivresse, rentre dans son taudis sombre où sa famille demande du pain, le drame hurle si épouvantablement que la plume s'arrête et n'ose plus...

Ils sont de la bourgeoisie, qui a d'autres entraînements. Chaque caste, en effet, semble avoir son mirage particulier, sa démence spéciale. Ils laissent chez eux une fraîche et blanche femme, instruite, spirituelle, bonne et jeune, ils franchissent la porte de derrière d'un bas théâtre, et les voilà aux genoux d'une créature vieille, laide, ignorante, grossière et stupide. Là-bas ils sont aimés, ici on se moque d'eux. Et ils jettent à pleines mains l'avenir de leurs enfants dans le giron de cette Armide, qui garde à ses vêtements parfumés l'odeur de pipe empruntée à l'autre amant : l'amant de cœur, celui-là : vilain, sale et qui bat ferme !

Un vainqueur ! un héros ! une brute !

Ils sont de l'art ou des écoles. Ceux-là n'ont pas de famille. C'est leur vie même qu'ils désertent, leur noble et virile jeunesse pour aller, vous savez où, boire l'idiotisme verdâtre que Circé, à deux sous, verse dans tous les coins de Paris, à cheval sur l'extrême sommet de la civilisation.

Ils sont de la magistrature et de l'armée : deux grandes institutions dont on ne peut parler sans ébranler quelque chose ou quelqu'un : silence !

Ils sont de la noblesse ou de la richesse, ces aristocraties rivales aujourd'hui, qui se font concurrence dans le mal comme dans le bien. Ils démolissent, avec une fureur sauvage, tout ce qu'ils ont intérêt à sauvegarder.

Parfois leurs orgies contre nature épouvantent tout à coup la ville, qui se regarde avec effroi pour voir si elle n'aurait point nom par hasard, depuis hier, Sodome ou Gomorrhe...

D'autres fois l'auditoire livide d'une cour d'assises écoute, en retenant son souffle, ce calcul terrifiant : combien il faut de coups de hache pour tuer une duchesse !

D'autres fois encore... Mais à quoi bon poursuivre ?

Et quand même nous irions plus haut que les ducs, croyez-nous, il n'y aurait pas outrage : la tristesse profonde n'insulte pas.

Et la folie humaine, poussée à ce degré, inspire plus de douleur que de colère.

René subissait ce navrant délire qui fut de tout temps notre lot. Le bonhomme La Fontaine l'a dit en souriant, montrant ce chien malavisé qui lâche sa proie pour l'ombre.

Et, certes, le chien de La Fontaine avait encore bien plus d'esprit que nous, car l'ombre ressemble à la proie, — et nous, combien souvent abandonnons-nous la plus belle des proies pour une ombre hideuse !

Comment ne pas croire à cet axiome des naïfs ? On jette des sorts, allez, c'est certain : au peuple, aux bourgeois, aux artistes, aux écoles, aux magistrats, aux généraux, aux ducs, aux millionnaires et au reste.

René avait un sort. Il allait ainsi à cette femme aveuglément, fatalement.

Il fut longtemps, car son intelligence était frappée, à joindre ensemble ces deux idées : la femme et la conspiration.

Quand ces deux idées se marièrent en lui, une joie extravagante lui fit bondir le cœur.

— Elle conspire ! se dit-il. Je conspirerai.

Contre qui ? pour qui ? La question n'est jamais là. Il ne faut point juger les fous à l'aide de la loi qui régit les sages.

Incontinent le cerveau engourdi de René se mit à travailler. Il chercha ; c'était un lien providentiel.

Pendant qu'il cherchait, une autre hypothèse s'offrit et le troubla.

Ce ne sont pas seulement les conspirateurs qui se cachent, les malfaiteurs ont naturellement aussi ces mystérieuses allures.

René eut le frisson, mais il ne s'arrêta point pour cela.

Il en fut quitte pour prononcer le mot des amoureux et des fous :

— C'est impossible !

Et il continua sa tâche mentale.

Six coups retentirent, frappés ainsi : trois, deux, un.

A la question latine cette réponse qu'il savait déjà par cœur fut faite :

« Au nom du Père, du Fils et du Saint-Esprit, je suis un Frère de la Vertu. »

Voilà quel fut le raisonnement de René :

Avec cela on pouvait s'introduire dans la maison.

Une fois dans la maison, peut-être y avait-il d'autres épreuves.

Mais le hasard, qui avait servi René si étrangement jusque-là, devait le servir encore.

— Je la verrai, se disait-il.

Et ce seul mot mettait des frémissements dans tout son être.

Le temps avait passé cependant. Un grand nuage noir venait de Paris, argentant déjà ses franges déchiquetées aux approches de la lune.

Depuis quelques minutes le silence immobile de cette nuit semblait s'animer vaguement.

Ce chant souterrain qui avait lancé un instant René dans le pays des illusions ne s'était point renouvelé. Rien ne venait de la maison, toujours morne et sombre, mais un ensemble de bruits presque imperceptibles montait de la plaine.

Ainsi doit être affectée l'ouïe de l'homme d'Europe, ignorant les secrets de la prairie, quand les sauvages peaux-rouges rampent, par la nuit noire, sur le sentier de la guerre.

Le bruit était né derrière la maison, puis il s'était divisé, éparpillé en quelque sorte, tournant autour des bâtiments et se perdant au lointain, pour se rapprocher ensuite, mais dans une direction autre.

Un instant vint où il sembla partir de l'enclos même où végétaient fraternellement les framboisiers, les cassis, les groseilliers et les petits cerisiers de Montmorency.

On ne peut dire que René fît beaucoup d'attention à ces bruits. Il les percevait néanmoins, car il avait passé son enfance en Bretagne, et il était chasseur.

Il y eut un moment où il rêva ces grandes châtaigneraies qui sont entre Vannes et Auray. Il s'y voyait à l'affût et il entendait les braconniers se glisser vers lui sous bois.

Mais sa pensée revenait toujours à elle. Il avait un sort.

Quand le grand nuage aux bords argentés mordit la lune, les clochers de Saint-Bernard, de Sainte-Marguerite, des Quinze-Vingts et de Saint-Antoine envoyèrent la première heure de la nuit.

René en était à se dire : « Allons ! il est temps, » lorsque l'obscurité soudaine qui couvrit le paysage l'éveilla vaguement.

Un animal — ou un homme — était évidemment à quelques pas de lui dans le fourré. Le gros gibier est rare dans

4.

les marais du faubourg Saint-Antoine. René, cédant à l'obsession qui le tyrannisait et ne voulant point croire au témoignage de ses sens, allait marcher vers la maison, lorsque ces mots, prononcés d'une voix très basse, arrivèrent jusqu'à son oreille.

Je ne le vois plus ; où donc est-il ?

Par le fait, dans la nuit plus noire, René disparaissait complètement au milieu du buisson où il s'était accroupi.

Il ne s'agissait plus de rêves. René recouvra aussitôt tout son sang-froid. Il n'avait pas d'armes. Il demeura immobile et attendit.

Les bruissements avaient cessé depuis quelques secondes, lorsqu'un cri de détresse, long et déchirant, retentit à sa gauche dans les groseilliers. René, pris à l'improviste, n'eut pas l'idée que ce pût être une ruse et se leva tout droit pour s'élancer au secours.

Il y eut un ricanement multiple dans les ténèbres, et un coup violent, asséné sur la tête du jeune Breton, par derrière, le rejeta, étourdi, dans le buisson qu'il venait de quitter.

Pendant une seconde ou deux, au milieu d'un grand mouvement qui l'entourait, des figures inconnues dansèrent au-devant de son regard ébloui. Un flambeau se mit à courir, venant de la maison, dont la porte ouverte montrait de sombres lueurs.

Aux rayons apportés par ce flambeau, René vit une grande silhouette toute noire : un nègre de taille colossale, dont les yeux blancs luisaient.

Nous parlons au positif, parce qu'il serait monotone et impossible de raconter en gardant toujours la forme dubitative, mais il est certain que René doutait profondément du témoignage de ses sens.

Tout cela était désormais pour lui un invraisemblable cauchemar.

Chacun sait bien ce qui peut être vu dans le court espace de deux secondes, quand l'œil troublé miroite et aperçoit tous les objets sous une forme fantastique. Il y avait ce nègre auquel on ne pouvait pas croire, un nègre à prunelles roulantes et à poignard affilé comme on en met à la porte des salons de cire. Il y avait un homme maigre et pâle, plus maigre et plus pâle qu'un cadavre ; il semblait tout jeune et avait les cheveux blancs ; il y avait un Turc, aux cheveux rasés sous son turban, et d'autres encore dont les physionomies et les costumes apparaissaient bizarres au point d'aller en dehors de la vraisemblance.

Rien de tout cela ne devait être réel, à moins que notre Breton ne fût tombé au milieu d'une mascarade.

Et le carnaval était fini.

Ces chocs violents qui, selon la locution populaire, allument « trente-six mille chandelles », peuvent aussi évoquer d'autres fantasmagories.

Cependant non seulement René voyait, mais il entendait aussi, et ce qu'il entendait se rapportait merveilleusement à l'étrange mise en scène de son rêve.

Tous ces déguisements divers parlaient des langues différentes.

Bien que René ne connût point tous ces divers langages, il reconnaissait ce latin prononcé à la façon hongroise et qu'il avait remarqué déjà cette nuit, l'italien et l'allemand.

Tous ces idiomes parlaient de mort, et un : « *Let us knock down the damned rascal* ! » (Assommons le maudit drôle !) prononcé avec le pur bredouillement des cockneys de Londres fut comme le résumé de l'opinion générale.

La plume ne peut courir comme les événements. Il y eut un commencement d'exécution, arrêté par une nouvelle péripétie, tout cela dans le court espace de temps que nous avons dit.

L'Anglais parlait encore, brandissant un de ces fléaux faits de baleine, de cuir et de plomb que John Bull a baptisés *self-preserver* et auquel René devait sans doute le lâche coup qui l'avait terrassé ; le nègre, mettant un genou dans l'herbe, raccourcissait déjà le bras qui allait frapper, lorsqu'une voix de femme, sonore et douce, fit tressaillir le cœur de René dans sa poitrine.

Il ne vit point celle qui parlait, et pourtant il la reconnut, aux sons d'une voix qu'il n'avait jamais entendue.

Elle disait, tout près de lui, mais cachée par la cohue d'ombres étranges qui se pressaient alentour :

— Ne lui faites pas de mal : c'est lui !

VIII

LE NARCOTIQUE

A dater de cet instant, tout fut confusion et ténèbres dans la cervelle de René. La blessure de sa tête rendit un élancement si violent, que le cœur lui manqua. Il crut voir une main qui saisissait la chevelure laineuse du nègre et qui le rejetait en arrière.

En même temps un mouchoir se noua sur ses yeux et un bâillon comprima sa bouche.

C'était un luxe de précautions.

On le prit par les jambes et par les épaules pour le placer sur une sorte de civière.

Il ne gardait qu'un sens de libre, l'ouïe, et encore la syncope qui le cherchait prêtait aux voix de mugissantes sonorités et le noyait en quelque sorte dans la confusion des langues qui l'entourait.

Une pensée presque lucide restait en lui, néanmoins, au milieu de cette prostration : elle !

Il l'avait entendue.

Elle l'avait sauvegardé.

Elle avait dit : C'est lui !

Lui ? qui? S'était-elle trompée ? Avait-elle menti ?

Les quelques mots prononcés par la voix de femme, si douce dans son impérieuse sonorité, furent du reste les premiers et les derniers.

René eut beau écouter de toute son âme, ce fut en vain, elle ne parla plus.

La force l'abandonnait peu à peu; le sommet de son crâne était une horrible brûlure. Au bout de quelques pas il perdit le sentiment.

La dernière parole qu'il entendit et comprit lui parut la moins croyable de toutes, ce fut le nom de Georges Cadoudal son oncle.

C'était une riante matinée de la fin de l'hiver, le ciel était bleu comme au cœur de l'été et jouait dans les feuillées d'un bosquet en miniature, composé de plantes tropicales.

Le lit sur lequel René était couché regardait un vaste jardin, planté de grands arbres aux branches dépouillées. À droite, c'était la serre qui épandait de chauds et discrets parfums; à gauche, une porte ouverte montrait en perspective les rayons d'une bibliothèque.

Le lit avait une forme antique et ses colonnettes torses supportaient un ciel carré, habillé de damas de soie, épais comme du velours.

Les murailles, revêtues de boiseries pleines, aux moulures sévères, avaient un aspect presque claustral qui contrastait singulièrement avec les décorations coquettes et toutes modernes de la serre.

René avait dormi d'un sommeil paisible et profond, il s'éveilla reposé, sa tête était lourde, un peu vide, mais il ne ressentait aucune douleur.

Voici ce que vit son premier regard, et peut-être que sa cet aspect, explicatif comme les illustrations que notre vie enfantillage ajoute à tout texte désormais, il eût été bien longtemps à repêcher les vérités éparses parmi la confusion de ses souvenirs.

Dans la serre, à travers les carreaux, il aperçut le nègre — le nègre géant — qui fumait une paille de maïs bourrée de tabac, couché tout de son long qu'il était sous un latanier en fleurs.

Ce nègre regardait en l'air avec béatitude le vol tortueux des fumées de son cigarite et semblait le plus heureux des moricauds.

Rien dans son affaissement paresseux n'annonçait la férocité.

Il n'avait plus ce couteau aigu et diaboliquement effilé qui avait été si près de faire connaissance avec les côtes de notre jeune Breton.

Dans la chambre même et non loin de la fenêtre qui donnait sur le jardin, ce jeune homme très maigre et très pâle, qui avait les cheveux tout blancs, lisait, plongé dans une bergère et les pieds sur un fauteuil. Il portait un costume bourgeois d'une rigoureuse élégance.

René ne vit pas autre chose au premier moment.

Mais un autre sens, sollicité plus vivement que la vue elle même, fit retomber ses paupières fatiguées et bien faibles encore.

Par la porte ouverte de la bibliothèque, un chant venait, accompagné par les accords d'une harpe.

La harpe était alors à la mode et toute jolie femme faisait faire son portrait dans le costume prétentieux de Corinne, les pieds sur une pédale, les mains étendues comme dix pattes d'araignée et grattant sur l'instrument théâtral par excellence des arpèges solennels comme une phrase de Mme de Staël.

La guitare vint ensuite, terrible décadence des dernières années de l'empire et transition langoureuse à la migraine que l'abus du piano épand sur le monde.

Des trois instruments le plus haïssable est assurément le piano, dont les Anglaises elles-mêmes ont fini par comprendre le clapotant clavier. Il n'y aura rien après le piano, qui est l'expression la plus accomplie de la tyrannie musicale.

La guitare faisait moins de bruit.

La harpe était belle.

La voix qui venait par la porte de la bibliothèque disait un chant hardi, sauvage, ponctué selon ces cadences inattendues et heurtées du rythme slave. La voix accentuait cette mélodie presque barbare avec une incroyable passion.

La voix était sonore, étendue, pleine de ces vibrations qui étreignent l'âme. Elle mordait, s'il est permis de faire un

verbe avec le participe technique usité dans la langue d[u]
dilettantisme.

Si la voix n'avait pas chanté, remuant le cœur de Ren[é]
jusqu'en ses fibres les plus profondes, il eût ouvert la bouch[e]
déjà pour demander où il était ; mais il restait sous le charm[e]
et retenait son souffle.

Il ne savait pas où il était. Rien de ce qu'il voyait par l[es]
fenêtres ne lui rappelait le plat paysage qui entourait la ma[ison]
son du chemin de la Muette. C'étaient ici de grands arbres et
au delà, de hautes murailles, tapissées de lianes.

Au moment où la voix cessait de chanter, une porte laté[-]
rale s'ouvrit, et la grande vieille femme au costume hongro[is]
qui était sortie de la maison isolée avec un flambeau à l[a]
main, la nuit précédente, entra, portant une tasse de ch[o-]
colat sur un plateau.

Le bruit de son pas fit tourner la tête au jeune homm[e]
maigre et pâle coiffé de cheveux blancs.

— Salut, domina Yanusza, dit-il avec une railleuse affe[c-]
tion de respect.

La vieille fit une révérence roide et digne.

— Je ne suis pas une maîtresse, je suis une servant[e]
docteur Andréa Ceracchi, répondit-elle en latin. Voulez-vo[us]
me parler une fois sans rire, vous qui devriez toujours ple[u-]
rer, depuis l'heure où votre frère tomba sous la main d[u]
tyran ?

L'Italien eut un spasme qui contracta ses traits, et s[es]
lèvres minces se froncèrent.

— Le rire est parfois plus amer que les larmes,
femme Paraxin, murmura-t-il, employant pour lui répond[re]
le latin tudesque qui leur servait à s'entre-comprendre.

— Docteur, dit-elle avec une emphase étrange, moi, je [ne]
ris ni ne pleure : je hais. On dit que le général Bonaparte [va]
se faire acclamer empereur. Si vous laissez aller, il ne se[ra]
plus temps.

— Je veille ! prononça lentement celui qu'elle avait nomm[é]
Andréa Ceracchi.

René se souvint de ce nom, qui appartenait à l'un d[es]
deux Romains impliqués dans le complot dit des Horaces,
compagnon de Diana et d'Arena, à l'homme jeune et b[eau]
dont la fin stoïque avait tenu huit jours durant Paris et [le]
monde en émoi : au sculpteur Joseph Ceracchi.

Yanuza secoua sa tête grise et grommela :

— Mieux vaudrait agir que veiller, seigneur docteur.

Puis elle reprit, de son pas dur et ferme, le chemin de [la]
porte, sans même jeter un regard au lit où René gis[ait]
immobile.

Quand Yanuza fut partie, le docteur italien resta un instant immobile et pensif, puis il trempa une mouillette de pain dans la tasse de chocolat, qu'il repoussa aussitôt loin de lui.

— Tout a goût de sang ici ! prononça-t-il d'une voix sourde.

Depuis quelques minutes les paupières de René s'appesantissaient de nouveau et un sommeil irrésistible le cherchait.

Ces dernières paroles de l'Italien arrivèrent à son oreille, mais glissèrent sur son entendement.

Soudain un grand bruit se fit à l'intérieur de la maison. Ce n'était ni dans la serre ni du côté de la bibliothèque. René crut entendre un cri semblable à celui qui l'avait fait retourner en sursaut, la nuit précédente, quand il était caché dans les framboisiers devant la maison isolée.

Il essaya de combattre le sommeil, mais tout son être engourdissait de plus en plus, et il lui parut que le nègre qui s'était levé sur son séant dans la serre le regardait fixement.

C'était des yeux blancs du nègre que le sommeil venait.

Il arrivait comme un flux presque visible, cet étrange sommeil. René le sentait qui montait le long de ses veines et il éprouvait la sensation d'un homme qu'on eût lentement submergé dans un bain de vapeur d'opium.

Il gardait pourtant l'usage de ses yeux et de ses oreilles, mais pour voir, pour entendre des choses impossibles et telles que les rêveurs de l'opium en trouvent dans leur ivresse.

Deux hommes entrèrent dans la serre par une porte qui communiquait avec l'intérieur de la maison. Ils portaient un fardeau de forme longue qui donna à René l'idée d'un cadavre enveloppé dans un drap!

Le nègre se mit à sourire et montra la rangée de ses dents éblouissantes.

En même temps une vision, une délicieuse et rayonnante vision, illumina la chambre, une femme au sourire adorable, que ses cheveux blonds, légers et brillantés de reflets célestes couronnaient comme une auréole, bondit par la porte de la bibliothèque.

— Le comte Wenzel vient de repartir pour l'Allemagne dit-elle.

René reconnut cette voix qui lui serrait si voluptueusement le cœur. Le sommeil l'enchaînait de plus en plus. Les efforts impuissants qu'il faisait le fatiguaient jusqu'à l'angoisse et il pensait :

— Tout ceci est un cauchemar.

Ce nom du comte Wenzel le frappa. Il avait entendu

parler de lui au père adoptif d'Angèle et savait que le comte Wenzel était un jeune gentilhomme allemand sur le point de contracter mariage à Paris.

Cela ramena sa pensée vers son propre mariage à lui, ce mariage désiré si passionnément, naguère attendu avec tant d'impatience et qui maintenant lui faisait peur.

Ce mariage qui était pourtant désormais l'accomplissement d'un devoir sacré.

Et il s'étonnait de concevoir en un pareil moment des idées si nettes, de suivre des raisonnements si droits.

Il s'étonnait aussi du sens particulier que son intelligence attachait à ces paroles, en apparence les plus simples du monde : « Le comte Wenzel vient de repartir pour l'Allemagne. »

Il y avait là pour lui je ne sais quelle indéfinissable menace. Derrière l'harmonie de cette voix quelque chose raillait froidement, impitoyablement.

Il songea :

— Je me souviendrai de tout ceci et je demanderai conseil au père d'Angèle.

Mais le nom de la pauvre enfant le blessa comme le couteau qu'on retournerait dans la plaie.

La blonde ravissante, au sourire étincelant comme la gaieté des enfants, s'était assise auprès de l'Italien et faisait bouffer les plis de sa robe légère. Il y avait en toute sa personne d'inexplicables clartés. Sa robe brillait quand elle en secouait les plis gracieux, de même que ses cheveux scintillaient à chaque mouvement de sa tête souriante.

Elle tournait le dos à la serre où René voyait toujours ce long paquet que les deux hommes avaient déposé aux pieds du nègre.

Le nègre achevait paisiblement son cigarite.

— Mon frère n'est pas encore vengé, prononça l'Italien tout bas, et je n'ai bientôt plus de courage.

— Dans quelques jours, murmura la blonde, tout sera fini, je vous le promets.

Ses yeux, en ce moment, se tournèrent du côté du lit et René se dit :

— Celle-ci est le mal. Ce n'est pas ELLE !

— Dort-il ? demanda-t-elle à voix basse avec une sorte d'inquiétude.

— Il n'a jamais cessé de dormir, répliqua l'Italien. Le narcotique était à dose convenable... Que voulez-vous faire de lui ?

— Notre salut et ta vengeance, répondit la jeune femme.

Les yeux de l'Italien brillèrent d'un feu sombre.

— Comtesse, prononça-t-il lentement, j'avais vingt-deux ans quand mon frère est mort. Le lendemain de ce jour-là j'avais les cheveux blancs comme un vieillard.... Je voulus me tuer, un homme me sauva et me raconta que lui aussi avait changé, en une nuit d'angoisse, une forêt de boucles noires contre une chevelure blanche... Cet homme-là m'avait conseillé de passer la mer et d'oublier. Vous avez murmuré le mot vengeance à mon oreille : j'attends.

La jeune femme sembla grandir, et sa beauté transfigurée exprima une indomptable énergie.

— D'autres attendent comme toi, répondit-elle, Andréa Ceracchi. Tout ce que j'ai promis, je le tiendrai. J'ai rassemblé autour de moi ceux dont cet homme a brisé le cœur ; et n'ai-je pas assez travaillé déjà pour notre cause commune ?

Elle fut interrompue par un bruit sourd qui se fit dans la serre et qui lui donna un tressaillement par tout le corps. Ceracchi ne pouvait pas devenir plus pâle, mais ses traits s'altérèrent et il ferma les yeux.

René, dont le regard se porta malgré lui vers la serre, vit le nègre debout auprès d'un trou carré qui s'ouvrait parmi les caisses de fleurs. Il souriait un sourire sinistre. Le paquet long avait disparu.

— Tu veux venger ton frère, reprit la jeune femme d'une voix altérée : Taïeh veut venger son maître (son doigt désignait par-dessus son épaule le nègre, occupé à refermer une large trappe sur laquelle il fit glisser une caisse de Yucca). Toussaint-Louverture est mort comme Ceracchi, mort plus durement, dans le supplice de la captivité. Taïeh ne demande pas compte du prix qui payera sa vengeance... Osman est venu du Caire avec un poignard empoisonné, caché dans son turban... Mais ce n'est pas un vulgaire poignard qui tuera cet homme... il faut du sang et de l'or : des flots d'or et de sang ; il faut cent bras obéissant à une seule volonté, il faut une volonté une mission, une destinée... le sang coule, haussant de jour en jour le niveau de l'or. Les Frères de la Vertu sont prêts, et me voici, moi que le destin a choisie... Andréa Ceracchi sera-t-il le premier à perdre confiance ? Me suis-je arrêtée ? ai-je reculé ?...

Elle s'interrompit, parce que l'Italien lui baisait les mains genoux.

Elle était belle si merveilleusement que son front épandait des lueurs.

— J'ai foi en vous ! prononça l'Italien avec une dévotion mystique.

La main étendue de la jeune femme désigna René.

— Celui-ci nous fournira l'arme suprême, murmura-t-elle.

A la porte de la bibliothèque, une tête basanée et coiffée du turban égyptien se montra.

— Qu'est-ce ? demanda le docteur.
— M. le baron de Ramberg, répondit-on, demande à voir la comtesse Marcian Gregory.

Le soir de ce même jour, René de Kervoz était rentré dans sa chambre d'étudiant, faible, mais ne se ressentant presque plus de sa blessure.

Il gardait comme un vague et maladif souvenir de certain rêve qui avait occupé toute une nuit de fièvre terrible, puis une journée où le cauchemar avait pris les proportions de l'impossible.

Plus il faisait d'efforts pour éclaircir la confusion de sa mémoire, plus le rêve emmêlait ses absurdes péripéties, lui montrant à la fois le vivant cadavre d'un jeune homme coiffé de cheveux blancs, un nègre couché dans des fleurs, une femme belle à la folie et souriant dans l'or liquide d'une chevelure de fée, — une trappe ouverte, — un corps humain empaqueté dans un drap.

Puis la mégère qui parlait le latin, puis le Turc qui avait annoncé le baron de Ramberg, puis encore cette femme à la voix pénétrante qui avait dit : « Le comte Wenzel vient de repartir pour l'Allemagne ! »

Il y avait des souvenirs plus récents et plus précis, auxquels on pouvait croire, quoiqu'ils fussent bien romanesques encore.

Vers la tombée du jour, René avait vu tout à coup, au chevet de son lit, dans cette vaste chambre où tous les objets disparaissaient déjà, baignés dans l'obscurité, une femme qui semblait veiller sur son sommeil.

Une femme au visage calme et doux: front de madone que baignait les ondes magnifiques d'une chevelure plus noire que le jais.

Cette femme ressemblait à la vision — à l'étrange éblouissement qui avait passé dans le rêve, à la voluptueuse péri dont la tête mutine secouait naguère sa blonde coiffure de rayons.

Mais ce n'était pas la même femme, oh ! certes ! René le sentait aux battements profonds de son cœur. Celle-ci était ELLE : l'inconnue de Saint-Germain-l'Auxerrois.

Quand René s'éveilla, elle mit un doigt sur sa belle bouche et lui dit :
— On nous écoute, je ne suis pas la maîtresse ici...
— C'est donc l'autre qui est la maîtresse ? interrompit René.

Elle sourit, son sourire était un enchantement.

— Oui, murmura-t-elle, c'est l'autre. Ne parlez pas. Vous avez eu tort de me suivre. Il ne faut jamais essayer de pénétrer certains secrets. Je vous ai sauvé deux fois, vous êtes guéri, soyez prudent.

Et avant que René pût reprendre la parole, elle lui ferma la bouche d'un geste caressant.

— Vous allez vous lever, poursuivit-elle, et vous habiller. Il est temps de partir.

Elle glissa un regard vers la porte de la bibliothèque qui restait entr'ouverte et ajouta, d'un ton si bas que René eut peine à saisir le sens de ses paroles :

— Vous me reverrez. Ce sera bientôt, et dans un lieu où il me sera permis de vous entendre. En attendant, je vous le répète, soyez prudent. N'essayez pas de questionner celui qui va venir, et soumettez-vous à tout ce qui sera exigé de vous.

La main de René éprouva une furtive pression et il se retrouva seul.

L'instant d'après, un homme entra portant deux flambeaux : René reconnut ses habits sur un siège auprès de son lit.

Il s'habilla avec l'aide du nouveau venu, qui ne prononça pas un seul mot. Il ressentait une grande faiblesse, mais il ne souffrait point. Sa toilette achevée, le silencieux valet de chambre lui tendit un mouchoir de soie roulé en forme de cravate et lui fit comprendre d'un geste qu'il fallait placer ce bandeau sur ses yeux.

— Pourquoi cette précaution? demanda René, désobéissant pour la première fois aux ordres de sa protectrice.

— *I cannot speak french sir*, répondit l'homme au mouchoir de soie avec un accent guttural qui ravira tout à coup les souvenirs de René.

Ce brave, qui ne savait pas le français, s'était déjà occupé de lui. C'était bien la voix de gosier qui avait donné aux frères de la Vertu ce conseil anglais : « Assommons le maudit coquin! »

René se laissa néanmoins mettre le bandeau.

L'instant d'après, il montait dans une voiture qui prit aussitôt le trot. Au bout de dix minutes, la voiture s'arrêta.

— Dois-je descendre? demanda René.

Personne ne lui répondit. Il ôta son bandeau et vit avec étonnement qu'il était seul. Le cocher ouvrit la portière, disant :

— Bourgeois, je vous ai mené bon train de la rue du Dragon jusqu'au Châtelet. La course est payée. Y a-t-il un pourboire ?

IX

ENTRE DEUX AMOURS

Par hasard, le lendemain de cette soirée où René de Kerv[...] avait accompagné Angèle au salut de Saint-Germain-l'Auxe[...]rois, il devait faire un petit voyage. Son absence ne fut poin[...] remarquée par ceux qui l'aimaient.

Nous saurons plus tard exactement quelle était sa positi[...] vis-à-vis de la famille de sa fiancée. C'étaient des gens de co[...]dition humble, mais de grand cœur, et qui avaient agi [...] façon à mériter sa reconnaissance.

Une fois rentré dans sa solitude, René essaya de lu[...] peut-être contre cet élément nouveau qui menaçait de conqu[...]rir sa vie. Sa vie était promise à un devoir doux et charman[...] Il n'y avait pas place en elle pour les aventures.

Il fallait que le roman dont le premier chapitre l'av[...] entraîné si loin fût déchiré violemment à cette heure où u[...] ombre de raison lui restait, ou qu'il devînt son existen[...] même.

Ce fut ainsi. René ne fut pas vainqueur dans la lut[...] L'image d'Angèle resta ineffaçable au plus profond de s[...] cœur, mais il en détourna ses regards affolés par un mirag[...]

Il était trop tendrement chéri pour que le malaise de s[...] esprit et de son cœur ne fût point remarqué par ceux q[...] l'entouraient. Son caractère altéré, ses habitudes chang[...] excitèrent des défiances, éveillèrent des inquiétudes. [René [...] vit, il en souffrit, mais il glissait déjà sur la pente où nul [...] sut jamais s'arrêter.

Le *sort*, du reste, puisqu'il est convenu qu'il avait un so[...] ne lui laissait ni repos ni trêve. La fascination commenc[...] ne s'arrêtait point. Le roman continuait, nouant aux pa[...] de son prologue toute une chaîne de mystérieuses et friand[...] péripéties.

Dans une indisposition qu'il avait eue, René s'était fait s[...]gner naguère par un apprenti docteur, ami de son beau-pè[...] un drôle de petit homme, qui s'appelait Germain Patou et q[...] parlait de la Faculté Dieu sait comme ! Ce Germain Pat[...] avait découvert un pathologiste allemand, du nom de Sam[...] Hahnemann, qui remplaçait les volumineux poisons du Cod[...] par une poudre de perlimpinpin, laquelle, au dire de Pato[...] produisait des miracles.

Le petit homme passait volontiers pour fou, mais, quoiq[...]

ne fût point encore docteur, il guérissait à tort et à travers tous ceux qui lui tombaient sous la main.

Le surlendemain de la bagarre nocturne où René avait reçu ce coup sur le crâne, Patou vint le voir par hasard et René lui montra sa blessure, disant qu'il était tombé à la renverse en glissant sur le pavé.

La blessure portait encore le petit appareil posé pendant que René dormait dans la maison mystérieuse.

Patou n'eut pas plutôt aperçu la plaie qu'il s'écria :

— Il y avait là de quoi tuer un bœuf.

Il approcha vivement ses narines de l'appareil.

— *Arnica montana !* prononça-t-il dévotement : le vulnéraire du maître !... Mon camarade, vous avez été pansé par un vrai croyant : voulez-vous me donner son adresse ?

Dans son embarras, René raconta ce qu'il voulut ou ce qu'il put.

Pendant cela, Patou dépliait l'appareil.

C'était un mouchoir de batiste très fine, au coin duquel un écusson brodé se timbrait d'une couronne comtale.

— Tiens ! tiens ! fit Patou, avez-vous lu dans les gazettes l'histoire du tombeau de Szandor trouvé dans une île de la Save, au-dessus de Semlin ? C'est très curieux. Moi j'aime les vampires, et j'y crois dur comme fer. La mode y est, du reste : il n'est question que de vampires. Les journaux, les livres, les gens parlent de vampires toute la journée. Je connais un homme qui fait aller les bateaux sans voiles ni rames, avec de la vapeur d'eau bouillante ; il a nom le citoyen de Jouffroy ; il est marquis et fou comme Samuel Hahnemann ; il fait un mélodrame intitulé : *le Vampire*. Le théâtre Saint-Martin en croulera ! Moi, je donnerais la perruque du professeur Loyel pour voir le vampire qui mange en ce moment la moitié de Paris... Revenons à notre affaire : dans le tombeau de Szandor, il y avait un vampire qui sortait la nuit, traversait la Save à la nage et désolait la contrée jusqu'à Belgrade. Ce vampire était comte, comme le prouve l'inscription du tombeau ; il avait été enterré en 1646... Et voilà le drôle : le comte Szandor avait la même devise latine que le citoyen comte de 1804, ou la citoyenne comtesse qui vous a prêté son mouchoir pour bander votre blessure.

Ce disant, Patou étala sur la table noire la batiste où les lettres brodées ressortirent en blanc.

La devise qui courait autour de l'écusson était ainsi : *In vita mors, in morte vita !*

— Vraie devise de Vampire ! s'écria Patou. « dans la vie la mort, dans la mort la vie !... » Pour vous finir l'histoire du comte Szandor, après cent-cinquante-huit ans de séjour dans

sa tombe, ce gentilhomme avait encore de très beaux cheveux
noirs, des yeux en amande et des lèvres rouges comme du
corail. Il lui manquait néanmoins une dent. On lui a planté
une barre de fer rouge dans le cœur, méthode chirurgicale qui
paraît adoptée généralement pour traiter le vampirisme... A leur
place, moi, j'aurais causé! un peu avec ce gaillard-là, pour
savoir ce qu'il avait dans l'idée; je l'aurais examiné de pied
en cap; je l'aurais soigné, parbleu ! par la méthode de Hahnemann, et il aurait pu, une fois guéri, nous raconter la
guerre de Trente ans, de première main, sauf les deux dernières années...

Quand Patou fut parti, René prit le mouchoir brodé et
l'approcha de ses lèvres.

Le lendemain, il reçut une lettre dont l'écriture inconnue
lui fit battre le cœur.

Le large cachet de cire noire portait le même écusson que
le mouchoir brodé et la même devise aussi : *In vita mors,
morte vita*.

Un malaise courut dans les veines de René, puis il sou-
orgueilleusement, pensant :

— Ces superstitions ne sont plus de notre temps.

La lettre disait :

« On souhaiterait savoir des nouvelles d'une blessure qui
a donné le sommeil au blessé, mais à une autre l'insomnie.

« Ce soir, à six heures, on priera pour le blessé au calvaire de Saint-Roch. »

Point de signature.

La lettre avait été remise par un étrange messager : un
nègre, portant le costume des musiciens de la garde consulaire.

La journée sembla longue à René, — et, pour la première
fois, ceux qui l'aimaient s'aperçurent de son trouble.

Dès cinq heures il était au perron de Saint-Roch. Il attendit en vain jusqu'à six heures la voiture qu'il espérait
reconnaître.

Six heures sonnant et, de guerre lasse, il traversa l'église
pour gagner le Calvaire qui est derrière la chapelle de la
Vierge.

Là il y avait une femme agenouillée devant le mystique
rocher.

René s'approcha. Un imperceptible mouvement se fit sous
le voile baissé de la femme, qui ne se retourna pas.

Dans ce demi-jour, dévot et moite comme le clair obscur
savamment distribué par le grand art des peintres de piété,
cette femme, dont la toilette sévère et sombre laissait deviner des formes exquises, faisait bien. Elle entrait dans le
tableau.

Sa prière semblait profonde et sans distraction.

— Répondez-moi, mais tout bas, dit-elle d'une voix douce et soutenue. Nous ne sommes pas seuls...

René regarda autour de lui. Il n'y avait personne dans la chapelle ; personne, au moins, que l'on pût voir.

— Êtes-vous mieux ? lui fut-il demandé.

— Ma souffrance est au cœur, répondit-il comme malgré lui.

Il y eut encore un silence.

La femme voilée semblait écouter des bruits qui ne parvenaient pas jusqu'à l'oreille de René.

— Peut-on avoir deux amours ? murmura-t-elle enfin d'une voix qui tremblait.

En même temps elle releva son voile et René vit la douce flamme de ce regard qui était désormais son âme.

— Oh ! dit-il, je n'aime que vous.

Elle tressaillit et se leva, faisant un large signe de croix avant de quitter sa place.

— Ne me suivez pas, ordonna-t-elle précipitamment.

Et elle s'éloigna d'un pas rapide.

René, immobile, entendit bientôt un pas d'homme, lourd et ferme, se joindre au léger bruit que faisait son pied de fée en frôlant les dalles de la chapelle.

Quand il tourna enfin la tête, il ne vit plus rien. L'enchanteresse et son cavalier avaient franchi la porte du Calvaire.

René s'élança sur leurs traces ivre et fou.

Il sortit par l'issue qui donne sur le passage Saint-Roch. Le passage était désert.

Ivre et fou, nous avons bien dit. Il rentra chez lui dans un état d'excitation fiévreuse.

Celle-là le prenait par le cerveau, centre d'action bien autrement puissant que cet organe aux aspirations vaguement chevaleresques que nous appelons le cœur.

Depuis que le monde est monde, le cœur fut toujours vaincu par le cerveau.

Pour un temps, du moins, et quand la fièvre chaude est calmée, quand vient l'heure du repentir qui expie, une voix s'élève, prononçant ce mot impitoyable et inutile, car il n'empêcha jamais aucun crime et jamais il ne prévint aucun malheur :

— Il est trop tard !

La vie humaine est là.

Avant de rentrer chez lui, René dut frapper à la porte du père adoptif d'Angèle.

Il y a des convenances, et ces braves gens ne lui avaient jamais fait que du bien.

Là, c'était le calme bon et noble, la sainte sérénité des familles.

La vieille mère berçait un enfant, car René de Kervoz était bien autrement engagé que le commun des fiancés; le père à cheveux blancs lisait, la jeune fille brodait, pensive et triste.

Mais vîtes-vous jamais le changement féerique que produit sur le paysage désolé le premier rayon de soleil au printemps?

René était ici le soleil; l'entrée de René fut comme une contagion de sourires.

La mère lui tendit la main, le père jeta son livre, la jeune fille, heureuse, se leva et vint à lui les deux bras ouverts.

René paya de son mieux cet accueil, toujours le même, et dont la chère monotonie était naguère sa meilleure joie. Le plus cruel supplice pour l'homme qui se noie, est, dit-on, la vue du rivage. Ici était le rivage, et René se noyait.

L'aïeule lui mit l'enfant endormi dans les bras. René le baisa avec un serrement de cœur et n'osa point regarder la jeune mère, — non pas qu'il eût à un degré quelconque la pensée lâche d'abandonner ces pauvres créatures. Nous l'avons dit, René était l'honneur même: mais la conscience des torts qu'il avait envers eux déjà le navrait. Il sentait bien qu'il les entraînait avec lui sur la pente d'un irréparable malheur.

Et il n'avait ni le pouvoir de s'arrêter ni la volonté peut-être.

Il n'y avait encore rien eu dans la maison; nous savons, en effet, que l'absence nocturne de René avait passé inaperçue. L'inquiétude n'était pas née encore chez ces bonnes âmes. Elle naquit justement ce soir-là.

Quand René se fut retiré à l'heure ordinaire, la mère alla se coucher, maussade et triste pour la première fois depuis bien longtemps; le patron gagna silencieusement sa retraite, et Angèle resta seule auprès du petit qu'elle baisa en pleurant.

Le malheur venait d'entrer dans cette pauvre maison tranquille.

Désormais les moindres symptômes devaient être aperçus et passés au tamis d'une affection déjà jalouse.

Angèle resta longtemps, ce soir-là, assise à sa fenêtre en guettant de l'autre côté de la rue (car ils étaient voisins) la lampe de René qui tardait à s'éteindre.

René pensait à elle justement, ou plutôt René croyait penser à elle, car c'était son image qu'il évoquait comme une sauvegarde; mais, à travers cette image, il voyait sa folie: un éblouissement, une fatalité.

L'autre, celle qui n'avait pas encore de nom pour lui, celle qui l'enlaçait avec une terrible science dans les liens de la passion coupable.

Celle qui avait l'irrésistible prestige de l'inconnu, l'attrait du roman, la séduction du mystère.

Les jours suivants, l'obsession continua. Il semblait que ce fût un parti pris de l'entourer d'un vague réseau où l'appât, toujours tenu à distance, fuyait sa main et se montrait de nouveau pour prévenir le découragement ou la fatigue.

Il recevait des lettres, on lui assignait des rendez-vous, s'il est permis d'appeler ainsi de courtes et fugitives rencontres où la présence d'un tiers invisible empêchait l'échange des paroles.

On l'aimait. La persistance de ces rendez-vous, qui jamais n'aboutissaient, en était une preuve manifeste. On eût dit la gageure obstinée d'une captive qui lutte contre son geôlier.

À moins que ce ne fût une audacieuse et impitoyable mystification.

Mais le moyen de croire à un jeu ! Dans quel but cette raillerie prolongée ? D'un côté il y avait un pauvre gentillâtre de Bretagne, un étudiant obscur ; de l'autre une grande dame, — car, à cet égard, René n'avait pas l'ombre d'un doute ; son inconnue était une grande dame.

Elle avait à déjouer quelque redoutable surveillance. Elle faisait de son mieux. Quoi de plus complet que l'esclavage d'une noble position ?

On écrivait à René : « Venez, » il accourait. Tantôt c'était en pleine rue : il croisait une voiture dont les stores fermés laissaient voir une blanche main qui parlait ; tantôt c'était aux Tuileries, où le vent soulevait le coin d'un voile tout exprès pour montrer un ardent sourire et deux yeux qui languissaient, c'était, le plus souvent, dans les églises ; alors on lui glissait une parole ; l'eau bénite donnée et reçue permettait un rapide serrement de main.

Et la fièvre de René n'en allait que mieux. Son désir, sans cesse irrité, jamais satisfait, arrivait à l'état de supplice. Il maigrissait, il pâlissait.

Angèle et ses parents souffraient par contre-coup.

Parfois la mère disait : C'est le mariage qui tarde trop. René a le mal de l'attente ; mariage le guérira.

Mais le patron secouait s... te blanche et Angèle souriait avec mélancolie.

Angèle sortait souvent, depuis quelque temps.

Si vous l'eussiez rencontrée dans ces courses solitaires, vous auriez dit : Elle va au hasard.

Mais elle avait un but. — Chaque fois qu'avaient lieu ces

5.

rencontres fugitives entre René et son inconnue, Angèle était là, quelque part, l'œil brûlant et sec, la poitrine oppressée.

Elle cherchait à savoir.

Si elle savait quelque chose, jamais, du moins, un seul mot n'était tombé de sa bouche. Elle était muette avec ses parents, muette avec son fiancé.

Elle lui donnait toujours l'enfant à baiser, l'enfant qui, lui aussi, devenait maigre et pâle.

Mais quand elle restait seule avec la petite créature, elle lui parlait longuement et à cœur ouvert, sûre qu'elle était de n'être pas entendue.

Elle lui disait :

— L'heure du mariage est proche, mais qui de nous l'entendra sonner?

A mesure que les jours passaient, cependant, et par un singulier travail que tous les psychologistes connaissent, René acquérait une perception rétrospective plus nette des événements confus qui avaient empli cette fameuse nuit du 12 février.

L'impression générale était lugubre et pleine de terreur qui se continuaient jusqu'à la journée du 13, passée dans cette maison qui avait un grand jardin et une serre.

Dans la serre, René voyait de plus en plus distinctement le trou carré, les deux hommes apportant un fardeau ayant forme humaine et le noir fumant son cigarite sous les arbustes en fleurs.

Et il entendait la voix de femme qui disait avec une froide moquerie :

— Le comte Wensel est reparti pour l'Allemagne !

Nous ne savons comment exprimer cela : dans la pensée de René, cette phrase avait un sens double et funèbre.

Et ce paquet de forme oblongue, qu'on avait jeté dans le trou, c'était le comte Wensel.

Si les choses eussent été comme autrefois, si René de Kervoz avait passé encore ses soirées à *causer* dans la maison de son futur beau-père, le patron des maçons du Marché-Neuf, il aurait entendu plus d'une fois prononcer ce nom de Wensel; il aurait pu prendre des renseignements précieux.

Car on parlait souvent du comte Wenzel chez Jean-Pierre Séverin, dit Gâteloup. Le comte Wenzel faisait partie d'un trio de jeunes Allemands, anciens étudiants de l'Université de Tubingen.

Il y avait Wenzel, Hamberg et Kœnig : trois amis, jeunes, riches, heureux.

Mais René ne causait plus chez les parents d'Angèle.

Il venait là chaque jour comme on accomplit un devoir.

il souffrait, voyait souffrir les autres et se retirait désespéré. L'idée d'un meurtre commis était donc en lui à l'état confus.

Nous irons plus loin : nous dirons qu'en lui existait l'idée d'une série de meurtres. L'impression qu'il gardait était ainsi. La trappe cachée sous les caisses de fleurs avait dû servir plus d'une fois.

Et c'était là l'excuse la plus plausible qu'il pût fournir à sa conscience pour le désir passionné qu'il avait d'entretenir son inconnue.

Pour lui, en effet, la maison mystérieuse contenait deux femmes, la blonde et la brune : il les avait vues de ses yeux : « la comtesse » et celle qui n'avait point de titre, la femme sanglante, à qui tous les crimes incombaient naturellement, si crime il y avait, et l'ange sauveur.

La veille du jour où nous avons pris le début de notre histoire, montrant ces trois personnages échelonnés sur le quai de la Grève : René d'abord, puis Angèle qui suivait René, puis l'homme à cheveux blancs qui suivait Angèle, René avait éprouvé comme un contre-coup de l'émotion ressentie dans la maison mystérieuse.

C'était encore à Saint-Louis-en-l'Ile, et c'était la première fois que son inconnue manquait au rendez-vous assigné.

René attendait depuis plus d'une heure, lorsque le jeune homme à figure blême, qui avait les cheveux tout blancs, sortit de la sacristie avec un prêtre que René voyait pour la première fois.

Un ecclésiastique entre deux âges, à la physionomie honnête et grave.

La figure du jeune homme frappa René comme un choc physique, et le nom entendu en rêve lui vint aux lèvres :

— Andréa Ceracchi !

Andréa Ceracchi passa, avec le prêtre, tout auprès de René, qui était caché par l'ombre d'un pilier et dit :

— Elle viendra demain. La chose devra être faite tout de suite, parce que M. le baron de Ramberg est très pressé de retourner en Allemagne.

Ces paroles et le ton qu'on mettait à les prononcer étaient assurément les plus naturels du monde.

Cependant, au-devant des yeux de René, la trappe s'ouvrit, la trappe recouverte de fleurs, et il lui sembla entendre le lugubre écho de ces autres paroles : « Le comte Wenzel est reparti pour l'Allemagne ! »

— Il faudra bien qu'elle dise la vérité ; pensa-t-il.

Et le lendemain, comme nous l'avons vu, il revint à l'église Saint-Louis-en-l'Ile.

Rendez-vous n'avait point été donné cette fois.

Soit que René se fût trompé réellement, soit qu'il eût affecté de se méprendre, il avait abordé une femme qui ne l'attendait point, la blonde madone tant admirée par Germain Patou et qui se trouvait là pour tout autre objet.

A la suite de quelques paroles échangées, il était sorti par la porte latérale et avait gagné le vieux pavillon de Bretonvilliers, où on lui avait ordonné de se rendre.

Un coin du voile, à tout le moins, se levait : la blonde avait consenti à porter un message à la brune.

Pendant l'espace de temps assez long que René fut obligé de passer seul, dans le grand salon du pavillon, il interrogea plus d'une fois ses souvenirs, cherchant à savoir si cette maison était celle où il avait été rapporté évanoui — ou endormi, après la nuit du 12 février.

Sa mémoire était restée muette, quant aux meubles et tentures, mais l'impression générale lui disait : Ce n'est pas ici. Les lieux ont non seulement une physionomie, mais encore une saveur ; René resta convaincu que la chambre où il avait couché ne faisait point partie de cette maison.

Lila ! il savait ce nom enfin ! Et c'était la blonde qui avait trahi le secret de la brune.

Elle avait dit, étonnée et peut-être effrayée, car il eût fallu peu de chose pour déranger la trame subtile qu'elle était en train de tisser à l'église Saint-Louis, elle avait dit :

— Allez au pavillon de Bretonvilliers, frappez six coups ainsi espacés : trois, deux, un, et quand la porte s'ouvrira, prononcez ces mots : *Salus Hungariæ*. Vous serez introduit, et je vous promets que ma sœur Lila viendra vous rejoindre.

Lila ! Sait-on quels torrents d'harmonie peuvent jaillir d'un nom ?

Lila vint. — René était à la fenêtre, où la pauvre Angèle le regardait d'en bas, devinant dans la nuit sa figure bien-aimée. Depuis quelques secondes les yeux de René s'étaient fixés par hasard sur une forme indécise, une forme de femme affaissée sur la borne du coin.

Certes, il ne la voyait pas dans le sens exact du mot : l'ombre était trop épaisse ; mais le remords a des rêves comme l'espoir.

Une sueur froide baigna les tempes de René ; le nom d'Angèle expira sur ses lèvres.

Il ne la voyait pas, pourtant, nous le répétons, puisque, pour lui, la femme de la borne portait un petit enfant dans ses bras. Il voyait le petit enfant plus distinctement que la femme.

Mais Lila vint, et René ne vit plus rien que Lila. Angèle, la vraie Angèle, car, hélas ! ce n'était pas une vision, tomba mourante, tandis que René oubliait tout dans un baiser. Le premier baiser !...

X

TÊTE-A-TÊTE

Les heures passèrent, mesurées par la cloche enrouée de Saint-Louis-en-l'Ile. — Le dernier bruit de la rue fut le passage de ces hommes qui emportèrent Angèle au cabaret de la *Pêche miraculeuse*.

Nous retrouvons Lila et René où nous les avons laissés, assis l'un près de l'autre sur l'ottomane du boudoir, les mains dans les mains, les yeux dans les yeux.

Et nous disons encore une fois qu'il eût été difficile de trouver un couple plus jeune, plus beau, plus gracieux.

Lila venait de prononcer ces mots qui avaient mis un nuage sur le front de René : « Mon nom est doux dans votre bouche. »

Ces mots nous ont servi de point de départ pour raconter un long et bizarre épisode. Ils attaquaient dans le cœur de René une fibre qui restait douloureuse.

Par hasard, autrefois, un soir dont le souvenir vivait comme un cruel remords, Angèle avait prononcé les mêmes paroles et presque du même accent.

— Lila, dit René après un silence que la jeune femme n'avait point interrompu, l'ignorance où je suis me pèse. Je suis dans un état d'angoisse et de fièvre. A d'autres il faudrait expliquer ma peine, mais vous connaissez mon histoire... l'histoire de ces vingt-quatre heures dont les souvenirs imparfaits restent en moi comme une douloureuse énigme... vous me connaissez bien mieux que moi-même. Je voudrais savoir.

— Vous saurez tout, répliqua la charmante créature, dont les grands yeux eurent une expression de reproche, tout ce que je sais, du moins... Mais j'espérais qu'entre nous deux la curiosité n'aurait pas eu tant de place.

— Ne vous méprenez pas ! s'écria Kervoz. Ma curiosité est de l'amour, un profond, un ardent amour...

Elle secoua la tête lentement, et son beau sourire se teignit d'amertume.

— Peut-être ai-je mérité cela, dit-elle. Il ne faut jamais jouer avec le cœur, c'est le proverbe de mon pays. Or, j'ai joué d'abord avec votre cœur. La première fois que mon regard vous a appelé, je ne vous aimais pas...

Elle prit sa main malgré lui et la porta d'un brusque mouvement jusqu'à ses lèvres.

— L'amour est venu, poursuivit-elle. Ne me punissez pas ! Je suis maîtresse, mais esclave. Aimez-moi bien, car je mourrais, si je ne me sentais aimée... Et surtout, ô René, je vous en prie, ne me jugez jamais avec votre raison, moi qui ai fait le sacrifice de mon libre arbitre à une sainte cause... Ne me jugez qu'avec votre âme !

Elle mit sa tête sur le sein de René, qui baisa ses cheveux.

L'ivresse le prenait de la sentir ainsi palpitante entre ses bras.

Il combattait, sans savoir pourquoi, la joie de cette heure tant souhaitée et appelait Angèle à son secours.

Mais elles ont, comme les fleurs, ces parfums qui montent au cerveau, plus pénétrants et plus puissants que les esprits du vin. Elles enivrent.

— Me connaissiez-vous donc la première fois ?... murmura René.

— Oui, répliqua-t elle, je vous connaissais... et j'étais à vous.

— A Saint-Germain-l'Auxerrois ?

— J'y étais déjà venue pour vous, et vous ne m'aviez point remarquée... Je savais que vous n'étiez pas encore le mari de cette belle enfant qui vous accompagnait toujours...

La main de René pesa sur ses lèvres.

— Vous ne voulez pas que je vous parle d'elle, prononça Lila d'un ton docile et triste. Oh ! je n'aurais rien dit contre elle... Vous avez des larmes dans les yeux, René... Vous l'aimez encore...

— Je donnerais la meilleure moitié de mon existence, répondit le jeune Breton, pour l'aimer toujours.

Lila le serra passionnément contre son cœur.

— Ne parlons donc jamais d'elle, en effet, poursuivit-elle d'une voix si douce qu'on eût dit un chant. Depuis que j'espère être aimée, je prie pour elle bien souvent...

Elle s'arrêta et reprit :

— Parlons de nous... J'ai été envoyée vers vous.

— Envoyée ! Par qui ?

— Par ceux qui ont le droit de me commander.

— Les Frères de la Vertu ?

Elle abaissa la tête en signe d'affirmation.

— Et que voulaient-ils de moi ? demanda René.

— Rien de vous,.. tout d'un autre.

Il voulut interroger encore, elle lui ferma la bouche d'un rapide baiser.

— Vous n'étiez rien pour nous, continua-t-elle, vous

êtes désormais tout pour moi... Avez-vous lu cet étrange livre où Cazotte raconte comment le démon devint amoureux d'une belle, d'une bonne âme? Je ne suis pas un démon... Oh! que je voudrais être un ange pour vous, René, mon René bien-aimé!... Mais il y a peut-être un démon parmi nous...

— La blonde?... s'écria Kervoz malgré lui.

Lila eut un étrange sourire.

— Ma sœur? fit-elle. N'est-ce pas qu'elle est bien jolie?... Mais qu'avez-vous donc, René?...

La main de René avait saisi la sienne presque convulsivement. Il était très pâle.

— Ceci est une explication que je veux avoir, prononça-t-il avec fermeté, je l'exige... Il y avait du sang, n'est-ce pas, sous ces mots en apparence si simples : « Le comte Wenzel est reparti pour l'Allemagne! »

— Ah!... fit Lila, qui pâlit à son tour, vous ne dormiez donc pas?...

— Vous espériez que je dormais? dit vivement René.

— Pas moi, répondit-elle d'un accent mélancolique et si persuasif que les soupçons de Kervoz se détournèrent d'elle comme par enchantement.

Elle ajouta en fixant sur lui la candeur de ses beaux yeux:

— Ne me soupçonnez jamais, je suis à vous comme si mon cœur battait dans votre poitrine!

Puis elle répéta :

— Pas moi... moi, je ne songeais qu'à votre guérison... mais les autres... Ecoutez, René, une responsabilité grave et haute pèse sur eux... J'aurais eu de la peine à vous sauver si les autres avaient su que vous ne dormiez pas.

— Et pourquoi étiez-vous dans cette caverne, vous, Lila? demanda René d'un ton où il y avait du mépris et de la pitié.

Elle se redressa si altière que le jeune Breton baissa les yeux malgré lui.

— Vous ai-je offensée? balbutia-t-il.

— Non, répliqua-t-elle avec toute sa douceur revenue, vous ne pouvez pas m'offenser... Seulement, laissez-moi vous dire ceci, René, il est des choses dont le neveu de Georges Cadoudal ne doit parler qu'avec réserve.

René se recula sur l'ottomane un trait de lumière le frappait.

— Ah! fit-il, c'est le neveu de Georges Cadoudal qu'on vous avait donné mission de chercher?

— Et de trouver, acheva Lila en souriant, et d'attirer à moi par tous les moyens possibles.

— Alors pourquoi tant de mystères?

—Par ce que j'ai fait comme le pauvre démon de Cazote, je me suis laissé prendre. Je n'agis plus pour eux que si vous êtes avec eux. Je vous tiens libre et en dehors de tout engagement. Je vous aime, et il n'y a plus rien en moi que cet amour.

— Je n'ai peut-être, dit René qui hésitait, ni les mêmes sentiments ni les mêmes opinions que mon oncle Georges Cadoudal.

— Cela m'importe peu, repartit Lila, j'aurai vos opinions, j'aurai vos sentiments... Je sais que vous chérissez votre oncle; je suis sûre que vous ne le trahirez pas...

— Trahir!... l'interrompit Kervoz avec indignation.

Puis, comme elle ouvrait la bouche, il reprit :

— Vous ne m'avez encore rien répondu par rapport au comte Wenzel.

Lila prononça très bas :

— Je voudrais ne point vous répondre à ce sujet.

— J'exige la vérité! insista Kervoz.

— Vous ordonnez, j'obéis... Les sociétés secrètes d'Allemagne sont vieilles comme le christianisme, et leurs lois rigoureuses se sont perpétuées à travers les âges... Ce sont toujours les hommes de fer qui signifiaient à Charles de Bourgogne, entouré de cent mille soldats, la mystérieuse sentence de la corde et du poignard... La ligue de la Vertu vient d'Allemagne. Les traîtres y sont punis de mort.

— Et le comte Wenzel était un traître? demanda Kervoz.

Lila répondit :

— Je ne sais pas tout.

— Votre sœur en sait-elle plus long que vous?

— Ma sœur est rose-croix du trente-troisième palais, repartit Lila, non sans une certaine emphase. Elle a gouverné le royaume de Bude. Il n'est rien qu'elle ne doive connaître.

— Et vous, Lila, qu'êtes-vous ?

Elle l'enveloppa d'un regard charmant, et, se laissant glisser à ses genoux, elle murmura :

— Moi, je suis votre esclave! je vous aime! Oh! je vous aime!

L'être entier de René s'élançait vers elle. Dans ses yeux on devinait la parole d'amour qui voulait jaillir, et cependant il dit :

— Lila, que signifient ces mots : « Le baron de Ramberg va partir aussi pour l'Allemagne ? » Est-ce encore un meurtre? Est-il temps de le prévenir ?

Les paupières de la jeune femme se baissèrent, tandis que l'arc délicat de ses sourcils éprouvait une légère contraction.

— Je ne sais pas tout, répéta-t-elle. Vous êtes cruel!...

Puis elle reprit, attirant les deux mains de René vers son cœur.

— Ne me demandez pas ce que j'ignore ; ne me demandez pas ce qui regarde des étrangers, des ennemis... Georges Cadoudal aussi va mourir, et je ne peux penser qu'à Georges Cadoudal, qui est le frère de votre mère.

René s'était levé tout droit avant la fin de la phrase.

— Mon oncle serait-il au pouvoir du premier consul balbutia-t-il.

— Votre oncle avait deux compagnons, répondit Lila ; hier encore, il se dressait fier et menaçant devant Napoléon Bonaparte. Aujourd'hui votre oncle est seul : Pichegru et Moreau sont prisonniers.

— Que Dieu les sauve! pensa tout haut René. C'étaient deux glorieux hommes de guerre, et nul ne sait le secret de leur conscience... Mais c'est peut-être le salut de mon oncle Georges, car il comprendra désormais la folie de son entreprise...

— Son entreprise n'est pas folle, l'interrompit Lila d'un ton résolu et ferme. Fût-elle plus insensée encore que vous ne le croyez, Georges n'en confessera jamais la folie. Ne protestez pas : à quoi bon? Vous le connaissez et vous sentez la vérité de mon dire. Si Georges Cadoudal pouvait fuir aussi facilement que j'élève ce doigt pour vous imposer silence, car il faut que je parle et que vous m'écoutiez, Georges Cadoudal ne fuirait pas. Son entreprise peut être sévèrement jugée au point de vue de l'honneur, et pourtant, ce qui le soutient, c'est le point d'honneur lui-même. Il mourra la menace à la bouche et le sang aux yeux ; comme le sanglier acculé par la meute... Mais, voulût-il fuir, entendez bien ceci, la fuite lui serait désormais impossible. Paris est gardé comme une geôle, et c'est en fuyant, précisément, qu'il serait pris... Le salut de votre oncle est entre les mains d'un homme...

— Nommez cet homme ! s'écria le jeune Breton.

— Cet homme s'appelle René de Kervoz.

Celui-ci se prit à parcourir la chambre à grands pas. Lila le suivait d'un regard souriant.

— Il faut que je vous aime bien, dit-elle, comme si la pensée eût glissé à son insu hors de ses lèvres ; il semble que chaque minute écoulée me livre à vous plus complètement. J'ai hâte d'en finir avec ce qui n'est pas vous. Ce n'est plus pour ceux qui m'ont envoyée que je suis ici, et ce n'est plus pour Georges Cadoudal, c'est pour vous... Venez.

Son geste caressant le rappela. Il revint soucieux. Elle lui dit :

— Voilà que vous ne m'aimez déjà plus !

Le regard brûlant de Kervoz lui répondit. Elle prit sa tête à pleines mains et colla sa bouche sur ses lèvres, murmurant :

— Quand donc allons-nous parler d'amour ?

René tremblait, et ses yeux se noyaient. Elle était belle ; c'était le charme vivant, la volupté incarnée.

— Aurons-nous le temps de le sauver ? demanda-t-il.

— On veille déjà sur lui, répondit-elle, ou du moins on traque ceux qui le poursuivent.

— Mais qui sont-ils donc, à la fin, ces hommes ?...

— Les Frères de la Vertu, répliqua la jeune femme, dont le sourire s'éteignit et dont la voix devint grave, sont ceux qui rendront à Georges Cadoudal sa force perdue. Deux alliés puissants viennent de lui être enlevés, il en retrouvera mille. On ne m'a pas autorisée, monsieur de Kervoz, à vous révéler le secret de l'association... Mais tu vas voir si je t'aime, René, mon René ! je vais lever le voile pour toi, au risque du châtiment terrible...

Kervoz voulut l'arrêter, mais elle lui saisit les deux mains et continua malgré lui :

— Ceux qui creusent leur sillon à travers la foule laissent derrière eux du sang et de la haine. Pour montrer très haut, il faut mettre le pied sur beaucoup de têtes. Depuis le parvis de Saint-Roch jusqu'à Aboukir, le général Bonaparte a franchi bien des degrés. Chaque marche de l'escalier qu'il a gravi est faite de chair humaine...

Ne discutez pas avec moi, René ; si vous l'aimez, je l'aimerai : j'aimerais Satan si vous me l'ordonniez. D'ailleurs, moi, je ne hais pas le premier consul : je le crains et je l'admire.

Mais ceux qui sont mes maîtres, — ceux qui étaient mes maîtres avant cette heure où je me donne à vous le haïssent jusqu'à la mort.

Ce sont tous ceux qu'il a écartés violemment pour passer, tous ceux qu'il a impitoyablement écrasés pour monter.

Vous en avez vu quelques-uns à travers la brume des heures de fièvre ; vous vous souvenez vaguement : je vais éclaircir vos souvenirs.

Et ce que vous n'avez pas vu, je vais vous le montrer.

Notre chef est une femme. Je vous parlerai d'elle la dernière.

Celui qui vient après la comtesse Marcian Gregoryi, ma sœur, est un jeune homme au front livide, couronné de cheveux blancs. Quand Dieu fait deux jumeaux, la mort de l'un emporte la vie de l'autre : Joseph et Andréa Ceracchi étaient jumeaux. L'un des deux a payé de son sang une audacieuse attaque ; l'autre est un mort vivant qui ne respire plus que par la vengeance.

Toussaint-Louverture, le Christ de la race noire, avait une âme satellite, comme Mahomet menait Seïd. Vous avez vu Taïeh, le géant d'ébène qui dévorera le cœur de l'assassin de son maître.

Vous avez vu le Gallois Kaërnarvon, qui résume en lui toutes les rancunes de l'Angleterre vaincue, et Osman, le mameluk de Mourad-Bey, qui suit le vainqueur des Pyramides à la piste depuis Jaffa. Osman est comme Taïeh : un tigre qu'il faut enchaîner.

Ceux que vous n'avez pas vus sont nombreux. La gloire blesse les envieux tout au fond de leur obscurité, comme les rayons du soleil font saigner les yeux des myopes. Les vengeurs se multiplient par les jaloux. Nous avons, derrière le bataillon sacré de la haine, cette immortelle multitude qui vivait déjà quand Athènes florissait et qui votait l'exil d'Aristide, parce qu'Aristide heureux éblouissait trop de regards.

Nous avons Lucullus du Directoire, regrettant amèrement sa chute et les diamants qui ornaient les doigts de pied de la muse demi-nue, honte orgueilleuse de sa loge à la comédie ; nous avons la menue monnaie de Mirabeau bâillonné, la chevalerie ruinée de Coblentz, des épées vendéennes, des couteaux de septembre...

Nous avons tout : le passé en colère, le présent jaloux, l'avenir épouvanté.

La république et la monarchie, la France et l'Europe. Il nous arrive des poignards du nouveau monde et de l'or pour pénétrer jusque dans la maison de Tarquin, où l'on marchande les dévouements qui chancellent.

Ce n'est pas Tarquin, Tarquin était roi : c'est César qui toujours se découvre en mettant le pied sur la première marche du trône.

Le général Bonaparte était peut-être invulnérable, mais c'est sur une tête nue que se pose la couronne, et il n'a point de cuirasse sous son manteau impérial.

La meilleure cuirasse, d'ailleurs, c'était son titre de simple citoyen. Il la dépouille de lui-même. Jupiter trouble l'esprit de ceux qu'il veut tuer : le voilà sans armure !

Elle s'arrêta et passa les doigts de sa belle main sur son front, où ruisselait le jais de sa chevelure. A mesure qu'elle parlait, sa voix avait pris des sonorités étranges, et l'éclair de ses grands yeux ponctuait si puissamment sa parole que René restait tout interdit.

Pour la seconde fois il demanda :

— Lila, qui êtes-vous donc ?

Elle sourit tristement.

— Peut-être, murmura-t-elle au lieu de répondre, peut-être que Jupiter veut tuer le dernier demi-dieu que puisse produire encore la vieillesse fatiguée du monde. Cet homme est-il trop grand pour nous ?... Vous pensez que j'exagère, René; et en effet, celles de mon pays rêvent souvent. mais je reste au-dessous de la vérité... Je suis Lila, une pauvre fille du Danube, éprouvée déjà par bien des douleurs, mais à qui le destin semble enfin sourire, puisqu'elle vous a rencontré sur sa route. Je vous dis ce qui est.

Il serait aussi insensé de compter ceux qui sont avec nous que de chercher vestige de ceux qui nous ont trahis.

Nous sommes les francs-juges de la vieille Allemagne, ressuscités et recrutant dans l'univers entier les magistrats du mystérieux tribunal.

Ce tribunal se compose de tous les ennemis du héros et d'une partie de ses amis.

Nous n'avons pas voulu de Pichegru et de Moreau : ils sont tombés uniquement parce que notre main ne les a pas soutenus... La comtesse Marcian Gregoryi a jeté un regard favorable sur Georges Cadoudal... C'est grâce à elle qu'il a évité aujourd'hui le sort de ses complices... un sort, plus cruel, René, car on a quelques mesures à garder vis-à-vis de deux généraux illustres, ayant conduit si souvent les armées républicaines à la victoire ; tandis que le paysan révolté, le chouan le brigand devrait être assommé dans un coin, comme on abat un chien enragé.

René courba la tête. Sa raison, prise comme ses sens, se révoltait de même. Lila ne lui laissa pas le temps d'interroger ses pensées.

— Il me reste à vous parler de ma sœur, dit-elle brusquement, sachant bien qu'elle allait réveiller sa curiosité assoupie, de ma sœur et de moi, car son destin supérieur m'entraîne à sa suite, et je ne suis que l'ombre de ma sœur.

Nous sommes les deux filles du magnat de Bangkeli, et notre mère, à seize ans qu'elle avait, périt victime de la vampire d'Uszel, dont le tombeau, grand comme une église, fut trouvé plein de crânes ayant appartenu à des jeunes filles ou à des jeunes femmes.

Vous ne croyez pas à cela, vous autres Français. L'histoire est ainsi, et je vous la dis telle que la contait mon père, colonel des hussards noirs de Bangkeli, dans la cavalerie du prince Charles de Lorraine, archiduc d'Autriche. La vampire d'Uszel, que les riverains de la Save appelaient « la belle aux cheveux changeants, » parce qu'elle apparaissait tantôt brune, tantôt blonde aux jeunes gens aussitôt subjugués par ses charmes, était, durant sa vie mortelle, une noble Bulgare qui partagea les crimes et les débauches du ban de Szandor, sous Louis II, le dernier des Jagellons de Bohême qui ait régné en Hongrie. Elle resta un siècle entier paisible dans sa bière, puis elle s'éveilla, ouvrit et creusa de ses propres mains un passage souterrain qui conduisait des profondeurs de sa tombe fermée aux bords de la Save.

Dans ces pays lointains qui ont déjà les splendeurs de l'Orient, mais où règnent ces mystérieux fléaux, relégués par vous au rang des fables, chacun sait bien que tout vampire, quel que soit son sexe, a un don particulier de mal faire, qu'il exerce sous une condition, loi rigoureuse dont l'infraction coûte au monstre d'abominables tortures.

Le don d'Addhéma, ainsi se nommait la Bulgare, était de renaître belle et jeune comme l'Amour chaque fois qu'elle pouvait appliquer sur la hideuse nudité de son crâne une chevelure vivante : j'entends une chevelure arrachée à la tête d'un vivant.

Et voilà pourquoi sa tombe était pleine de crânes de jeunes femmes et de jeunes filles. Semblable aux sauvages de l'Amérique du Nord qui scalpent leurs ennemis vaincus et emportent leurs chevelures comme des trophées, Addhéma choisissait aux environs de sa sépulture les fronts les plus beaux et les plus heureux pour leur arracher cette proie qui lui rendait quelques jours de jeunesse.

Car le charme ne durait que peu de jours.

Autant de jours que la victime avait d'années à vivre sa vie naturelle.

Au bout de ce temps, il fallait un forfait nouveau et une autre victime.

Les rives de la Save ne sont pas peuplées comme celles de de Seine. Je n'ai pas besoin de vous dire que bientôt jeunes filles et jeunes femmes devinrent rares autour d'Uszel... Vous souriez, René, au lieu de frémir...

Elle souriait elle-même, mais dans cette gaieté, qui était comme une obéissante concession au scepticisme du jeune homme, il y avait d'adorables mélancolies.

— J'écoute, répondit René, et je m'émerveille du chemin que nous avons fait, sous prétexte de parler d'amour.

— Vous ne souhaitez plus parler d'amour, monsieur de Kervoz! murmura Lila, dont le sourire eut une pointe de moquerie.

René ne protesta point, il dit seulement :

— Les rives de la Seine n'ont rien à envier aux bords de la Save. Nous avons aussi une vampire.

— Y croyez-vous ? demanda Lila, qui ajouta aussitôt : Vous auriez honte d'y croire, bel esprit fort !

— D'où vous vient cette étrange devise, murmura René au lieu de répliquer : « *In vita mors, in morte vita.* »

— La mort dans la vie, prononça lentement Lila, la vie dans la mort : c'est la devise du genre humain... Elle nous vient d'un de nos aïeux, le ban de Szandor, qu'on accusa aussi d'être vampire... Nous sommes une étrange famille, vous allez voir...

René, mon René, s'interrompit-elle tout à coup en se redressant orgueilleuse et si belle que l'œil du jeune Breton étincela, c'est moi qui ai écarté l'amour, c'est moi qui le ramènerai : je ne suis pas effrayée de votre froideur ; dans un instant, vous serez à mes pieds!

XI

LE COMTE MARCIAN GREGORYI

La pendule du boudoir marquait dix heures. C'était, au dedans et au dehors du pavillon de Bretonvilliers, un silence profond. A peine quelques murmures venaient-ils au lointain de la ville vivante.

René et Lila étaient assis l'un près de l'autre sur l'ottomane. René avait baissé les yeux sous le défi amoureux qui venait de jaillir des prunelles de Lila. Il savait trop qu'elle était sûre de la victoire.

— Il faut que vous sachiez toutes ces choses, monsieur de Kervoz, reprit-elle. Vos superstitions de Bretagne ne sont pas les mêmes que nos superstitions de Hongrie. Qu'importe cela? Fables ou réalités, ces prémisses de mon récit vont aboutir à des faits incontestables, d'où dépend la vie ou la mort d'un parent qui vous est cher, et d'où dépend aussi peut-être la mort ou la vie du plus grand des hommes.

Je continue. Chaque fois qu'Addhéma, la vampire d'Uszel, parvenait à réchauffer les froids ossements de son crâne à l'aide d'une jeune chevelure arrachée sur le vif, elle gagnait quelques jours, parfois quelques semaines, mais parfois aussi quelques heures seulement d'une nouvelle existence : une semaine pour sept ans, un mois pour six lustres.

C'était comme un jeu terrible où le bénéfice pouvait être grand ou petit; Addhéma ne le savait jamais d'avance; mais qu'importait, après tout? Les heures conquises, nombreuses ou rares, étaient au moins toujours des heures de jeunesse, de beauté, de plaisir, car Addhéma redevenait la splendide courtisane d'autrefois, avec sa passion de feu et son attrait irrésistible.

Ici était le don.

Je vais vous dire la condition imposée en regard du don : la loi qu'elle ne pouvait enfreindre sous peine de souffrir mille morts.

Addhéma ne pouvait pas se livrer à un amant avant de lui avoir raconté sa propre histoire.

Il fallait qu'au milieu d'un entretien d'amour elle amenât l'étrange récit que je vous fais ici, parlant de jeunes filles mortes, de chevelures arrachées et relatant avec exactitude les bizarres conditions de sa mort qui était une vie, de sa vie qui était une mort...

J'emploie le passé, parce qu'elle manqua une fois à la loi de ses hideuses résurrections; et ce fut justement pendant qu'elle portait la blonde chevelure de notre mère. L'amour lui fit oublier son étrange devoir. Elle reçut le baiser d'un jeune Serbe, beau comme le jour, avant d'avoir cherché et trouvé l'occasion de placer l'histoire surnaturelle.

L'esprit du mal l'étreignit au moment où elle balbutiait des mots de tendresse, et le jeune Serbe recula d'horreur à la vue de sa maîtresse rendue à son état réel : un cadavre de vieille femme, décharné, glacé, chauve et tombant en poussière.

Ce fut d'elle-même, alors, qu'elle se révéla, car, à ces heures du châtiment, tout vampire est forcé de dire la vérité.

Le Serbe entendit ces mots qui semblaient sortir de terre :
— Tue-moi ! Mon plus grand supplice est de vivre. L'heure est favorable, tue-moi. Pour me tuer, il faut me brûler le cœur !

Le deuil récent qui était dans la maison du magnat de Bangkeli, laissant un époux inconsolable et deux petits enfants au berceau, avait fait grand bruit dans le pays. Le Serbe monta à cheval et vint trouver notre père au milieu des fêtes des funérailles.

Notre père prit avec lui tous ses parents, tous ses convives, et l'on se rendit au tombeau d'Uszel, car le cadavre de la vampire n'était déjà plus dans le logis du Serbe.

Le tombeau d'Uszel fut démoli, et notre père ayant fait rougir au feu son propre sabre, le plongea par trois fois et par trois fois le retourna dans le cœur d'Addhéma la Bulgare.

Nous grandîmes, ma sœur et moi, dans le château triste et qui semblait vide. Les caresses maternelles nous manquaient, on nous berçait avec le récit de ces lugubres mystères.

Il y avait un chant qui disait :

« Un jour pour un an, vingt-quatre heures pour trois cent soixante-cinq jours.

« A la dernière minute de la dernière heure, la chevelure meurt, le charme est rompu, et la hideuse sorcière s'enfuit, vaincue, dans son caveau... »

Ma sœur était dans sa seizième année et j'allais avoir quinze ans, quand notre père arbora la bannière rouge au plus haut des tours de Bangkeli. En même temps, il envoya ses tzèques dans les logis de ses tenanciers, le long de la rivière; ils étaient quatre, l'un portait son sabre, le second son pistolet-carabine, le troisième son dolman, le quatrième son jatspka.

Le soir, il y avait douze cent hussards équipés et armés autour de nos antiques murailles.

Mon père nous dit : prenez vos hardes, vos bijoux et vos poignards.

Et nous partîmes, cette nuit-là même, en poste pour Trieste.

Le régiment, — les douze cents tenanciers de mon père formaient le régiment des hussards noirs de Bangkeli, — avait pris la même route à cheval. Le rendez-vous était à Trévise.

L'archiduc Charles d'Autriche occupait Trévise avec son état-major. Bonaparte avait accompli déjà les deux tiers de cette foudroyante campagne d'Italie qui devait finir au cœur même de l'Allemagne. Notre armée avait changé quatre fois de chef et reculait, ne comptant plus les batailles perdues.

Pourtant il y eut des fêtes à Trévise, où douze nouveaux régiments, arrivés du Tyrol, de la Bohême et de la Hongrie, présentait un magnifique aspect, et le prince Charles jura d'anéantir les Français à la première rencontre.

Ma sœur et moi nous n'avions jamais vu que les rives sauvages de la Save et l'austère solitude du château. Pendant trois jours ce fut pour nous comme un rêve. Le quatrième jour, notre père dit à ma sœur : « Tu vas être la femme du comte Marcian Gregoryi. »

Ma sœur n'eut à répondre ni oui ni non; ce n'était pas une question : c'était une loi.

Marcian Gregoryi avait vingt-deux ans. Il portait héroïquement son brillant costume croate. La veille même, le prince Charles l'avait fait général. Il était beau, noble, plus riche qu'un roi, amoureux et heureux.

Ma sœur et lui furent mariés le matin du jour où Bonaparte franchissait le Tagliamento ; le lendemain eut lieu la grande bataille qui tua l'archiduc dans ses espérances et dans sa gloire, en ouvrant aux Français le passage du Tyrol.

Nous fûmes séparées de notre père. Le comte Marcian Gregoryi veillait sur nous.

Notre nuit se passa dans une auberge des environs d'Udine. Ma chambre était séparée par une simple cloison de celle où devaient dormir les jeunes époux.

Vers minuit, j'entendis la voix de ma sœur qui s'élevait ferme et dure. Je crus d'abord que c'était une autre femme, car je ne lui connaissais pas cet accent impérieux.

Elle disait :

— Comte, je n'ai point de haine contre vous. Vous êtes brave, vous devez avoir rencontré nombre de femmes pour admirer votre taille noble et votre beau visage. J'ai obéi à mon père, qui est mon maître et qui m'a dit : Celui-là sera ton mari... Mais mon père, en partant de Bangkeli, m'avait dit aussi : Prends ton poignard. Mon poignard est dans ma main. C'est ma liberté. Si vous faites un pas vers moi, je me tue.

Marcian Gregoryi supplia et pleura.

Sais-je pourquoi j'étais du parti de Marcian contre ma sœur ?...

— Oh ! s'interrompit-elle en passant ses doigts effilés dans les cheveux de René, il ne faut pas être jaloux ! Voilà bien longtemps que Marcian Gregoryi est mort.

A la fin de ce mois, qui était mars 1797, les Français, nous chassant toujours devant eux, entrèrent dans Trieste.

Nous étions toutes les deux, ma sœur et moi, le 24 mars, ou le 6 germinal, comme ils disaient alors, dans une maison de campagne située à une lieue de la Chiuza.

Le soir, ma sœur vint me trouver. Jamais je ne l'avais vue si belle. Sa parure était éblouissante, et il y avait des éclairs d'orgueil dans ses yeux.

Elle m'embrassa du bout des lèvres et me dit adieu.

Je n'eus pas le temps de l'interroger. Deux minutes après, le galop de son cheval soulevait des flots de poussière sur la route, et de ma fenêtre je pouvais suivre sa course folle, qui allait déjà se perdant dans la nuit.

Au lointain et dans différentes directions, on entendait la canonnade.

Venussa, notre nourrice à toutes deux, c'est cette vieille femme qui vous a introduit ici ce soir, monta dans ma chambre et s'accroupit sur le seuil.

— La fille aînée de mon maître est sur le chemin de sa mort ! gémit-elle les larmes aux yeux.

Elle imposa silence à mes questions. Un grand bruit de chevaux se faisait dans la cour.

La voix éclatante de Marcian Gregoryi commanda : « Au galop ! » Et pour la seconde fois la route disparut derrière les tourbillons de poussière.

6

Marcian Gregoryi suivait la même direction que ma sœur.

A quelques lieues de là, il y avait une tente toute simple, piquée au coin d'un bouquet de frênes et entourée par les feux d'un bivouac.

Au-devant de la tente, des officiers généraux français s'entretenaient à voix basse.

A l'intérieur, un jeune homme de vingt-six ans, pâle, maigre, chétif, coiffant de cheveux plats un front puissant, dormait, la tête appuyée sur une carte pointée. Une lettre signée « Joséphine » était ouverte sur la table et portait la marque de la poste de France.

Celui-là pouvait dormir ; il avait terriblement travaillé depuis le lever du soleil.

Une armée tout entière le gardait, soldats et généraux ; il était l'espoir et la gloire de la république française, victorieuse de l'univers.

Il avait nom Napoléon Bonaparte, il pouvait sommeiller en paix. Pour arriver jusqu'à lui, l'ennemi devait passer sur les corps de trente mille hommes.

Pourtant, il fut éveillé tout à coup par une main qui se posa sur son épaule. Un homme qu'il ne connaissait pas, — un ennemi, — était debout devant lui, le sabre à la main.

Un homme grand, fort, jeune, doué au degré suprême de la mâle beauté de la race magyare et dont les yeux parlaient un terrible langage de colère et de haine.

— Général, dit-il froidement, je suis le comte Marcian Gregoryi ; mes pères étaient nobles avant la naissance de Christ, notre sauveur ; il n'y a jamais eu dans ma maison que des soldats. Je ne saurais pas assassiner. Je vous prie de prendre votre épée afin de vous défendre, car ma femme m'a trahi pour vous, et il faut que l'un de nous meure.

L'heure où l'on s'éveille est faible, mais Bonaparte n'eut pas peur, car il n'appela point, quoiqu'on entendît tout autour de la tente le murmure des gens qui veillaient.

S'il eût appelé, il était mort, car il y avait bien près de la pointe du sabre de Marcian Gregoryi à sa poitrine.

— Vous vous trompez ou vous êtes fou, répondit-il. Je ne connais pas votre femme.

Il ajouta, ramenant la lettre ouverte d'un geste calme :

— Il n'est pour moi qu'une femme, c'est ma femme.

— Général, répliqua Marcian, vous mentez !

Et sans perdre sa position d'homme prêt à frapper, il tira de son sein une lettre également ouverte qu'il présenta à Bonaparte.

La lettre était écrite en français ; ma sœur et moi, comme presque toutes les nobles hongroises, nous parlions le français dès l'enfance, aussi bien que notre langue maternelle. La lettre était adressée à Marcian Gregoryi et disait :

« Monsieur le comte,

« Vous ne me reverrez jamais. Un caprice de mon père m'a jetée dans vos bras ; vous ne m'avez pas demandé si je vous aimais avant de me prendre pour femme. Cela est indigne d'un homme de cœur, indigne aussi d'un homme d'esprit. Vous êtes puni par votre péché même.

« Une seule chose aurait pu me soumettre à vous : la force. J'aime la force. Si mon mari m'eût violemment conquise au lendemain des noces, j'aurais été peut-être une femme soumise et agenouillée.

« Vous avez été faible, vous avez reculé devant mes menaces. Je n'aime pas ceux qui reculent ; je méprise ceux qui cèdent. Je m'appartiens ; je pars.

« Ne prenez point souci de me chercher. Il est un homme qui jamais n'a reculé, jamais cédé, jamais faibli : le vainqueur de toutes vos défaites, jeune comme Alexandre le Grand et destiné comme lui à mettre son talon sur le front du genre humain.

« J'aime cet homme et je l'admire de toute la haine, de tout le dédain que j'ai pour vous. Je vous le répète, ne me cherchez point, à moins que vous n'osiez me suivre sous la tente de général Bonaparte ! »

C'était signé du nom de ma sœur.

Le général français lut la lettre jusqu'au bout. Peut-être espérait-il qu'un de ses lieutenants entrerait par hasard sous sa tente, mais il ne prit pas une seconde de plus qu'il ne fallait pour lire la lettre.

— Monsieur le comte, dit-il, et sa voix était aussi calme que son regard, je vous faciliterai, si vous le voulez, les moyens de sortir de mon camp. J'ai ouï dire que la jalousie était une démence ; je vous répète que je ne connais pas votre femme.

— Et moi, je te répète que tu mens ! grinça Gregoryi entre ses dents serrées.

En même temps le doigt de sa main gauche, étendu convulsivement, montrait la seconde porte de la tente, placée derrière Bonaparte.

Celui-ci se retourna et vit une femme merveilleusement belle, portant l'opulent costume des magyares et coiffée de cheveux blonds incomparables où couraient de longues torsades de saphirs.

Un cri s'échappa de sa poitrine, car il se vit perdu, cette fois, et tué par la présence même de cette femme.

Le reste fut plus rapide que l'éclair.

Marcian Gregoryi n'était pas homme à lâcher sa proie. Il avait demandé le combat, on lui refusait le combat, et du maître qu'il était, de par son sabre nu, un retard d'une seconde allait le faire esclave.

Le cri du général français allait amener cent épées.

Marcian Gregoryi visa le cœur de son rival et frappa un coup de pointe à bras raccourci.

Mais avant que le sabre aigu, lancé de manière à traverser de part en part cette frêle poitrine, eût accompli la moitié de sa route, un mouvement convulsif du bras le retint.

Un éclair avait illuminé le demi-jour de la tente; une explosion avait retenti.

Le sabre s'échappa des mains de Gregoryi, qui tomba foudroyé.

Ma sœur aussi avait visé. La balle de son pistolet, en fracassant le crâne de son mari, préservait les jours du général Bonaparte.

Officiers, généraux, soldats entrèrent de tous côtés à la fois pour voir Bonaparte debout, un peu pâle mais froid ayant à sa droite un homme baigné dans son sang, à sa gauche cette femme éblouissante, dont le sein demi-nu palpitait et qui tenait encore à la main son pistolet fumant.

— Citoyens, dit Bonaparte, vous arrivez un peu tard. Veillez mieux à l'avenir. Il paraît que la tente de votre général en chef n'est pas bien gardée.

Et, pendant que l'assistance consternée restait muette, il ajouta :

— Je m'étais endormi ; j'avais eu tort, car nous avons de la besogne. On m'a éveillé... Citoyens, que cet homme soit pansé avec beaucoup de soins, s'il vit encore ; s'il est mort qu'il soit enterré honorablement : ce n'est pas un assassin.

Il renvoya d'un geste ceux qui l'entouraient, et dit encore :

— Citoyens, tenez-vous prêts. Tout à l'heure je vais rassembler le conseil.

On emporta le corps de Marcian Gregoryi, qui ne respirait plus.

Ma sœur resta seule avec le général Bonaparte.

Vous n'avez fait que l'entrevoir, et sept années ont passé sur sa beauté. Je ne connais aucune femme qui puisse lui être comparée.

Elle était alors cent fois plus belle, et certes, celui qu'elle venait de sauver ne devait point la voir avec les yeux de l'indifférence.

Le général Bonaparte avait une large et belle montre de Genève, posée sur les cartes qui couvraient sa table de travail.

Il la consulta et dit :

— Madame, parlez vite, et tâchez de vous justifier...

— Cela vous étonne? s'interrompit ici Lila répondant à un geste de surprise que René n'avait pu retenir.

René n'avait pas cessé un instant d'écouter avec un intérêt étrange.

— Oui, murmura-t-il, cela m'étonne. Votre récit s'empare de moi parce que je le crois vrai... Cette femme va vers Georges Cadoudal comme elle allait à Bonaparte...

— Non, l'interrompit Lila sèchement.

Sa paupière rapidement baissée cacha l'éclair qui, malgré elle, s'allumait dans ses yeux. Sa bouche seule exprima une nuance de dédain.

Elle ajouta d'un accent rêveur :

— Ne comparez point; il n'y a pas de comparaison possible. Georges Cadoudal peut n'être pas un homme vulgaire, Bonaparte est un géant. La haine est plus clairvoyante que vous ne croyez, et ma sœur hait d'autant plus qu'elle admire davantage. L'aimant qui l'attirait vers Bonaparte, c'était la gloire; la force qui l'entraîne vers Cadoudal, c'est la vengeance.

Laissez-moi poursuivre, je vous prie, car j'ai fini et j'ai hâte d'arriver à ce qui nous regarde.

Ma sœur refusa de se justifier ; elle était venue avec d'autres espérances. Peut-être le dit-elle, car je n'ai jamais rencontré de cœur plus hardi que le sien.

Ses paroles glissèrent sur une oreille de marbre.

Ses regards, auxquels rien ne résiste, s'émoussèrent contre des paupières baissées.

Je ne peux pas raconter en détail ce qui se passa. Ma sœur ne me l'a jamais dit. J'ai deviné son silence; j'ai traduit l'éclair de sa prunelle et le tremblement de sa lèvre blême.

Ma sœur ne pardonnera jamais.

L'aiguille marcha l'espace de deux minutes sur la montre, puis le général Bonaparte appela de nouveau, disant :

— Citoyens, prenez place, le conseil va s'ouvrir... Je donne l'ordre que Mme la comtesse Marcian Gregoryi soit reconduite, sous escorte, aux avant-postes autrichiens.

6.

XII

LA CHAMBRE SANS FENÊTRE

— Dans l'armée du prince Charles, poursuivit Lila, nul ne sut comment était mort le général comte Marcian Gregoryi. Ma sœur et moi nous entrâmes au couvent de Varasdin.

Il était occupé par des religieuses cloîtrées de l'ordre de Saint-Vladimir, mais il n'y a ni murailles assez hautes ni verrous assez solides pour arrêter la volonté de ma sœur.

Pendant la courte et victorieuse campagne du Tyrol, Bonaparte courut des dangers que l'histoire ne racontera pas, sauf deux ou trois qui apparaissent comme des chapitres de roman au milieu de la grande épopée de sa vie.

La main de la comtesse Marcian Gregoryi était là.

Notre père mourut vers cette époque, et ma sœur devint maîtresse de ses actions. Je ne savais pas lui résister. Elle me dominait, moi, pauvre jeune fille, de toute la hauteur de sa haine.

Nous possédions aux bords de la Save des domaines, grands comme une province; tous nos biens furent vendus, mais, une chose inexplicable, ma sœur garda le champ stérile où était situé le tombeau de la vampire d'Uszel.

Ce champ désolé lui appartient encore.

Nous partîmes pour la France après le traité de Campo-Formio. Au milieu des triomphes qui accueillirent à Paris Bonaparte vainqueur, il y eut un regard ennemi qui le suivait comme une malédiction.

Un homme se dressa bientôt en face du jeune général tout rayonnant de gloire, un homme qui semblait avoir juré d'arrêter brusquement l'essor de sa fortune. C'était le directeur Rewbell, ce puritain arrogant qui récitait ses litanies genevoises avec un accent d'Alsace. Rewbel avait une Égérie pour le soutenir dans cette lutte inégale de la médiocrité contre le génie. Dans une villa située sur les hauteurs de Passy demeurait une jeune femme dont la réputation de beauté inouïe grandissait, malgré la silencieuse retraite où elle cachait sa vie. Chaque soir le puritain Rewbell la venait visiter.

Ma sœur, la brillante comtesse Gregoryi, s'était faite la maîtresse de l'avocat de Colmar pour assouvir sa haine.

Semblable à l'aigle qu'on voudrait enlacer dans une toile d'araignée, Bonaparte brisa d'un seul soubresaut les fils de ces petites intrigues, et l'Égypte épouvantée vit un matin l'armée française couvrir ses rivages.

La villa de Passy où Rewbell s'introduisait de nuit redevint solitaire. Un navire anglais nous conduisit à Alexandrie.

Tous ceux qui doivent éblouir ou dominer le monde ont une étoile, cela est certain. L'étoile de Bonaparte m'est apparue en Égypte, où il aurait dû mourir cent fois.

Ma sœur, infatigable, employait ses jours et ses nuits à dresser des pièges toujours inutiles. — Et lui allait son chemin historique, ne sachant même pas qu'il foulait aux pieds la mine creusée sur son passage.

Que dire ? Je devenais une femme, il grandissait à mes yeux semblable à un dieu. Ce n'était pas de l'amour : j'avais trop bien conscience de l'énorme intervalle qui s'élargissait entre nous ; et d'ailleurs il est des destinées : mon cœur vous attendait et ne devait battre que pour vous.

Non, ce n'était pas de l'amour. Il y avait en moi pour lui une admiration craintive et respectueuse. Je ne sais comment vous dire cela, René ; il se mêlait au culte qui me prosternait à ses genoux une secrète horreur. Je suis la fille d'une morte.

Je vois partout cette terrible chose qui a nom le vampirisme : ce don de vivre aux dépens du sang d'autrui. Et avec quoi sont faites toutes ces gloires, sinon avec du sang ?

Avec du sang, dit-on, les hermétiques créaient de l'or ; il leur en fallait des tonnes. La gloire, plus précieuse que l'or, en veut des torrents.

Et sur ce rouge océan un homme surnage, vampire sublime, qui a multiplié sa vie par cent mille morts.

Je désertai dans mon âme la cause de ma sœur. Peut-être y avait-il un charme secret à protéger d'en bas, moi si faible, la marche providentielle de ce géant. Je le protégeai, voilà le vrai : la Fable raconte en souriant ce que put pour le lion le plus humble des animaux.

Je le protégeai dans ces longues marches au travers des sables de l'Égypte. Je le protégeai pendant la traversée, et lorsqu'il livra cette autre bataille, au conseil des Cinq-Cents, bataille où le sang-froid sembla un instant l'abandonner, je le protégeai encore.

Il y eut là un moment, je vous le dis, où ses fameux grenadiers n'auraient pas su le défendre. Et malheur à qui se laisse défendre trop souvent par des soldats ailleurs que dans la plaine, où est la place des soldats !

Ma sœur se demandait si quelque démon protégeait la vie de cet homme. Sa conspiration s'obstinait, infatigable.

Le 10 octobre de l'année 1800, ma sœur mit un poignard

dans la main de Giuseppe Ceracchi, jeune sculpteur déjà célèbre, dont elle avait enivré l'âme chevaleresque. Aréna, Demerville et Topino-Lebrun avaient juré que Bonaparte ne verrait pas la fin de la représentation des *Horaces*, qu'on donnait ce soir-là.

Un billet d'une écriture inconnue prévint le général Lannes.

J'ai pleuré sur la mort de Ceracchi. — Mais Bonaparte fut sauvé.

Trois mois après, le 24 décembre, au moment où le carrosse du premier consul tournait le coin de la rue Saint-Nicaise pour prendre la rue de Rohan qui devait le conduire à l'Opéra, un jeune garçon cria au cocher : « Au galop, si tu veux sauver ta vie ! »

Le cocher épouvanté fouetta ses chevaux, qui franchirent dans leur course rapide, un obstacle placé en travers de la voie.

L'obstacle était la machine infernale ! Faut-il vous dire qui était le jeune garçon ?

Depuis lors j'ai veillé.

Je vous donne ici le secret de ma vie, René, car je ne me défendrais pas contre ma sœur. D'un mot vous pouvez me perdre.

En combattant ma sœur, j'ai sans cesse sauvegardé ses jours. Je ne l'aime pas ; elle m'épouvante, mais elle reste sacrée pour moi et je me coucherais en travers du seuil de la chambre où elle dort pour garantir son sommeil.

Avant d'être arrêtés, Moreau et Pichegru ont reçu des avertissements : c'est moi qui les ai avertis.

Ils ont passé outre, ils se sont perdus. . . . .

— Que voulez-vous de moi ? demanda René de Kervoz après un long silence.

— Le moyen de sauver le frère de votre mère, sans compromettre la sûreté du premier consul. Je veux avoir une entrevue avec Georges Cadoudal.

René resta muet.

— Vous n'avez pas confiance en moi, murmura Lila avec tristesse.

— J'aurais confiance en vous pour moi, répliqua le jeune Breton. Ce que vous avez fait jusqu'ici est bien fait, et dans votre histoire que j'ai écoutée sans en perdre une parole, j'ai vu l'énergie d'une âme droite et haute. Mais les secrets de mon oncle ne m'appartiennent pas.

Elle se leva souriante.

— Qu'il en soit donc selon votre volonté, dit-elle. J'ai donné déjà, ce soir, et c'est pour vous, uniquement pour vous, à cet homme, que je ne connais pas, une partie des heures précieuses qui devaient être à nous tout entières : à nous, j'entends à notre amour ; je vous ai expliqué tout ce que vous vouliez savoir ; il n'y a plus pour vous de mystère dans l'étrange aventure de la maison isolée où vous entendîtes pour la première fois parler des Frères de la Vertu... Et notez bien qu'en faisant cela, je ne vous ai point livré ma sœur. Ma sœur est de celle qu'on n'attaque pas sans folie. Quiconque irait contre elle serait brisé. Elle aussi à son étoile !

Elle frappa dans ses mains doucement et poursuivit :

— La confiance viendra quand vous aurez vu jusqu'où va pour vous ma tendresse. En attendant, plus un mot sur ces matières qui nous ont volé toute une soirée de bonheur. Minuit va sonner. Donnez-moi votre main, René, et mettons en action tous deux le beau refrain des étudiants de l'Allemagne : Réjouissons-nous pendant que nous sommes jeunes...

Tandis qu'elle parlait, une draperie s'ouvrait lentement, laissant voir une autre pièce où des bougies rosées épandaient une suave lumière.

Au milieu de cette seconde chambre, une table était servie portant une élégante collation.

Au fond, on voyait une alcôve entr'ouverte où le lit était demi-caché derrière les ruisselantes draperies de la mousseline indienne.

Deux sièges seulement étaient placés auprès de la table. Il y avait partout des fleurs et le feu doux qui brûlait dans l'âtre exhalait d'odorantes vapeurs.

Quand René franchit le seuil de cette chambre, Lila lui sembla plus belle.

Mais il y avait en lui je ne sais quelle crainte vague qui glaçait la passion. Le récit bizarre qu'il venait d'entendre miroitait aux yeux de sa mémoire. Lila avait conduit ce récit avec un charme que nous n'avons pu rendre, et cependant René restait tourmenté par un doute qui avait sa source dans l'instinct plus encore que dans la raison.

Chose singulière, dans ce récit, ce qui l'avait frappé le plus fortement, c'était l'épisode nuageux de la vampire.

René eût répondu par un sourire de mépris à quiconque lui aurait demandé s'il croyait aux vampires femelles ou mâles.

Et pourtant son idée ne pouvait le détacher de cette image saisissante, malgré son absurdité : la morte chauve, couchée dans ce tombeau depuis des siècles, et qui se réveillait jeune, ardente, lascive, dès qu'une chevelure vivante, humide encore de sang chaud, couvrait l'horrible nudité de son crâne.

Il regardait l'ébène ondoyant de ces merveilleux cheveux noirs qui couronnaient le front de Lila, ce front étincelant de jeunesse et de charme, et il se disait :

— Celles à qui la mort arrachait leurs chevelures étaient ainsi !

Et il frémissait.

Mais le frisson pénétrait jusqu'à la moelle de ses os, quand il avait cette autre pensée qu'il essayait en vain de chasser :

— Et la morte était ainsi également quand elle avait arraché leurs chevelures !

La morte ! la vampire ! tantôt brune, tantôt blonde, selon que sa dernière victime avait eu des cheveux de jais ou d'or!

Lila versa dans les verres le contenu d'un flacon de tokay, topaze liquide qui remplit de fauves étincelles le cristal de Bohême aux exquises broderies.

Ils trempèrent ensemble leurs lèvres dans ce nectar, puis Lila voulut faire l'échange des coupes et dit :

— C'est mon pays qui produit cette liqueur des princes et des reines. A l'endroit où la Save, toujours chrétienne, va se perdre dans le Danube qui va finir, musulman, à Semlin, près de Belgrade, les jeunes filles chantent la ballade de l'Ambre, tandis que chaque amant cueille une perle de tokay sur la lèvre de sa maîtresse, dans un souriant baiser.

Une larme d'or tremblait sur le corail de sa bouche. René la but et il lui sembla que cette goutte d'ambroisie était l'ivresse même et la volupté.

Ses tempes battaient, son cœur se serrait en un spasme fait d'angoisses et de délices.

Il regarda Lila, dont les grands yeux languissaient altérés de caresses.

Elle était belle comme ces rêves du paradis oriental dont la vapeur d'opium ouvre les portes. Autour d'elle s'épandait un rayonnement surnaturel. Ses longues paupières laissaient sourdre d'étincelantes prières.

René luttait encore. Il essaya de prononcer le nom d'Angèle dans son âme.

Mais ce vin était la passion, l'oubli, la folie. Il brillait comme une flamme dans les coupes diamantées, comme une flamme il brûlait.

— Encore une perle sur tes lèvres, murmura-t-il, et puisse la fièvre adorée de ce beau songe n'avoir jamais, jamais de réveil !

Lila remplit les coupes de nouveau. De nouveau leurs bouches se touchèrent. René, défaillant, chancela sur son siège; Lila le retint d'une étreinte soudaine.

— Et tu n'as pas confiance en moi! dit-elle.

René vit ses yeux tout pleins de belles larmes.

— Je t'aime! balbutia-t-il, oh! je t'aime!

Puis, exalté jusqu'au délire :

— Ne m'as-tu pas dit ce que tu veux? Ta pensée n'est-elle pas céleste comme ta beauté? Tu es l'ange placé ici-bas par la clémence de Dieu pour combattre le démon. Je veux te donner tout, jusqu'à ma conscience! Georges Cadoudal est un héros, frappé d'aveuglement; tu le sauveras à cause du sang de mes veines qui est en lui, mais tu l'empêcheras de tuer le destin de ce siècle. Je remets sa vie entre tes mains. Ensuite...

Et il parla, donnant le secret de la retraite qui permettait au conspirateur breton de rester caché en se montrant et d'errer dans Paris comme ces loups-garous des temps légendaires qui avaient une tanière magique.

Lila obéit; elle écouta, et chaque parole prononcée se grava dans sa mémoire.

Les bougies rosées allaient s'éteignant. Une lampe de nuit, pendue au plafond, éclaira seule, bientôt, la solitude de cette chambre, naguère si gaiement voluptueuse, et qui maintenant empruntait à ces tremblantes clartés un aspect presque funèbre.

Les rideaux de mousseline pendaient immobiles, protégeant l'alcôve fermée.

Dans l'alcôve, René de Kervoz dormait, — seul.

Depuis combien de temps?

La table était desservie, le feu mourait dans l'âtre.

On entendait au dehors des bruits mêlés, lointains, comme le grand murmure d'une ville éveillée.

Et plus près, certes, c'était une illusion, car les oiseaux de nos jardins ne chantent pas la nuit, on entendait comme un concert de petits oiseaux babillards.

Il faisait nuit, nuit noire.

Mais, chose singulière, par la porte close placée vis-à-vis de l'alcôve, une lueur brillante passait entre le sol et les battants.

Vous eussiez dit le reflet d'un rayon de soleil.

C'était par cette porte que Lila et René étaient entrés dans la chambre de la collation.

Etait-ce le jour au dehors? Dans cette pièce bizarre il n'y avait nulle apparence de fenêtre.

Combien y avait-il de temps que René dormait?

Ç'avait été, il faut l'expliquer, un long rêve plutôt qu'un sommeil, un rêve délicieux, enivré, adorable, — puis fiévreux, — puis triste, morne, plein d'épouvantes lugubres.

René pensait, vaguement, mais toujours.

Il entendait, il voyait, ou bien peut-être croyait-il entendre et voir.

Ainsi sont les rêves, qu'ils s'appellent heureux songes ou cauchemars horribles.

Qu'elle était belle, jeune, ardente, divine! Quelles chères paroles échangées! Et quels silences plus éloquents mille fois que les paroles!

C'était la première heure.

René se souvenait de l'avoir contemplée endormie, sa tête charmante baignée de cheveux noirs et appuyée sur son bras nu.

Puis il y avait eu un intervalle de vrai sommeil sans doute, dont il ne gardait ni sentiment ni mémoire.

Puis une sorte de réveil; un baiser âcre et dur, une voix cassée qui disait;

— Je n'ai jamais aimé que toi : tu ne mourras pas!

Ces paroles lui restaient dans l'esprit; il les entendait sans cesse comme un obstiné refrain.

Quelle signification avaient-elles?

Puis encore... Mais qui s'étonnerait de l'absurdité d'un rêve?

Chacun sait bien d'ailleurs que les impressions reçues dans l'état de veille reviennent troubler le sommeil.

C'était cette hideuse histoire de la vampire d'Uszel, ce cadavre chauve qui vivait de jeunes chevelures.

Lila, la grâce incarnée, l'enchanteresse, Lila était le cadavre.

René la voyait changer dans son sommeil, changer rapidement et passer par toutes les dégradations successives qui séparent la vie exubérante de la mort, — de la mort affreuse, cachant sa ruine au fond d'une tombe.

Cette joue veloutée avait tourné au livide, puis les ossements avaient percé la chair rongée.

Mais pourquoi tenter l'impossible? Ce que René avait vu, nulle plume n'oserait le dire.

Un fait seulement doit être noté, parce qu'il se rattachait à l'idée fixe de René.

Tandis que s'opérait, sous ses yeux, cette transformation redoutable, la chevelure noire, la splendide chevelure allait se détachant avec lenteur, comme un parchemin collé qui se racornirait au feu.

Il y eut d'abord une sorte de fissure faisant le tour du front et se relevant aux tempes. La peau desséchée grinçait, laissant à découvert un crâne affreux...

René voulait fuir, mais son corps était de plomb.
Il voulait crier; sa gorge n'avait plus de voix.
Elle se leva, — Lila, — faut-il encore la nommer ainsi? Ses jambes, sonores comme celles d'un squelette, se choquèrent et produisirent ce bruit qui fige le sang dans les veines.
La chevelure tenait encore au sommet du crâne.
Elle s'approcha du foyer. La chevelure y tomba et rendit une noire fumée.
René ne vit plus rien, sinon une forme inerte, couchée en travers du tapis qui était devant l'âtre.
Une voix qui sortait on ne sait d'où, de partout, de nulle part, dit dans un cri d'agonie :
— Yanusza au secours!
La vieille femme qui parlait latin parut. Elle vint jusqu'au lit, ricanant et murmurant des mots incompréhensibles.
En passant, elle poussa du pied la masse couchée qui sonna le sec.
La vieille femme se pencha au-dessus de René et lui tâta brutalement le cœur.
— Pourquoi n'a-t-elle pas tué celui-là? dit-elle.
Au contact de ces doigts rudes et froids, René fit un effort désespéré pour recouvrer l'usage de ses muscles; mais il resta paralysé.
La vieille femme ôta le couvert sans se presser.
Puis elle étendit la nappe sur le parquet et fit glisser en grondant la masse qui craquait jusqu'au centre de la toile, dont elle noua les quatre bouts.
Cela forma un paquet, bruyant comme un sac qu'on remplirait de jouets d'ivoire.
Elle le jeta sur ses épaules et se retira, courbée sous le fardeau.
L'avant-dernier bruit que René entendit fut celui du pêne forçant la serrure; le dernier, le grincement de deux solides verrous que l'on fermait au dehors.
Quand René s'éveilla enfin, car il s'éveilla, il avait la tête lourde et toutes les articulations endolories, comme il arrive parfois après un grand excès de table.
Le soir précédent, pourtant, il n'avait rien mangé; tout au plus avait-il vidé deux fois ce fameux verre de Bohême contenant l'ambroisie hongroise : le vin de Tokai.
Sa première pensée fut pour Angèle, et il eut comme une grande joie qui imprégna tout son être en sentant qu'il l'aimait autant qu'autrefois.
Sa seconde pensée fut pour Lila, et il ressentit, pendant le quart d'une minute, ce voluptueux affaissement qui avait été le commencement de son sommeil.

7

Mais au travers de ces vagues délices, un frisson vint qui glaça la moelle de ses os :

Le souvenir de son rêve...

Etait-ce un rêve?

Comment expliquer autrement que par un rêve la folle noire de ces confuses aventures?

Et pourtant il était là, dans ce lit.

Où avait fui Lila ?

A la lueur vacillante de la lampe, il consulta sa montre qui était sur la table de nuit. Sa montre marquait onze heures.

Il la crut arrêtée. Il l'approcha de son oreille; elle marchait...

Onze heures ! Il était bien sûr d'avoir entendu les douze coups de minuit, au moment où finissait le récit de Lila.

C'était donc onze heures du matin !

Mais alors, ces ténèbres qui l'environnaient ?...

Etait-il donc vraiment dans le sombre pays de l'impossible?

Il sauta hors du lit. Ses habits étaient là, épars et jetés sur le plancher. Il ne se souvenait point de les avoir ôtés.

Comme il commençait sa toilette, son regard tomba sur la raie lumineuse qui passait sous la porte. Il eut froid, et ses yeux firent vitement le tour de la chambre, cherchant une fenêtre.

La chambre n'avait point de fenêtre.

Pour la première fois, l'idée de captivité naquit en lui.

Mais c'était si invraisemblable ! en plein Paris !

Il eut honte de lui-même et sourit avec mépris en disant:

— C'est la suite du rêve !

Il s'habilla, ne voulant plus voir cette raie lumineuse qui mentait, ne voulant point entendre ces bruits du dehors, ne voulant ni comprendre, ni penser, ni raisonner.

Il y a des choses extravagantes auxquelles on ne peut pas croire.

Quand il fut habillé, il essaya, mais en vain, d'ouvrir la porte. Une sueur glacée baigna ses tempes.

Il appela. Dans cette chambre, la voix assourdie semblait frapper les parois et retomber étouffée.

Personne ne lui répondit.

Il monta sur la table et décrocha la lampe où l'huile allait manquer.

Il chercha une issue. — La chambre n'avait point d'issue.

Comme il revenait vers le foyer, un objet frappa sa vue : un lambeau de peau parcheminée à laquelle adhéraient des cheveux noirs à demi brûlés.

Il s'affaissa lui-même sur le parquet, le cœur étreint par une terreur extravagante et pensant :

— La vampire !... Mon rêve serait-il une vérité ?

La lampe jeta une grande lueur et éclaira au-dessus de la cheminée un écusson, timbré de la couronne comtale, autour duquel courait la devise : *In vita mors, in mors vita*.

Puis la lampe s'éteignit.

René appuya ses deux mains contre son cœur révolté.

Ses oreilles tintaient ce mot :

— La vampire ! la vampire !

Et comme il cherchait des objections dans sa raison aux abois, se disant : « Aurait-elle osé me raconter, elle-même sa propre histoire ? » sa mémoire lui répondit :

— C'est la loi ! Elle a obéi à la loi de son infernale existence en me racontant sa propre histoire !

Il poussa un horrible cri, et, sautant sur ses pieds, il se rua contre la porte avec folie. La porte était solide comme un mur.

Pendant une heure il s'épuisa en vains efforts. Quand il tomba enfin, brisé, il lui sembla qu'une lèvre humide et glacée s'appuyait sur sa bouche, et il perdit le sentiment, comme le clocher de Saint-Louis-en-l'Ile carillonnait l'*Angelus* de midi.

XIII

LE SECRÉTAIRE GÉNÉRAL

Deux jours après, c'est-à-dire le 3 mars de cette même année 1804, tout Paris restait en grand émoi par rapport à la conspiration Moreau-Pichegru-Cadoudal, qui avait été, disait-on, si près de réussir. Le secrétaire général de la préfecture de police reçut avis, vers la tombée de la nuit, qu'un homme insistait pour parler en secret à M. Dubois.

Moreau et Pichegru étaient sous les verrous, mais Georges Cadoudal demeurait libre, et toutes les mesures prises pour découvrir sa retraite avaient échoué.

Le citoyen Dubois, qui devait être comte d'empire, tenait la préfecture de police depuis le 18 brumaire ; il avait fait de son mieux dans les affaires du Théâtre-Français et du Carrousel, néanmoins le premier consul avait de lui une idée assez médiocre et ne le regardait point comme un sorcier, au contraire.

Il y avait, en ce temps-là, plus de polices encore que nous ne l'avons dit, et la police de M. le préfet était très sévèrement contrôlée : d'abord par la police générale du grand juge Régnier, ensuite par la police du château, menée par Bourienne, et la police militaire, à qui l'on donnait pour chef Anne-Jean-Marie-René Savary, duc de Rovigo, enfin par la contre-police de Fouché, qui, rentré dans la vie privée et habitant tour à tour son château de Pont-Carré ou son hôtel de la rue du Bac, avait toujours l'œil à toutes les serrures.

M. Dubois était persuadé que de l'issue de l'affaire Cadoudal dépendaient son influence ultérieure et sa fortune.

C'était alors un homme de quarante-huit ans, bien tourné, bien couvert, assez beau de visage, mais dont la physionomie vulgaire ne promettait pas beaucoup plus que le personnage n'était capable de tenir.

L'avis dont nous avons parlé lui fut transmis au moment où il mettait ses gants pour sortir et ne l'empêcha point d'aller à ses petites affaires.

Il avait pour secrétaire général un vieux brave homme moisi dans les bureaux et qu'il avait choisi moins fort que lui pour son agrément propre. Le citoyen Berthellemot, fruit trop mûr de la réaction directoriale, avait des prétentions considérables, de très belles traditions bureaucratiques, un culte profond pour la routine et quelque teinture d'érudition.

Il désirait la place du citoyen préfet, qui souhaitait la charge du citoyen grand juge.

C'était un homme grand et sec, d'une propreté remarquable, d'un formalisme fatigant, bavard à l'excès, vétilleux et orgueilleux comme tous les inutiles. Il avait passé la cinquantaine, à son amer regret.

M. Berthellemot était seul dans son vaste bureau, donnant sur la rue du Harlay-du-Palais, quand l'inspecteur divisionnaire Despaux vint lui annoncer la venue d'un étranger qui insistait pour parler à M. le préfet de police.

— Quel homme est-ce? demanda le secrétaire général.

— Un grand gaillard demi-chauve, à cheveux grisonnants, l'air grave et résolu de ceux dont la jeunesse ne s'est point passée à garder leurs mains dans leurs poches. J'ai vaguement l'idée d'avoir rencontré cette figure-là quelque part dans le quartier du Palais ou aux environs de la cathédrale.

— Monsieur Despaux, dit le secrétaire général sévèrement, un employé de la police ne doit pas avoir de vagues idées. Il sait ou ne sait pas.

— Alors, monsieur, je ne sais pas.

Le secrétaire général le regarda de travers, mais Despaux était beaucoup plus fort que son chef, et soutint cette œillade sans broncher.

M. de Talleyrand disait qu'il faut aller jusqu'en Angleterre pour trouver des chefs plus forts que leurs commis.

C'était une bien mauvaise langue.

— Vous plaît-il de le recevoir ? demanda M. Despaux.

Le secrétaire général hésita.

— Attendez, monsieur l'inspecteur, attendez! répliqua-t-il. Comme vous y allez! on voit bien qu'aucune responsabilité ne pèse sur vous. Moi, je vois plus loin que le bout de mon nez, monsieur !

Despaux s'inclina froidement. Berthellemot continua.

— Nous traversons une méchante passe, savez-vous cela ? Les septembriseurs s'agitent dans l'ombre, et la faction babouviste a le diable au corps, tout simplement.

— Ce sont les anciens amis de M. le préfet, dit Despaux tranquillement, et de M. le secrétaire général.

— Vous vous trompez, monsieur! prononça solennellement Berthellemot, j'ai toujours partagé les sentiments du premier consul... et nous songeons à épurer nos bureaux, M. le préfet et moi.

Despaux se prit à sourire.

— Si M. le préfet voulait m'accorder un congé, dit-il, temporaire ou définitif, j'ai une invitation du secrétaire de M. Fouché qui fait de belles parties de pêche, là-bas, à Pont-Carré... Je vous enverrais une bourriche de truites, monsieur Berthellemot.

Le secrétaire général fronça le sourcil et chiffonna une lettre qu'il tenait à la main. Il était tout à fait en colère.

— Petite parole, monsieur l'inspecteur! gronda-t-il entre ses dents serrées, je possède les bonnes grâces du premier consul... je viens d'arrêter l'homme le plus dangereux de ce siècle... quand je dis moi, je parle de M. le préfet.

— Cadoudal ? l'interrompit Despaux, toujours souriant.

— Pichegru !... Je suis parvenu à étouffer le bruit scandaleux qui se faisait autour des mesures prétendues liberticides que Napoléon Bonaparte prend pour le salut de l'État... J'y suis parvenu monsieur !... quand je dis moi... vous entendez... Et certes, nous avons eu raison de démolir autrefois la Bastille... Mais la Conciergerie est debout, monsieur l'inspecteur !... Et si un homme comme vous, qui sait beaucoup trop de choses, méditait une honteuse désertion... car je vous le dis, monsieur, si vous l'ignorez, le premier consul se défie de son ministre de la police... et il a ses raisons pour cela !

— Pas possible ! fit Despaux. Ce bon citoyen Fouché !...

— Le mot citoyen est rayé de la langue officielle, je vous prie de vous en souvenir, monsieur Despaux ! Et je ne serais pas éloigné, mon cher inspecteur, si je suis content de vous...

et en souvenir des relations toujours excellentes que nous avons eues ensemble, je ne serais pas éloigné de songer sérieusement à votre avancement... Quand je dis moi, il est bien entendu qu'il s'agit de mon chef, M. le préfet.

L'inspecteur divisionnaire se tut et sourit.

— Monsieur le secrétaire général veut-il bien recevoir notre homme qui attend ? demanda-t-il.

— Ah ! ah ! il attend... je l'avais oublié... Je pense que je ne suis pas au service du premier venu, monsieur Despaux... Si je vous chargeais spécialement de l'interroger ?

— Il refuserait de me répondre.

— Il l'a annoncé ?

— Très nettement.

— Votre avis personnel, monsieur Despaux, est-il que je le doive recevoir, en l'absence de M. le préfet !

— Monsieur le secrétaire général, répliqua l'inspecteur, je ne me permets guère de donner des conseils à mes chefs, mais dans les circonstances où nous sommes...

— Ce sont de diaboliques circonstances, monsieur.

— Il se pourrait que les révélations de cet inconnu...

— Alors il va me faire des révélations ?

— Tout porte à le croire... et si elles ont trait au complot... Vous savez que nous ne sommes pas plus avancés que le premier jour,

— Monsieur, l'interrompit Berthellemot, ma ligne de conduite, et quand je dis ma ligne, c'est celle de M. le préfet... notre ligne de conduite est toujours réglée d'avance, indépendamment de l'opinion de celui-ci ou de celui-là. De grands événements se préparent, de très grands événements. J'en sais plus long que je ne vous en veux dire, croyez-le bien... La France a besoin d'un maître: je n'ai jamais varié sur ce point. Qui vivra verra. Aussitôt que vous m'avez parlé de cet homme, j'ai nourri l'intention formelle de le recevoir. S'il a de mauvais desseins contre ma personne, mon devoir est de risquer ma vie... et quand je dis ma vie... Mais n'importe, pour le service de Sa Majesté...

— Sa Majesté! répéta Despaux sans trop d'étonnement.

— Ai-je dit Sa Majesté ?... C'est la preuve du respect profond que je porte au premier consul... Soyez prudent, monsieur l'inspecteur... peut-être le hasard vous a-t-il permis aujourd'hui d'élever vos regards beaucoup au-dessus de votre sphère... Veuillez placer deux agents en observation... et faites entrer l'homme qui vient me parler de Georges Cadoudal.

Le secrétaire général repoussa son siège et se mit sur ses pieds. D'un geste solennel il congédia Despaux, qui voulait protester contre ses dernières paroles.

L'instant d'après, on entendit de lourdes bottes marcher dans une chambre voisine. C'étaient les deux agents qui prenaient leur poste d'observation.

Puis l'huissier de service introduisit le mystérieux inconnu par la porte du fond.

M. Berthellemot était debout. Il toisa le nouvel arrivant de la tête aux pieds avec ce regard prétendu profond des comédiens qui jouent M. de Sartines ou M. de la Reynie, aux théâtres de mélodrames.

Notez que ce regard seul suffirait pour mettre immédiatement le plus vulgaire coquin sur ses gardes.

J'affirme sur l'honneur que M. de la Reynie, qui était un homme de grand mérite, ni même ce bon M. de Sartines, qui n'en avait pas beaucoup plus que M. Berthellemot, ne firent jamais usage de ce regard compromettant.

Ce regard a pourtant grand succès au théâtre. Un comédien qui se respecte n'en choisit jamais d'autre quand il a occasion de se déguiser en lieutenant de police.

Ce regard ne sembla produire aucune impression quelconque sur le singulier personnage qui entrait et qui se retourna paisiblement pour remercier l'huissier de sa complaisance.

M. Berthellemot croisa ses bras sur sa poitrine.

L'inconnu le salua avec une politesse pleine de bonhomie.

— Approchez, dit M. Berthellemot.

L'inconnu obéit.

La description de M. l'inspecteur divisionnaire Despaux avait du bon. L'homme était « un gaillard ». Du moins, il avait dû l'être. C'était maintenant un ancien gaillard, et selon toute apparence, à voir les rides de son front et la couleur de son poil, ce ne pouvait plus être qu'un gaillard démissionnaire.

Il était vêtu de noir, très proprement et très pauvrement. Il nous souvient d'avoir employé des expressions identiques pour peindre le costume du « papa Séverin, » la première fois que nous le rencontrâmes, sur son banc de bois, aux Tuileries.

Il était grand, il semblait fort; ses traits vigoureusement accentués, mais calmes et bons, portaient la trace de plus d'un ravage, soit qu'il eût lutté contre des passions désordonnées, soit qu'il eût seulement livré l'éternelle bataille de l'homme contre son malheur.

Quand il eut fait les deux tiers du chemin qui séparait la porte de la table de travail, il salua décemment et dit :

— C'est à M. le préfet que je souhaitais avoir l'honneur de parler.

— Impossible, répondit Berthellemot solennellement. D'ailleurs M. le préfet et moi, c'est tout un.

— Alors, dit le bonhomme, faute de merles... Je vous remercie tout de même de m'avoir accordé audience.

Berthellemot s'assit et fourra sa main sous son frac; puis croisant ses jambes l'une sur l'autre, il prit un couteau à papier qu'il examina avec beaucoup d'attention.

— Mon brave, répliqua-t-il en affectant un air de distraction, j'espère que vous vous en rendrez digne.

L'étranger mit sa main, une main robuste et très blanche, sur le dossier d'une chaise.

Comme un certain étonnement vint se peindre dans la prunelle du secrétaire général, l'inconnu dit avec simplicité:

— J'ai couru aujourd'hui beaucoup dans Paris, monsieur l'employé, et je n'ai pas les moyens de courir en voiture.

Il s'assit.

Mais ne croyez pas qu'il y eût dans ce fait la moindre effronterie. L'inconnu, tout en s'asseyant, garda son air décent et courtois.

M. Berthellemot se demanda si c'était un homme d'importance, mal habillé, ou tout simplement un pauvre hère péchant par l'ignorance du respect profond qui lui était dû, à lui, M. Berthellemot, *alter ego* de M. Dubois.

Il était lynx par profession, mais myope de nature, il eut beau aiguiser le propre regard de M. de Sartines qu'il avait retrouvé dans les cartons, il ne put résoudre cette alternative.

— Mon ami, dit-il, pour cette fois, je tolère une familiarité qui n'est pas dans mes habitudes à l'égard des agents.

— Je ne suis pas un agent, monsieur l'employé, répondit l'étranger, et je vous remercie de votre complaisance. Je vous reconnais bien, maintenant que je vous regarde. Au temps où il y avait des clubs, vous parliez haut et bien d'égalité, de fraternité, etc. Cela vous a réussi et je vous en félicite. Pendant que vous prêchiez, moi, je pratiquais, ce qui rapporte moins. Depuis que vous avez fermé les clubs où vous n'aviez plus rien à faire, je garde mes anciennes habitudes, bien plus anciennes que les clubs; je continue de parler franc à mes inférieurs, à mes égaux et à mes supérieurs aussi.

L'humilité n'est pas généralement le défaut des tribuns parvenus. A cette époque du consulat, on ne voyait dans Paris que petits Brutus, devenus enragés patriciens : comme s'il était vrai de dire que la haine de l'aristocratie est souvent tout uniment le désir immodéré de tuer l'aristocrate pour se fourrer dans sa peau.

M. Berthellemot appartenait énergiquement à cette catégorie de bourgeois conquérants qui poussent à la roue des révolutions pour se faire une honnête aisance, et qui enrayent tout net, dès qu'ils ont quelque chose à perdre, adorant alors avec une franchise au-dessus de tout éloge ce qu'ils ont conspué, conspuant ce qu'il ont adoré.

Vous en connaissez tant comme cela, je dis tant et tant, qu'il est inutile d'insister.

— L'ami, fit-il avec dédain, je vous connais, moi aussi. Le bonheur constant qui accompagne mes mesures, habiles autant que salutaires, mécontente les ennemis du premier consul...

— Je suis dévoué au premier consul, l'interrompit l'étranger sans façon. Personnellement dévoué.

— Petite parole ! Vous avez le verbe haut, l'ami ! Prenez garde ! je vous préviens qu'un homme comme moi n'est jamais au dépourvu. Je n'aurais qu'un mot à dire pour châtier sévèrement votre insolence !

Il frappa trois petits coups sur son bureau avec le couteau à papier qu'il tenait à la main.

Un coup de théâtre sur lequel il comptait évidemment beaucoup se produisit aussitôt. La porte latérale ouvrit ses deux battants tout grands, et deux hommes de mauvaise mine parurent debout sur le seuil.

L'étranger se mit à sourire en les regardant :

— Tiens ! Laurent ! dit-il doucement, et Charlevoy ! Mes pauvres garçons, il n'y avait plus que moi dans tout le quartier pour ne pas y croire ! Vous en êtes donc ?

Une expression d'embarras se répandit sur les traits des deux agents. Nous mentirions si nous prétendions qu'ils ressemblaient à des princes déguisés.

— Vous connaissez cet homme ? demanda le secrétaire général.

— Quant à cela, oui, répliqua Laurent, comme tout le monde le connaît, monsieur Berthellemot.

— Qui est-il ?

— Si M. le secrétaire général le lui avait demandé, murmura Charlevoy, il le saurait déjà, car celui-là ne se cache pas.

— Qui est-il ? répéta M. Berthellemot en frappant du pied.

De la main, l'étranger imposa silence aux deux agents, et se tournant vers le magistrat, il répondit avec une modestie si haute, qu'elle était presque de la majesté :

— Monsieur l'employé, je ne suis pas grand'chose ; je suis Jean-Pierre Sévérin, successeur de mon père, gardien juré au caveau des montres et confrontations du tribunal de Paris.

7.

XIV

LA LEÇON D'ARMES DU CITOYEN BONAARTE

Il y a des noms qui font péripétie. Celui de Jean-Pierre Sévérin, gardien juré de la Morgue, ne parut pas produire sur le secrétaire général de la préfecture de police un effet extraordinaire.

— Petite parole ! monsieur Sévérin, dit seulement Berthellemot, d'un ton qui n'était pas exempt de moquerie, j'ai affaire à un homme du gouvernement, à ce qu'il paraît... Retirez-vous, messieurs, mais restez à portée de voix.

Les deux agents disparurent derrière la porte refermée.

— Monsieur, reprit alors le secrétaire général, dont l'accent devint sévère, je ne vois pas bien où peut tendre la posture que vous avez prise près de moi. Je suis au lieu et place du préfet !

— Je n'ai pris aucune posture, répliqua Jean-Pierre. Voilà tantôt quarante cinq ans que je suis moi-même, et je ne prétends pas changer. Ce n'est pas moi qui ai égaré l'entretien.

— Brisons là, s'il vous plaît, monsieur le gardien de la Morgue, l'interrompit Berthellemot avec brusquerie. Notre temps est précieux.

— Le nôtre aussi, fit Jean-Pierre simplement.

— Que me voulez-vous ?

— Je veux vous rendre un service et en solliciter un de vous.

— S'agit-il de la grande affaire !

— Je ne connais pas de plus grande affaire que celle dont il s'agit.

Le secrétaire général lâcha son couteau à papier, et le rouge lui monta au visage. Il fit ce rêve de s'approprier un renseignement d'État de première importance, pendant que son chef courait la prétentaine. Il se vit préfet de police.

— Que ne parliez-vous ! s'écria-t-il d'une voix qui tremblait maintenant d'impatience. Vous serez récompensé richement, monsieur Sévérin ! Vous fixerez vous-même la somme...

— Monsieur l'employé, je ne demande pas de récompense.

— Comme vous voudrez, monsieur Sévérin, comme vous voudrez... Savez-vous où il se cache ?

— Où il se cache ? répéta le gardien de la Morgue. Vous voulez dire : Où on le cache ?

Et comme le secrétaire général le regardait sans comprendre, il ajouta :

— Où on les cache, même, car ils sont deux : un jeune homme et une fille.

Berthellemot fronça le sourcil, puis il parut frappé d'une idée subite.

— Vous êtes plusieurs Sévérin ? dit-il en ouvrant précipitamment un des tiroirs de son bureau.
— Ce n'est pas un nom très rare, répondit le gardien ; mais de ma famille, je ne connais que mon fils et moi.
— Quel âge a votre fils ?
— Dix ans.

Le secrétaire général lisait avec attention une pièce qu'il venait de prendre dans son tiroir.

— Avez-vous ouï parler, de près ou de loin, dit-il, d'un homme de votre nom... d'un Sévérin qui porte le sobriquet de Gâteloup ?

— C'est moi-même, répondit le gardien.

M. Berthellemot eut un court tressaillement, qu'il réprima aussitôt.

Le gardien continua :

— Je suis Sévérin, dit Gâteloup. Gâteloup était mon surnom de prévôt d'armes, dès avant la Révolution.

— Ah ! ah ! fit Berthellemot, qui se reprit à le considérer d'un air défiant, vous avez donc fait plus d'un métier, monsieur le gardien juré ?

— J'ai fait beaucoup de métiers, monsieur l'employé.

— Et vous continuez peut-être à manger à plus d'un râtelier, monsieur Gâteloup ?

— Monsieur l'employé supérieur, rectifia le bonhomme avec docilité.

— Berthellemot poursuivit : Et vous continuez peut-être à manger à plus d'un râtelier, monsieur Gâteloup ?

Ceci fut dit d'un ton pointu : le ton habile, le ton Sartines.

Jean-Pierre Sévérin tira de son gousset une montre-oignon de la plus vénérable rondeur et la consulta.

— Si monsieur l'employé supérieur voulait m'expédier... commença-t-il.

— N'ayez point d'inquiétude, l'interrompit Berthellemot, qui, en ce moment, avait une figure à gagner cent livres par mois dans n'importe quel théâtre en jouant les pères nobles comiques, soyez tranquille, monsieur le gardien juré ! On va vous expédier, et de la bonne manière !

Il se renversa sur le dossier de son fauteuil et ajouta :

— Sévérin, dit Gâteloup, pensez-vous que le premier consul choisisse ses serviteurs au hasard ? S'il m'a confié la mission importante de suppléer ou de compléter M. Dubois, c'est que son œil perçant avait découvert en moi cette sûreté de vue, ce sang-froid, ce discernement que les annales de la police accordent seulement à quelques magistrats hors ligne. Vous avez en vain essayé de me tromper, je vous perce à jour : vous conspirez !

Jean-Pierre fixa sur lui son grand œil bleu qui avait parfois le regard limpide de l'enfance.

— Ah bah! fit-il.

M. Berthellemot continua :

— Hier, à neuf heures et demie du soir, vous avez été vu et reconnu tenant conférence avec le traître Georges Cadoudal, dans la rue de l'Ancienne-Comédie.

— Ah bah! répéta Jean-Pierre. Et si l'on a reconnu le traître Georges Cadoudal, ajouta-t-il, pourquoi ne l'a-t-on pas bel et bien coffré?

— Je vous mets au défi, prononça majestueusement M. Berthellemot, de sonder la profondeur de nos combinaisons!

Jean-Pierre n'écoutait plus.

— C'est pourtant vrai, dit-il, que j'étais hier au soir, à neuf heures et demie, au carrefour du Théâtre-Brûlé, ou de l'Odéon, si vous aimez mieux. Là, j'ai causé avec M. Morinière de l'affaire qui justement m'amène auprès de vous... Mais j'affirme ne pas connaître du tout le traître Georges Cadoudal.

— Ne cherchez pas d'inutiles subterfuges... commença Berthellemot.

Et comme Jean-Pierre fronçait très franchement ses gros sourcils, le secrétaire général ajouta :

— Je vous parle dans votre intérêt. Il ne faut jamais jouer au fin avec l'administration, surtout quand elle est représentée par un homme tel que moi, à qui rien n'échappe et qui lit couramment au fond des consciences. Vous autres, révélateurs, vous avez l'habitude de vous jeter dans les chemins de traverse pour doubler, pour tripler le prix d'un renseignement. C'est votre manière de marchander; je ne l'approuve pas.

Pendant qu'il reprenait haleine, Jean-Pierre lui dit d'un air mécontent :

— Avec cela que vous marchez droit, vous, monsieur l'employé supérieur! Tout à l'heure, vous m'accusiez de conspirer, à présent, vous me prenez pour une mouche!

M. Berthellemot ne perdit point son sourire d'imperturbable suffisance.

— Nous, c'est bien différent, répliqua-t-il, nous tâtons, nous allons à droite et à gauche, battant les buissons... chacun de ces buissons, bonhomme, peut cacher une machine infernale!

— Alors, dit Jean-Pierre, qui s'installa commodément sur sa chaise, battez les buissons, monsieur l'employé supérieur, et criez gare, quand vous trouverez la machine... Dès que vous aurez fini, nous causerons, si vous voulez.

Tous les hommes très fins ont un geste particulier, une moue, un tic, dans les moments d'embarras mental : Archimède, à ces heures, sortait du bain tout nu et parcourait ainsi les rues de Syracuse : on ne souffrirait plus cela ; Voltaire, plus frileux, se bornait à jeter sa tabatière en l'air et la rattrapait avec beaucoup d'adresse ; Machiavel mangeait un petit morceau de sa lèvre ; M. de Talleyrand s'amusait à retourner la longue peau de ses paupières sens dessus dessous.

M. Dubois, préfet de police, ne faisait rien de tout cela. A l'aide d'une grande habitude qu'il avait de cet exercice, il obtenait de chacune des articulations de ses doigts un petit claquement qui le divertissait lui-même et impatientait autrui.

Quand tout réussissait, il pouvait fournir, à trois par doigts trente petites explosions, mais les pouces n'en donnaient parfois que deux.

M. Berthellemot imitait son chef dans ce que son chef avait de bon. Quand le préfet n'était pas là, le secrétaire général obtenait parfois jusqu'à trente-six craquements et pensait à part lui : Je fais tout mieux que M. le préfet !...

Aujourd'hui, en désarticulant ses phalanges, M. Berthellemot se dit :

— Voilà un homme dangereux et profond comme un puits. Il faut le circonvenir, et je m'en charge ! petite parole !

— Mon cher monsieur Séverin, reprit-il avec une noble condescendance, vous n'êtes pas le premier venu. Vous avez reçu une bonne éducation, cela se voit, et vous avez une façon de vous présenter très convenable. L'emploi que vous occupez est médiocre...

— Je m'en contente, l'interrompit Gâteloup avec une sorte de rudesse.

— Fort bien... Nous disposons ici de certains fonds, destinés à récompenser le dévouement.

— Je n'ai pas besoin d'argent, l'interrompit encore Gâteloup.

Puis il ajouta, avec un sourire qui sentait en vérité son gentilhomme :

— Monsieur l'employé supérieur, vous battez des buissons où je ne suis pas.

— Morbleu ! à la fin, s'écria Berthellemot, qu'est-ce que vous avez à me dire, mon brave ?

— Ce n'est pas ma faute si M. l'employé supérieur ne le sait déjà, répliqua Jean Pierre. Je viens ici...

Mais le démon de l'interrogation reprenait M. Berthellemot :

— Permettez ! fit-il d'un ton d'autorité. C'est à moi, je suppose, de conduire l'entretien. Ne nous égarons pas... Vous dites que le personnage suspect avec qui vous étiez rue de l'Ancienne-Comédie s'appelle Morinière...

— Et qu'il n'est pas suspect, intercala Jean-Pierre.
— Vous niez qu'il soit le même que Georges Cadoudal?
— Pour cela, de tout mon cœur!
— Alors, qui est-il?
— Un marchand de chevaux de Normandie.
— Ah! ah! de Normandie!... Je prends des notes, ne vous effrayez pas... Le fait est qu'il y a de nombreux maquignons en Normandie... Et pourquoi, s'il vous plaît, M. Séverin, fréquentez-vous des maquignons?
— Parce que M. Morinière est dans le même cas que moi, répondit Jean-Pierre.
— Prenez garde! s'écria M. Berthellemot; vous aggravez votre affaire. Dans quel cas êtes-vous?
— Dans le cas d'un homme qui a perdu un enfant.
— Et vous venez à la préfecture?...
— Pour que M. le préfet m'aide à le retrouver, voilà tout.
Il y a des gens qui mettent deux paires de lunettes. Au regard de M. de Sartines, dont il faisait généralement usage, M. Berthellemot joignit le regard de M. Lenoir. Feu Argus en avait encore davantage.
— Est-ce plausible? grommela-t-il. Je prends des notes. Ah! ah! le préfet serait bien embarrassé!
— Et si ce n'est pas votre état, monsieur l'emlopyé supérieur, ajouta Jean-Pierre, qui fit mine de se lever, j'irai ailleurs.
— Où donc irez-vous, mon garçon?
— Chez le premier consul, si vous voulez bien le permettre.

M. Berthellemot bondit sur son fauteuil.

— Chez le premier consul! répéta-t-il. Bonhomme, pensez-vous qu'on entre comme cela chez le premier consul?
— Moi, j'y entre, répondit Jean-Pierre simplement. Il faut donc me dire, par un oui ou par un non, et sans nous fâcher, si c'est votre métier d'aider les gens en peine.

La question ainsi posée déplut manifestement au secrétaire général, qui reprit son couteau à papier et l'aiguisa sur son genou.

— L'ami, dit-il entre ses dents, vous m'avez déjà pris beaucoup de mon temps, qui appartient à l'intérêt public. Si vous prétendiez jamais que je ne vous ai pas reçu avec bonté, vous seriez un audacieux calomniateur. Je ne fais pas un métier, sachez cela; j'ai un haut emploi, le plus important de tous les emplois, presque un sacerdoce! Je vous donnerais un démenti formel au cas où vous avanceriez que je vous ai refusé mon aide. Me blâmez-vous pour les précautions dont j'entoure la vie précieuse de notre maître? Expliquez-vous brièvement, clairement, catégoriquement. Pas d'ambages, pas de détours, pas de circonlocutions! Que réclamez-vous? Je vous écoute.

— Je viens, commença aussitôt Jean-Pierre, pour vous demander...

Mais M. Berthellemot l'interrompit d'un geste familier, qui formait avec la gravité un peu rogue de son maintien un contraste presque attendrissant.

— Attendez! attendez! fit-il comme si une idée subite eût traversé son cerveau. Je perdrais cela! Saisissons la chose au passage! Par quel hasard, mon cher monsieur Sévérin, avez-vous vos entrées chez le premier consul?... Il est bien entendu que, si c'est un secret, je n'insiste pas le moins du monde.

— Ce n'est pas un secret, répliqua Jean-Pierre. Il m'arriva une fois sous la Convention...

— Nous nous comprenons bien, mon cher monsieur Sévérin je ne vous force pas, au moins...

— Monsieur l'employé supérieur, interrompit Jean-Pierre à son tour, si ce n'était pas mon idée de vous répondre, vous auriez beau me forcer. Je ne dis jamais que ce que je veux.

— Un brave homme! s'écria le secrétaire général avec une admiration dont nous ne garantissons pas la sincérité, un vrai brave homme... allez!

— Sous la Convention, continua Jean-Pierre, vers la fin de la Convention, et, s'il faut préciser, je crois que c'était dans les premiers jours de vendémiaire, an IV, — le 23 ou le 24 septembre 1795, — un jeune homme en habit bourgeois, d'aspect maladif et pâle, vint dans ma salle d'armes...

— Quelle salle d'armes? demanda M. Berthellemot.

— J'étais marié depuis trois ans déjà, et j'avais mon petit garçon. Comme on n'avait plus besoin de chantres à Saint-Sulpice, dont les portes étaient fermées, je m'étais mis en tête de monter une petite académie dans une chambre, sur le derrière de l'hôtel ci-devant d'Aligre, rue Saint-Honoré. Mais ceux qui font aller les salles d'escrime étaient loin à ce moment-là, avec ceux qui vont à l'église, et je ne gagnais pas du pain.

— Pauvre monsieur Sévérin! ponctua Berthellemot, je ne peux pas vous exprimer à quel point votre récit m'intéresse?

— Ce jeune homme en habit bourgeois dont je vous parlais avait une tournure militaire...

— Je crois bien, mon cher monsieur Sévérin! comme César! comme Alexandre le Grand! comme...

— Comme Napoléon Bonaparte, monsieur l'employé supérieur, on ne vous en passe pas; vous avez deviné que c'était lui.

Berthellemot fourra sa main droite dans son jabot et dit avec conviction :

— Petite parole, vous en verrez bien d'autres. Ce n'est pas au hasard que le premier consul choisit ceux qui doivent occuper certaines positions. Non, ce n'est pas au hasard!

— Donc, reprit Jean-Pierre Sévérin, le jeune Bonaparte, général de brigade en disponibilité, attaché, par je ne sais quel bout, au ministère de la gerre, grâce à la protection de M. de Pontécoulant, mécontent, fiévreux, tourmenté, — pauvre fourreau usé par une magnifique lame, — entrait tout uniment dans la première salle d'armes venue. pour y chercher une fatigue physique qui apaise les nerfs et mate l'intelligence.

— Savez-vous que vous vous exprimez très bien, mon cher monsieur Sévérin ? dit le secrétaire général.

— Je ne l'avais jamais vu, continua Jean-Pierre, et même je n'avais jamais entendu prononcer son nom, mais je passe pour être un peu sorcier.

Berthellemot recula son siège. Jean-Pierre reprit :

— Vous ne croyez pas aux sorciers, ni moi non plus... cependant, monsieur l'employé supérieur, il se passe à Paris, en ce moment, des choses bien étranges, et le motif de ma présence dans votre cabinet a trait à une aventure qui frise de bien près le surnaturel... Mais revenons au jeune Bonaparte. J'eus comme un choc en le voyant. Un brouillard lumineux tomba devant mon regard. Il sourit et prit un fleuret qu'il mit en garde de quarte d'une main novice et presque maladroite.

« — Est-ce vous qui êtes le citoyen Sévérin, dit Gâteloup? me demanda-t-il.

« — Oui, citoyen général, » répondis-je.

— Je ne me trompe pas, s'interrompit ici Jean-Pierre. Je l'appelai citoyen général, et je ne saurais expliquer pourquoi.

« — Capitaine, mon ami, rectifia-t-il. Et me trouvez-vous trop vieux pour mon grade ? »

Le citoyen Bonaparte avait alors juste vingt-cinq ans, et n'en paraissait pas plus de vingt.

Je ne me souviens plus de ce que je répondis, j'éprouvais un grand trouble. Il poursuivit :

« — Antoine Dubois, mon médecin, m'a ordonné de faire de l'exercice ; je ne sais pas me promener, c'est trop long, et je passerais vingt-quatre heures à cheval sans fatigue. Êtes-vous homme à me rompre les os, à me courbaturer les muscles en vingt minutes de temps chaque jour ?

« — Oui, citoyen général.

« — On vous dit capitaine... Et combien me prendrez-vous pour cela ? je ne suis pas riche. »

Nous convînmes du prix, et il fallut commencer incontinent; car, dès ce temps-là, il n'aimait pas attendre.

Je ne le fatiguai pas, je le moulus si bel et si bien qu'il demanda grâce et tomba tout haletant sur ma banquette.

« — Parbleu ! dit-il en riant et en essuyant ses cheveux plats qui ruisselaient de sueur sur son grand front, M™e de Beauharnais jetterait de jolis cris, si elle me voyait en un pareil état ! »

J'étais muet et presque aussi las que lui, moi dont le bras est de fer et le jarret d'acier.

« — Çà ! mon maître, dit-il en se levant tout à coup, j'ai perdu plus de vingt minutes. Que je vous paye, et à demain ! »

Il plongea précipitamment dans son gousset sa main longue et fine, mais il la retira vide : il avait oublié ou perdu sa bourse.

« — Me voilà bien ! fit-il en rougissant légèrement, je me suis donné ici une fausse qualité, et je vais être obligé de vous demander crédit !

« — Général, répliquai-je, vous n'avez trompé personne.

« — C'est vrai... Vous me connaissiez ?

« — Non, sur mon honneur !...

« — Alors, comment savez-vous !...

« — Je ne sais rien. »

Il fronça le sourcil.

« — Sire... » continuai-je.

— Sire ! s'écria le secrétaire général, qui écoutait avec une avide attention. Parole jolie ! vous l'appelâtes sire, mon cher monsieur Gâteloup !

— Monsieur l'employé, s'interrompit Jean-Pierre, je vous dis les choses comme elles furent. Je vous ai promis de raconter, non point d'expliquer. Le citoyen Bonaparte fit comme vous : il répéta ce mot : sire ! Et il recula de plusieurs pas, disant :

« — L'ami, je suis un républicain ! »

Moi, je poursuivis, parlant comme les pythonisses antiques, avec un esprit qui n'était pas à moi :

« — Sire, je suis un républicain, moi aussi, je l'étais avant vous, je le serai après vous. Ne craignez pas que je réclame jamais des intérêts trop lourds pour le crédit que je fais aujourd'hui à Votre Majesté ! »

— Vous dites cela ? murmura Berthellemot, avant le 13 vendémiaire ! C'est curieux, petite parole, c'est extrêmement curieux !

— Pas longtemps auparavant... c'était le 4 ou le 5.

— Et que répondit l'empereur ?... je veux dire le premier consul... je veux dire le citoyen Bonaparte.

— Le citoyen Bonaparte me regarda fixement. La pâleur de sa joue creuse et amaigrie était devenue plus mate.

« — Ami Gâteloup, me dit-il, d'ordinaire je n'aime ni les

illuminés ni les fous... mais vous avez l'air d'une bonne âme, et vous m'avez courbaturé comme il faut... A demain. »

Et il partit.

— Et il revint? demanda Berthellemot.

— Non... jamais.

— Comment! jamais?

— Il n'eut pas le temps... Sa courbature n'était pas encore guérie quand le 13 vendémiaire arriva. A l'affaire devant Saint-Roch, il commandait l'artillerie. Il y eut là bien du sang répandu : du sang français. Le jeune général de brigade était nommé général de division par le Directoire : il n'avait plus besoin de la protection de M. de Pontécoulant... Je le suivais de loin ; j'allais où l'on parlait de lui, et bientôt on parla de lui partout... Comment dire cela? Il m'inspirait une épouvante où il y avait de la haine et de l'amour...

L'année suivante, il épousa cette Mme de Beauharnais « qui aurait poussé de jolis cris, » si elle l'avait vu en l'état où je l'avais mis à ma salle d'armes ; — puis il partit, général en chef de l'armée d'Italie.

— Et vous ne l'aviez pas revu? interrogea le secrétaire général, qui oubliait de jouer sa comédie, tant la curiosité le tenait.

— Je ne l'avais pas revu, répondit Jean-Pierre.

— Dois-je conclure qu'il est encore votre débiteur?

— Non pas! Il m'a payé.

— Généreusement?

— Honnêtement.

— Que vous a-t-il donné?

— Le prix de mon cachet était d'un écu de six livres. Il m'a donné un écu de six livres.

Le secrétaire général enfla ses joues et souffla comme Eole en faisant craquer ses doigts.

— Pas possible! parole mignonne, pas possible!

— Ce qui n'était pas possible, prononça lentement Jean-Pierre Sévérin, dont la belle tête se redressa comme malgré lui, c'était de me donner davantage.

— Parce que? fit Berthellemot naïvement.

— Je vous l'ai dit, monsieur l'employé supérieur, répondit Jean-Pierre : j'étais républicain avant le général Bonaparte ; je suis républicain, maintenant que le premier consul ne l'est plus guère ; je resterai républicain quand l'empereur ne le sera plus du tout.

XV

LA RUE DE LA LANTERNE

Le secrétaire général de la préfecture rapprocha son siège et prit un air qu'il voulait rendre tout à fait charmant.

— Alors, dit-il, cher monsieur Séverin, nous allons quelquefois rendre notre petite visite à notre ancien élève, sans façon?

— Quelquefois, répondit Jean-Pierre, pas souvent.

— Et nous ne demandons jamais rien?

— Si fait... je demande toujours quelque chose.

— On ne nous refuse pas?

— On ne m'a pas encore refusé...

— Et pourtant, ajouta-t-il en se parlant à lui-même, ma dernière requête était de six mille louis...

— Malepeste! six mille louis! il y a bien des cachets de six livres, là dedans, mon cher monsieur Séverin!

— Quand vous passerez au Marché-Neuf, monsieur l'employé, regardez la petite maison qu'on y bâtit...

— La nouvelle Morgue! s'écria Berthellemot. Parbleu! je la connais de reste! on n'a pas voulu suivre nos plans...

— C'est qu'ils n'étaient pas conformes aux miens, plaça modestement Jean-Pierre.

— Bon! bon! bon! fit par trois fois le secrétaire général. Je suis, en vérité, bien enchanté d'avoir fait votre connaissance. Nous sommes voisins, mon cher monsieur Séverin... quand vous aurez besoin de moi, ne vous gênez pas, je vous présenterai à M. le préfet.

— Voilà plus d'une heure et demie, monsieur l'employé, l'interrompit doucement Jean-Pierre, que vous savez que j'ai besoin de vous.

— C'est accordé, mon voisin, c'est accordé... ne vous inquiétez pas... accordé, parole jolie! accordé!

— Qu'est-ce qui est accordé?

— Tout... et n'importe quoi... nous voilà comme les deux doigts de la main... ah! ah! miséricorde! ce ne sont pas les républicains comme vous que nous craignons... Je ne me souviens pas d'avoir jamais rencontré un homme dont la conversation m'ait plus vivement intéressé... Mais qu'avons-nous besoin d'écouteurs aux portes, dites? Laurent! Charlevoy! Ici, mes drôles!

La porte latérale s'ouvrit aussitôt, montrant les deux agents le chapeau à la main.

— Allez voir au cabaret si nous y sommes, citoyens, leur dit Berthellemot, et en passant prévenez M. Despaux que je le mettrai demain à la disposition de ce bon M. Sévérin, pour une affaire très sérieuse, très pressée, et qui regarde un ami dévoué du gouvernement consulaire.

— M'est-il permis de vous interrompre, monsieur l'employé ? demanda Jean-Pierre.

— Comment donc, mon cher voisin !... Attendez, vous autres !

— Je voulais vous faire observer simplement, dit Jean-Pierre, que ce n'est pas demain, mais ce soir même que je réclamerai votre concours.

— Vous entendez, Laurent ! vous entendez, Charlevoy ! Prévenez M. Despaux qu'il ne quitte pas la préfecture, et vous-mêmes restez aux environs... Il y aura un service de nuit, s'il le faut... Allez !... Petite parole ! il y a des gens pour qui on ne saurait trop faire.

— Voyez-vous, bon ami et voisin, reprit Berthellemot quand les deux agents eurent disparu, tout ici est ordonné, huilé, graissé comme une mécanique en bon état. Le premier consul sait bien que je suis l'âme de la maison ; il aurait désiré m'élever à des fonctions plus en rapport avec mes capacités, mais je fais si grand besoin à cet excellent M. Dubois. D'un autre côté, je me suis attaché à cette pauvre bonne ville de Paris, dont je suis le tuteur et le surveillant... l'espiègle qu'elle est me donne bien quelque fil à retordre, mais c'est égal, j'ai un faible pour elle... Ah çà ! maintenant que nous voilà seuls, causons... Quand vous verrez le premier consul, j'espère que vous lui direz avec quel empressement je me suis mis à votre disposition...

— Puis-je vous expliquer mon affaire, monsieur l'employé ?

— Oui, certes, oui, répondit Berthellemot. Je vous appartiens des pieds à la tête. Seulement, vous savez, pas de détails inutiles ; ne nous noyons pas dans le bavardage ! le bavardage est ma bête noire. En deux mots, je me charge d'expliquer le cas le plus difficile, et c'est ce qui fait ma force... Prenez votre temps ! recueillez-vous. C'est qu'il est comme cela ! j'entends le premier consul ! Il a dû être vivement frappé de cette bizarrerie : un homme qui lui dit Sire et Votre Majesté, en pleine Convention !... Et savez-vous ? souvent des personnes placées dans des positions... originales prennent plus d'influence sur lui que les plus importants fonctionnaires... Je suis tout oreilles, mon cher monsieur Sévérin.

— Monsieur l'employé supérieur, commença Jean-Pierre, quoique je n'aie aucunement le désir de vous raconter ma propre histoire, il faut que vous sachiez que je me suis marié un peu sur le tard.

— Et comment va madame ? interrogea bonnement M. Berthellemot.

— Assez bien, merci. Quand je l'ai épousée, on 1789...

— Grand souvenir ! piqua le secrétaire général.

— Elle avait, poursuivit Jean-Pierre, un enfant d'adoption, une petite fille...

— Voulez-vous que je prenne des notes ? l'interrompit Berthellemot avec pétulance.

— Il n'est pas nécessaire.

— Attendez, cela vaut toujours mieux. Ma mémoire est si chargée !... et pendant que nous sommes ici de bonne amitié tous deux, mon cher voisin et collègue... car enfin, nous sommes également salariés par l'État... laissez-moi vous dire une chose qui va bien vous étonner : je ne ressemble pas du tout au premier consul !

Jean-Pierre ne fut pas aussi surpris que M. Berthellemot l'espérait.

— Je ne lui ressemble pas, poursuivit celui-ci, en ce sens que, moi, je crois un peu à toutes ces machines-là... Je ne suis pas superstitieux... Allons donc !... hors l'Etro suprême que nous avons admis parce qu'il n'est pas gênant, je me moque de toutes les religions, au fond... Mais, voyez-vous, il est incontestable que certaines diableries existent. J'avais une vieille tante qui avait un chat noir... Ne riez pas, ce chat était étonnant ? Et je vous défierais d'expliquer philosophiquement le soin qu'il prenait de se cacher au plus profond de la cave quand on était treize à table... Savez-vous l'anecdote de M. Bourtibourg ? Elle est curieuse. M. Bourtibourg avait perdu sa femme d'une sueur rentrée. C'était un homme économe et rangé, qui entretenait sa cuisinière pour ne pas se déranger à courir le guilledou. Désapprouvez-vous cela ? les avis sont partagés. Moi, je trouve que le mieux est de n'avoir point d'attache et d'aller au jour le jour. Un soir qu'il faisait son cent de piquet avec le vicaire de Saint-Merry, j'entends l'ancien vicaire, car il avait épousé la femme du citoyen Lancelot, marchand de bas et chaussons à la Barillerie... Ils avaient divorcé, les Lancelot, s'entend... Et Lancelot faisait la cour, en ce temps-là, à la cousine de M. Fouché, qui n'achetait pas encore des terres d'émigré... Eh bien ! on entendit marcher dans le corridor, où il n'y avait personne, comme de juste, et Mathieu Luneau, le brigadier de la garde de Paris, qui se portait comme père et mère, mourut subitement dans la huitaine. Je puis vous certifier cela : j'avais pris des notes... Du reste, les historiens de l'antiquité sont pleins de faits semblables : la veille de Philippes, la veille d'Actium... Vous savez tout cela aussi bien que moi, car vous devez être un homme instruit, monsieur Séverin : je me trompe rarement dans mes appréciations...

— Le temps passe... voulut dire Jean-Pierre, qui avait déjà consulté sa grosse montre deux ou trois fois.

— Permettez ! je ne parle jamais au hasard. C'était pour arriver à vous dire qu'en ce moment même et en pleine ville de Paris, il se passe un fait capital... Croyez-vous aux vampires, vous, mon voisin ?

— Oui, répondit Jean-Pierre sans hésiter.

— Ah bas ! fit M. Berthellemot en se frottant les mains, en auriez-vous vu ?

— J'ai fait mieux qu'en voir, répliqua le gardien de la Morgue en baissant la voix cette fois, j'en ai eu.

— Comment ! vous en avez eu ! C'est un sujet qui excite tout particulièrement ma curiosité. Expliquez-vous, je vous en prie, et ne vous formalisez point si je prends quelques notes.

— Monsieur l'employé supérieur, prononça Jean-Pierre lentement, chaque homme a quelque point sur lequel précisément il ne lui plait pas de s'expliquer. Si j'étais interrogé en justice, je répondrais selon ma conscience.

— Très-bien, monsieur Séverin, très-bien... Vous croyez aux vampires, cela me suffit pour le moment... Je voulais vous dire qu'à l'heure où nous sommes, cent mille personnes, à Paris, sont persuadés qu'un être de cette espèce rôde dans les nuits de la capitale du monde civilisé.

— Je venais vous parler de cela, monsieur l'employé, l'interrompit Jean-Pierre, et si vous le voulez bien...

— Pardon ! encore un mot ! un simple mot... Croiriez-vous que nous en sommes encore à l'état d'ignorance la plus complète sur la matière, malgré les savants ouvrages publiés en Allemagne. Moi, je lis tout, sans nuire à mes occupations officielles. Voilà où mon organisation est véritablement étonnante ! Nos badauds appellent l'être en question *la vampire*, comme s'il n'était pas bien connu que la femelle du vampire est l'oupire ou succube, appelée aussi goule au moyen âge... J'ai jusqu'à présent onze plaintes... sept jeunes gens disparus et quatre jeunes filles... Mais je vous ferai observer, et ce sont les propres termes de mon rapport à M. le préfet, qu'il n'y a besoin pour cela ni de goule, ni de succube, ni d'oupire, Paris est un monstre qui dévore les enfants.

— A dater de l'heure présente, monsieur l'employé, dit Jean-Pierre qui se leva, vous avez treize plaintes, puisque je vous en apporte deux : une en mon nom personnel, une au nom de mon compère et compagnon, le citoyen Morinière, marchand de chevaux, que vous avez pris pour Georges Cadoudal.

Berthellemot se toucha le front vivement.

— Je savais bien que j'avais quelque chose à vous demander! s'écria-t-il. On devrait prendre des notes. Eprouvez-vous quelque répugnance à me dire depuis combien de temps vous connaissez ce M. Morinière?

— Aucune. Je l'ai vu pour la première fois il y a deux ans, il venait à ma salle pour maigrir. C'est une bonne lame.

— Est-ce l'habitude, parmi les marchands de chevaux, de connaître et de pratiquer l'escrime?

— Pas précisément, monsieur l'employé, mais la meilleure épée de Paris, après moi, qui suis un ancien chantre de paroisse, est François Maniquet, le boulanger des hospices... le métier n'y fait rien.

— Et vous n'avez jamais cessé de voir ce citoyen Morinière depuis deux ans?

— Au contraire, je l'avais perdu de vue. Son commerce ne lui permet point de séjourner longtemps à Paris.

Berthellemot cligna de l'œil et se gratta le bout du nez.

Aucun détail n'est superflu quand il s'agit de ces personnages historiques.

— Ce vantard de Fouché, grommela-t-il, battrait la campagne et irait chercher midi à quatorze heures ; M. Dubois resterait empêtré... moi, je tombe droit sur la piste comme un limier bien exercé.

— Mon cher monsieur Sévérin, reprit-il tout haut, en quelles circonstances avez-vous retrouvé M. Morinière, votre compère et compagnon?

— A la Morgue.

— Récemment?

— Hier matin... Il venait là, bien triste et tout tremblant, pour s'assurer que le corps de son fils n'était point posé dans le caveau.

— Mais, sarpebleu ! s'écria Berthellemot, je ne connais pas de fils adulte à Georges Cadoudal ! Parole !

Jean-Pierre ne répondit pas.

Berthellemot reprit:

— Me voilà tout à vous pour notre petite affaire de la jeune fille enlevée. Vous ne sauriez croire, mon voisin, combien cet ordre d'idées m'intéresse et fait travailler mon ardente imagination. Si Paris possède une goule, il faut que je la trouve, que je l'examine, que je la décrive... Vous savez que ces personnes ont des lèvres qui les trahissent... Que j'aie seulement un petit bout de trace, et j'arriverai tout net à l'antre, à la caverne, à la tombe où s'abrite le monstre...

C'est la partie agréable de la profession, voyez-vous; cela délasse des travaux sérieux. Faites votre rapport à votre aise, soyez véridique et précis. Je vais prendre des notes.

— Monsieur l'employé, demanda Jean-Pierre avant de se rasseoir, puis-je espérer que je ne serai plus interrompu?

— Je ne pense pas, mon voisin, repartit Berthellemot d'un air un peu piqué, avoir abusé de la parole. Mon défaut est d'être trop taciturne et trop réservé. Allez, je suis muet comme une roche.

Jean-Pierre Sévérin reprit son siège et commença ainsi:

— L'établissement nouveau du Marché Neuf, dont je dois être le greffier concierge, est presque achevé et nécessite déjà de ma part une surveillance fort assujettisante. On expose encore à l'ancien caveau, mais sous quelques jours on fera l'étrenne de la Morgue... et c'est une chose étonnante: je songe à cela depuis bien des semaines. Je me demande malgré moi : qui viendra là le premier? Certes, c'est une maison à laquelle on ne peut pas porter bonheur, mais enfin, il y a des présages. Qui viendra là le premier? un malfaiteur? un joueur? un buveur? un mari trompé? une jeune fille déçue? le résultat d'une infortune ou le produit d'un crime?

Nous demeurons à deux pas du Châtelet, au coin de la petite rue de la Lanterne. J'aime ma femme comme le désespéré peut chérir la consolation, le condamné la miséricorde. A une triste époque de ma vie où je croyais mon cœur mort, j'allai chercher ma femme tout au fond d'une agonie de douleurs, et mon cœur fut ressuscité.

Notre logis est tout étroit; nous y sommes les uns contre les autres; mon fils grandit pâle et faible. Nous n'avons pas assez d'espace ni d'air, mais nous nous trouvons bien ainsi: il nous plaît de nous serrer dans ce coin où nos âmes se touchent.

Il y a chez nous trois chambres : la mienne, où dort mon fils, celle où ma femme s'occupe de son ménage; nous y mangeons, et c'est là que le poêle s'allume l'hiver; celle enfin où Angèle brodait en chantant avec sa jolie voix si douce.

Celle-là n'a guère que quelques pieds carrés, mais elle est tout au coin de la rue, et il y vient un peu de soleil.

Le rosier qui est sur la fenêtre d'Angèle a donné hier une fleur. C'est la première. Elle ne l'a pas vue... La verra-t-elle?

De l'autre côté de la rue se dresse une maison meilleure que la nôtre et moins vieille. On y loue au mois des chambres aux jeunes clercs et à ceux qui font leur apprentissage pour entrer dans la judicature.

Voilà un peu plus d'un an, il n'y avait pas quinze jours que ma femme et moi nous nous étions dit : Angèle est maintenant une jeune fille, un étudiant vint loger dans la maison d'en face. On lui donna une chambre au troisième étage, une belle chambre, en vérité, à deux fenêtres, et aussi large à elle toute seule que notre logis entier.

C'était un beau jeune homme, qui portait de longs cheveux blonds bouclés. Il avait l'air timide et doux. Il suivait les cours de l'école de droit.

J'ai su cela plus tard, car je ne prends pas grand souci des choses de notre voisinage. Ma femme le sut avant moi, et Angèle avant ma femme.

Le jeune homme avait nom Kervoz ou de Kervoz, car voilà qu'on recommence à s'appeler comme autrefois. Il était le fils d'un gentilhomme breton, mort avec M. de Sombreuil, à la pointe de Quiberon...

M. Berthellemot prit une note et dit :
— Mauvaise race !
— Comme je n'ai jamais changé d'idée, répliqua Jean-Pierre, je n'insulte point ceux qui ne changent pas. Le temps à venir pardonnera le sang répandu plutôt que l'injure. Que Dieu soutienne les hommes qui vivent par leur foi, et donne éternelle paix aux hommes qui moururent pour leur foi.

Je ne veux pas vous dire que notre fillette était jolie et gaie, et heureuse et pure. Quoique mon fils soit à nous deux, je ne sais pas si je l'aimais plus tendrement qu'Angèle qui appartient, par les liens du sang, qu'à ma pauvre chère femme. Quand elle venait, le matin, offrir son front souriant à mes lèvres, je me sentais le cœur léger et je remerciais Dieu qui gardait à notre humble maison ce cher et adoré trésor.

Nous l'aimions trop. Vous avez deviné l'histoire, et je ne vous la raconterai pas au long. La rue est étroite. Les regards et les sourires allèrent aisément d'une croisée à l'autre, puis on causa ; on aurait presque pu se toucher la main.

Un soir que je rentrais tard, pour avoir assisté à une enquête médicale, au Châtelet, je crus rêver. Il y avait au-dessus de ma tête, dans la rue de la Lanterne, un objet suspendu. C'était au commencement du dernier hiver, par une nuit sans lune ; le ciel était couvert, l'obscurité profonde.

Au premier aspect, il me sembla voir un réverbère éteint, élancé dans les airs à une place qui n'était point la sienne. La corde qui le soutenait était attachée d'un côté à la fenêtre du jeune étudiant, de l'autre à la croisée d'Angèle.

— Voyez-vous cela ! murmura le secrétaire général. Il y a quantités d'anges pareils. Je prends des notes.

8

— Moi, poursuivit Jean-Pierre, je ne devinai pas tout de suite, tant j'étais sûr de ma fillette.
— Le bon billet que vous aviez là, mon voisin! ricana Berthellemot.
Jean-Pierre était pâle comme un mort. Le secrétaire général reprit :
— Ne vous fâchez pas! Personne ne déplore plus que moi l'immoralité profonde que les mœurs du Directoire ont inoculée à la France, notre patrie. Je comparerais volontiers le Directoire à la Régence, pour le relâchement des mœurs. Il faut du temps pour guérir cette lèpre, mais nous sommes là, mon voisin...
— Vous y étiez, en effet, monsieur le préfet, l'interrompit Jean-Pierre, ou du moins vous y vîntes, car vous sortiez du *Veau qui tette* avec une dame.
— Chut! fit le secrétaire général, rougissant et souriant. Certaines gens attachent je ne sais quelle gloriole imbécile à ces faiblesses; nous ne sommes pas de bronze, mon cher monsieur Sévérin. Etait-ce la présidente ou la petite Duvernoy? La voilà lancée, savez-vous, à l'Opéra! Elle me doit une belle chandelle !
— Je ne sais pas si c'était la petite Duvernoy ou la présidente, répondit Jean-Pierre. Je ne connais ni l'une ni l'autre. Je sais que votre passage détourna mon attention un instant; quand je relevai les yeux, il n'y avait plus rien au-dessus de ma tête.
— Le réverbère avait accompli sa traversée? s'écria le secrétaire général. Vous avez beau dire, c'est drôle. Avec cela, M. Picard ferait une très jolie petite comédie.
Jean-Pierre restait rêveur.
— J'ai pris des notes, poursuivit Berthellemot. Est-ce que c'est fini?
— Non, répondit le greffier-concierge; c'est à peine commencé. Je montais notre pauvre escalier d'un pas chancelant. J'avais le cœur serré et la cervelle en feu. Arrivé dans ma chambre, j'ouvris mon secrétaire pour y prendre une paire de pistolets...
— Ah! diable! mon voisin, vous aviez enfin deviné?
— J'en renouvelai les amorces, et, sans éveiller ma femme, j'allai frapper à la chambre d'Angèle.

XVI

LES TROIS ALLEMANDS

Dans la chambre de ma pauvre petite Angèle, continua Jean-Pierre Sévérin, dit Gâteloup, on ne me répondit point d'abord, mais la porte était si mince que j'entendis le bruit de deux respirations oppressées.

« — Sauvez-vous ! dit la voix de la fillette épouvantée, sauvez-vous bien vite !

« — Restez ! ordonnai-je sans élever la voix. Si vous essayez de traverser la rue de nouveau, je vais ouvrir ma fenêtre et vous loger deux balles dans la tête. »

Angèle dit, et sa voix avait cessé de trembler :

« C'est le père ! il faut ouvrir. »

L'instant d'après, j'entrais, mes pistolets à la main, dans la chambrette, éclairée par une bougie.

Angèle me regarda en face. Elle ne savait pas regarder autrement. Elle était très pâle, mais elle n'avait pas honte...

— Parole ! voulut interrompre M. Berthellemot.

— Vous n'êtes pas juge de cela ! prononça Jean-Pierre avec un calme plein d'autorité. C'est sur autre chose que je suis venu prendre vos avis... Le jeune homme était debout au fond de la chambre, la taille droite, la tête haute.

Sur la table auprès de lui, il y avait un livre d'heures et un crucifix.

— Tiens ! tiens ! fit le secrétaire général. Est-ce qu'ils disaient la messe ?

— Je restai un instant immobile à les regarder, car j'étais ému jusqu'au fond de l'âme, et les paroles ne me venaient point.

C'étaient deux belles, deux nobles créatures : elle ardente et à demi révoltée, lui fier et résigné.

« Que faisiez-vous là ? » demandai-je.

Pour le coup le secrétaire général éclata de rire.

Jean-Pierre ne se fâcha pas.

— Votre métier durcit le cœur, monsieur l'employé, dit-il seulement.

Puis il poursuivit :

— Les questions prêtent à rire ou à trembler selon les circonstances où elles sont prononcées. Personne ici n'était en humeur de plaisanter.

Et pourtant, la réponse d'Angèle vous semblera plus plaisante encore que ma question. Elle répliqua en me regardant dans les yeux :

« Père, nous étions en train de nous marier. ».

— A la bonne heure ! s'écria Berthellemot, qui fit craquer tous ses doigts. Petite parole ! je prends des notes.

— Nous sommes religieux à la maison, continua Jean-Pierre, quoique j'eusse la renommée d'un mécréant, quand je chantais vêpres à Saint-Sulpice. Ma femme pense à Dieu souvent, comme tous les grands, comme tous les bons cœurs. Il ne faut pas croire qu'un républicain, — et je l'étais avant la république, moi, monsieur le préfet, — soit forcé d'être impie. Notre petite Angèle nous faisait la prière chaque matin et chaque soir... De son côté, le jeune M. de Kervoz venait d'un pays où l'idée chrétienne est profondément enracinée. Ce n'est pas un dévot, mais c'est un croyant...

— Et un chouan ! murmura Berthellemot.

Jean-Pierre s'arrêta pour l'interroger d'un regard fixe et perçant.

— Et un chouan, répéta-t-il, je ne dis pas non. Si c'est votre police qui l'a fait disparaître, je vous prie de m'en aviser franchement. Cela mettra un terme à une portion de mes recherches et rendra l'autre moitié plus facile.

Berthellemot haussa les épaules et répondit :

— Nous chassons un plus gros gibier, mon voisin.

— Alors, reprit Jean-Pierre Sévérin, j'accepte pour véritable que vous n'avez contribué en rien à la disparition de René de Kervoz, et je continue.

Ma pauvre petite Angèle m'avait donc dit : « Père, nous sommes en train de nous marier. » René de Kervoz fit un pas vers moi et ajouta : « J'ai des pistolets comme vous ; mais si vous m'attaquez, je ne me défendrai pas. Vous avez droit : je me suis introduit nuitamment chez vous comme un malfaiteur. Vous devez croire que j'ai volé l'honneur de votre fille. »

Je le regardais attentivement, et j'admirais la noble beauté de son visage.

Angèle dit :

« — René, le père ne vous tuera pas. Il sait bien que je mourrais avec vous.

« — Ne menacez pas votre père ! » prononça tout bas le jeune Kervoz, qui se mit entre elle et moi en croisant ses bras sur sa poitrine.

— Vous ne me connaissez pas, monsieur l'employé, s'interrompit ici Jean-Pierre, et il faut bien que je me montre à vous comme Dieu m'a fait. J'avais envie de l'embrasser ; car j'aime de passion tout ce qui est brave et fier.

— Et d'ailleurs, glissa Berthellemot, ce René de Kervoz, tout chouan qu'il est, a des terres en basse Bretagne, et ne faisait pas un trop mauvais parti pour une grisette de Paris... Ne froncez pas le sourcil, mon voisin, je ne vous blâme pas : vous êtes père de famille.

— Je suis Sévérin, dit Gâteloup, repartit rudement l'ancien maître d'armes, et j'ai passé ma vie à mettre le talon sur vos petites convenances et vos petits calculs. Par la sarrabugoy! comme ils juraient autrefois, quand j'étais l'ami de tant de marquis et de tant de comtesses, j'avais dix mille écus de rentes rien que dans mon gosier, citoyen préfet, et les landes de la basse Bretagne tiendraient dans le coin de mon œil. J'avais envie de l'embrasser, cet enfant-là, parce qu'il me plaisait, voilà tout... et ne m'interrompez plus si vous voulez savoir le reste!

Berthellemot eut un sourire bonhomme en répondant :

— La, la, mon voisin, calmons-nous! Je prends des notes. Vous ne tuâtes personne, je suppose!

— Non, je fus témoin du mariage.

— Ils se marièrent donc, les tourtereaux?

— Provisoirement, sans prêtre ni maire, devant le crucifix.. Et je reçus la parole d'honneur de René, qui fit serment de ne plus danser sur la corde roide au travers de la rue jusqu'au moment où le maire et le prêtre y auraient passé.

— Autre bon billet, mon voisin !

— Il a tenu loyalement sa promesse... trop loyalement.

— Ah! peste! C'est une autre façon de se parjurer.

Les doigts de Jean-Pierre pressèrent son front où il y avait des rides profondes.

— Ma femme et moi, dit-il d'un ton presque fanfaron et qui essayait de braver la raillerie, nous fûmes parrain et marraine quand l'enfant vint...

— Petite parole ! s'écria Berthellemot avec une explosion d'hilarité. Je savais bien que c'était chose faite ! Était-ce un chouanet ou une chouanette ?

— Monsieur l'employé supérieur, vous me payerez vos plaisanteries en retrouvant mes enfants, n'est-ce pas ? demanda Jean-Pierre, qui lui saisit le bras avec une violence froide.

— Mon voisin !... fit Berthellemot, pris d'une vague frayeur.

Mais Jean-Pierre souriait déjà.

— C'était un petit ange, dit-il, et nous la nommâmes Angèle, comme sa mère... Mon Dieu, oui, vous l'avez très bien compris, le mal était fait. La nuit où j'entrai dans la chambrette d'Angèle avec mes pistolets, René était là pour accom-

8.

plir ou promettre une réparation. Tout cela nous fut expliqué, car je n'ai point de secret pour ma femme, et ma femme ne sut pas être plus sévère que moi. Nous acceptâmes toutes les promesses de Réné de Kervoz; nous reconnûmes la sincérité des explications qu'il nous donna. Il ne pouvait pas se marier maintenant; le mariage fut remis à plus tard, et nous formâmes une famille.

C'était une belle et douce chose que de les voir s'aimer, ce fier jeune homme, cette chère, cette tendre jeune fille. Oh! je ne vous empêche plus de rire. Il y a là, dans mon cœur, assez de souvenirs délicieux et profonds pour combattre tous les sarcasmes de l'univers !

Ils étaient là, le soir, entre nous. Je ne sais pas si ma pauvre femme n'aimait pas autant son René que son Angèle.

Il me semble que je les vois, les mains unies, les sourires confondus, lui soucieux parce qu'Angèle était bien pâle, malgré sa souffrance, heureuse d'être ainsi adorée.

Puis Angèle refleurit; elle fut belle autrement et bien plus belle avec son enfant dans ses bras...

Ici, M. Berthellemot consulta sa montre à son tour, une montre élégante et riche.

— Heureusement que j'avais un peu congé ce soir, murmura-t-il. Vous n'êtes pas bref, mon voisin.

— Je le serai désormais, monsieur l'employé, répliqua Jean-Pierre en changeant de ton du tout au tout. Aussi bien, je plaide une cause gagnée; votre excellent cœur est ému, cela se voit !

— Certes, certes... balbutia le secrétaire général.

— Je passe par-dessus les détails et j'arrive à la catastrophe. Voilà un mois, à peu près, notre petit ange avait six semaines, et sa jeune mère, heureuse, lui donnait le sein. René vint nous annoncer un soir que rien ne s'opposait plus à l'accomplissement de sa promesse, et Dieu sait que le cher garçon était plus joyeux que nous.

Il n'y a pas beaucoup d'argent à la maison, et René, pour le moment n'est pas riche. Cependant il fut convenu que la noce serait magnifique. Une fois en notre vie, ma pauvre femme et moi nous eûmes des idées de luxe et de folie. Ce grand jour du mariage d'Angèle, c'était la fête de notre bonheurs à tous

Elle fut fixée à trente jours de date, cette chère fête, qui ne devait point être célébrée.

Angèle et René devaient être mariés après-demain.

Nous nous mîmes à travailler aux préparatifs dès ce soir-là, et ce soir-là, comme si le ciel nous prodiguait tous les bons présages, notre petit ange eut son premier sourire.

Quinze jours se passèrent. Une fois, à l'heure du repas, René ne parut point.

Quand il arriva, longtemps après l'heure, il était soucieux et pâle.

Le lendemain, son absence fut plus longue.

Le surlendemain, Angèle manqua aussi au souper de famille. La petite fille se prit à souffrir et à maigrir : le lait de sa mère, qui naguère la faisait si fraîche, s'échauffa, puis tarit. Nous fûmes obligés de prendre une nourrice.

Que se passait-il ?

J'interrogeai notre Angèle ; sa mère l'interrogea ; tout fut inutile. Notre Angèle n'avait rien, disait-elle.

Jusqu'au dernier moment elle refusa de nous répondre, et nous n'avons pas eu son secret.

Il en fut de même de René. René donnait à ses absences des motifs plausibles et expliquait sa tristesse soudaine par de mauvaises nouvelles arrivées de Bretagne.

Angèle était si changée que nous avions peine à la reconnaître. Nous la surprenions sans cesse avec de grosses larmes dans les yeux.

Et cependant le jour du mariage approchait.

Voilà trois fois vingt-quatre heures que René de Kervoz n'a point couché dans son lit.

Il a visité, le 28 du mois de février, l'église de Saint-Louis-en-l'Ile, où il a rencontré une femme. Angèle l'avait suivi, j'avais suivi Angèle. Ce soir-là on m'a rapporté Angèle mourante ; elle a refusé de répondre à mes questions.

Le lendemain, toute faible qu'elle était, elle s'échappa de chez nous, après avoir embrassé sa petite fille en pleurant.

René n'est pas revenu, et nous n'avons pas revu notre Angèle.

Jean-Pierre Séverin se tut.

Pendant la dernière partie de son récit, faite d'une voix nette et brève, quoique profondément triste, le secrétaire général s'était montré très attentif.

— J'ai pris des notes, dit-il quand son interlocuteur garda enfin le silence. La série de mes devoirs comprend les petites choses comme les grandes, et je suis tout particulièrement doué de la faculté d'embrasser dix sujets à la fois. Bien plus, j'en saisis les connexités avec une étonnante précision. Votre affaire, qui semble au premier aspect si vulgaire, mon cher voisin, en croise une autre, laquelle touche au salut de l'État. Voilà mon appréciation.

— Prenez garde, commença Jean-Pierre, ne vous égarez pas.

— Je ne m'égare jamais ! l'interrompit Berthellemot avec majesté. Il s'agit d'un double suicide.

Le greffier-concierge de la Morgue secoua la tête lentement.

— En fait de suicide, prononça-t-il tout bas, personne ne peut être plus compétent que moi. De mes deux enfants, il n'y en avait qu'un seul pour avoir des raisons d'en finir avec la vie.

— René de Kervoz ?

— Non... Notre fille Angèle.

— Alors vous ne m'avez pas tout dit ?

Jean-Pierre hésita avant de répondre.

— Monsieur l'employé, murmura-t-il enfin, l'être mystérieux qui défraye en ce moment les veillées parisiennes, LA VAMPIRE, n'est ni goule, ni succube, ni oupire...

— La connaîtriez-vous ? s'écria vivement Berthellemot.

— Je l'ai vue deux fois.

Le secrétaire général ressaisit précipitamment son papier et sa mine de plomb.

— Ce n'est pas de sang que la Vampire est avide, poursuivit Jean-Pierre. Ce qu'elle veut, c'est de l'or.

— Expliquez-vous, mon voisin ! expliquez-vous !

— Je vous ai dit, monsieur l'employé, que l'idée nous était venue de battre monnaie pour ces chères épousailles d'Angèle et de René. J'avais rouvert ma salle d'armes, et dès que ma porte de maître d'escrime s'entre-bâille seulement, les élèves abondent incontinent. Il en vint beaucoup. Parmi eux se trouvaient trois jeunes Allemands de la Souabe, le comte Wenzel, le baron de Ramberg et Franz Kœnig, dont le père possède les grandes mines d'albâtre de Würtz, dans la forêt Noire. Tous ces gens du Wurtemberg sont comme leur roi : ils aiment la France et le premier consul. A l'exception des camarades du Comment...

— Comment ? répéta le secrétaire général.

— C'est le nom du code de compagnonnage de l'Université de Tubingen, où les Maisons moussues, les Renards d'or et les Vieilles Tours ont un peu le diable au corps.

— Ah ça ! ah ça ! fit Berthellemot, quelle langue parlez-vous là, mon voisin ? Je prends des notes. Petite parole ! M. le préfet n'y verra que du feu.

— Je parle la langue de ces bons Germains, qui jouent éternellement trois ou quatre lugubres farces : la farce du duel, la farce des conspirations, la farce du suicide, et cette farce où Brutus parle tant, si haut et si longtemps de tuer César, que César finit par entendre et claquemure Brutus dans un cul de basse-fosse. Un jour que nous aurons le temps, je vous conterai l'histoire de la Burschenschaft et de Tugenbaud, que vous paraissez ignorer...

— Comment cela s'écrit-il, mon cher monsieur Séverin ?

demanda le secrétaire général, et pensez-vous réellement qu'ils aient été pour quelque chose dans la machine infernale?

— La postérité le saura, répliqua Jean-Pierre avec une gravité ironique, à moins toutefois que le temps ne puisse soulever ce mystère. Mais revenons à nos trois jeunes Allemands de la Souabe, le comte Wenzel, le baron de Ramberg et Franz Koënig, qui n'appartenaient nullement à la ligue de la Vertu et n'avaient aucun méchant dessein.

Le comte Wenzel était riche, le baron de Ramberg était très riche, Franz Koënig compte par millions : ce laitage solide, l'albâtre, étant fort à la mode depuis quelque temps..

Le comte Wenzel avait de l'esprit, le baron de Ramberg avait beaucoup d'esprit, Franz Koënig a de l'esprit comme un démon.

— Vous parlez toujours des deux premiers au passé, mon voisin, fit observer le secrétaire général. Est-ce qu'ils sont morts ?

— Dieu seul le sait, prononça tout bas Jean-Pierre. Vous allez voir. J'ai rarement rencontré trois plus beaux cavaliers, surtout le marchand d'albâtre : une figure délicate et fine sur un corps d'athlète, des cheveux blonds à faire envie à une femme.

Du reste, tous les trois braves, aventureux et cherchant franchement le plaisir.

Le comte Wenzel repartit le premier pour l'Allemagne ; ce fut rapide comme une fantaisie. Le baron de Ramberg le suivit à courte distance, et, chose véritablement singulière chez des gens de cette sorte, tous les deux s'en allaient en restant mes débiteurs.

Toute idée fixe change le caractère. J'ai passé ma vie à négliger mes intérêts ; mais je voulais de l'argent pour notre fils de famille : je n'aurais pas fait grâce d'un écu à mon meilleur ami.

J'écrivis au comte d'abord, pour lui et pour le baron. Point de réponse.

J'écrivis ensuite au baron, le priant d'aviser le comte. Même silence.

Notez bien que je les connaissais pour les plus honnêtes, pour les plus généreux jeunes gens de la terre.

Je les aimais. Je fus pris d'inquiétude. J'adressai une lettre à notre chargé d'affaires français à Stuttgard, M. Aulagnier, qui est mon ancien élève pour le solfége. — J'ai des amis un peu partout. — M. Aulagnier me répondit que non seulement le comte Wenzel et le baron de Ramberg n'étaient point de retour à Stuttgard, mais que leurs familles commençaient à prendre frayeur.

On n'avait point de leurs nouvelles depuis certain jour où le comte avait écrit pour demander l'envoi d'une somme de cent mille florins de banque, destinée à former sa dot, car il se mariait à Paris, disait-il, et entrait dans une famille considérable.

Aventure identiquement pareille pour le baron de Ramberg, qui, seulement, au lieu de cent mille florins de banque, en avait demandé deux cent mille.

Le double envoi avait eu lieu.

Et ce qui épouvantait les amis de mes deux élèves, c'est que le comte Wenzel et le baron de Ramberg devaient épouser la même femme : la comtesse Marcian Gregoryi.

— La comtesse Marcian Gregoryi ! répéta M. Berthellemot.

Jean-Pierre attendit un instant pour voir s'il ajouterait quelque chose.

— Ce nom vous est connu ? demanda-t-il enfin ?

— Il ne m'est pas inconnu, répondit le secrétaire général, de cet accent à la fois craintif et hostile que prennent les gens de bureau pour parler de ce qui concerne leurs chefs.

— M. le préfet a dû le prononcer devant moi... Je prends des notes.

Jean-Pierre attendit encore. Ce fut tout.

Berthellemot reprit :

— Cette affaire-là n'est pas venue dans les bureaux. On ne nous a rien envoyé de l'ambassade de Wurtemberg.

— C'est qu'on n'a rien reçu, répliqua Jean-Pierre. Je sors de l'ambassade. Les messages ont dû être interceptés.

Berthellemot eut son sourire administratif.

— Cela supposerait des ramifications tellement puissantes... commença-t-il.

— Cela supposerait, l'interrompit Jean-Pierre Séverin frondement, l'infidélité d'un employé des postes... et la chose s'est vue.

— Quelquefois, avoua le secrétaire général, qui ne perd point son sourire.

Entre administrations, la charité se pratique assez bien.

— D'ailleurs, reprit Jean-Pierre, je ne prétends point que cette entreprise mystérieuse et sanglante à qui la terreur publique commence à donner pour raison sociale ce nom : Vampire, n'ait pas de très puissantes ramifications.

— Mais cela existe-t-il ? s'écria Berthellemot, qui se leva et parcourut la chambre d'un pas agité. Un homme dans ma position se perd en doutant parfois, parfois en se montrant trop crédule !... l'habileté consiste...

— Pardon, monsieur l'employé supérieur, dit Jean-Pierre. Je suis le fils d'un pauvre homme, qui pensait beaucoup qui parlait peu. Voulez-vous savoir comment mon père jugeait l'habileté? Mon père disait : Va droit ton chemin, tu ne tomberas jamais dans les fossés qui sont à droite et à gauche de la route... Et moi, qui suis un vieux prévôt, j'ajoute : L'épée à la main, tiens-toi droit et tire droit; chaque feinte ouvre un trou par où la mort passe... Il ne s'agit pas ici de savoir où est votre intérêt, mais où est votre devoir.

La promenade du secrétaire général s'arrêta court.

— Mon voisin, dit-il, vous parlez comme un livre. Continuez, je vous prie.

— Je dois vous dire, monsieur l'employé, poursuivit en effet Jean-Pierre, que j'ai revu M. le baron de Ramberg, après son prétendu départ pour l'Allemagne, au milieu de circonstances singulières et dans cette église de Saint-Louis-en-l'Ile où mes deux enfants ont disparu pour moi... Ramberg était avec la comtesse Marcian Gregoryi... et je crois qu'il partait pour un voyage bien autrement long que celui d'Allemagne.

— Accusez-vous cette comtesse? demanda Berthellemot.

— Que Dieu assiste ceux que j'accuserai, répliqua Jean-Pierre. Voici donc deux de nos Allemands écartés; restait le marchand d'albâtre, le millionnaire Franz Koënig, héritier des carrières de Würtz. Celui-là n'est ni baron ni comte, mais je ne connais pas beaucoup de malins, Français ou non, capables de jouer sa partie, quand il s'agit de traiter une affaire. Dans le plaisir il est de feu, dans le négoce il est de marbre.

Celui-là a duré plus longtemps que les autres, quoiqu'il fût évident pour moi, depuis plusieurs jours déjà, qu'un élément nouveau était entré dans sa vie.

Je devinais autour de lui les pièges mystérieux où ses deux compagnons sont peut-être tombés.

Et je le surveillais bien plus étroitement, hélas! que je ne veillais sur mes pauvres chers enfants, René et Angèle,

Franz Koënig est encore venu à ma salle d'armes aujourd'hui. Il n'y viendra pas demain.

— Parce que?... murmura le secrétaire général, qui tressaillit en se rasseyant.

— Parce que, comme les autres, il a réalisé une forte somme, et que le moment est venu de le dépouiller.

— Vous auriez fait un remarquable agent, dit Berthellemot je prends des notes.

— Quand je m'occupe de police, répliqua Jean-Pierre, c'est pour mon compte. Cela m'est arrivé plus d'une fois en ma vie, et je me suis assis dans le cabinet de Thiroux de Crosne, le lieutenant de police qui succéda à M. Lenoir, comme je comptais m'asseoir, aujourd'hui dans le cabinet de M. le préfet Dubois.

Sévérin, dit Gâteloup, faisait ici allusion à la bizarre aventure qui est le sujet de notre précédent récit : la *Chambre des Amours*. On se souvient du rôle important que, sous son nom de Gâteloup, chantre à Saint-Sulpice et prévôt d'armes, il joua dans ce drame.

— Il n'y a pas besoin de nombreuses escouades, continua-t-il, pour relever une piste et pour mener une chasse. J'avais à venger la blessure qui empoisonna ma jeunesse, et j'avais à sauvegarder des enfants que j'aimais. J'étais jeune, hardi, avisé, quoique j'eusse le défaut de chercher parfois au fond de la bouteille l'oubli d'un cuisant chagrin... Maintenant je suis presque un vieillard, et c'est pour cela que je viens demander de l'aide.

Pas beaucoup d'aide : un homme ou deux que je choisirai moi-même. Cela n'affaiblira pas votre armée, monsieur l'employé, et cela me suffira.

Franz Koënig n'avait pas besoin d'écrire à Stuttgard pour toucher la forte somme dont je vous ai parlé : il possédait un crédit illimité sur la maison Mannheim et C°. A deux heures cette après midi, il a quitté ma salle; à trois heures il sortait de la maison Mannheim et chargeait dans sa voiture deux cent cinquante mille thalers de Prusse en bons de la caisse royale de Berlin.

Voilà pourquoi, monsieur, je n'ai point employé le passé en prononçant le nom de Franz Koënig, comme je l'avais fait en parlant du comte Wenzel et du baron de Ramberg. C'est que le premier n'a peut-être pas encore eu le temps d'être tué, tandis que certainement les deux autres sont morts.

XVIII

UNE NUIT SUR LA SEINE

Après ces paroles, Jean-Pierre Sévérin resta un instant silencieux. Le secrétaire général jouait activement avec son couteau à papier, et réfléchissait en faisant de temps en temps craquer les jointures de ses doigts.

— Il faudrait être double, dit-il enfin, et triple et quadruple aussi pour accomplir seulement la moitié de la besogne qui est à ma charge, car dieu sait à quoi sert M. le préfet.

Je ne mange pas, je ne dors pas, je ne cause pas, et cependant les vingt-quatre heures de la journée sont loin de me suffire. Le premier consul a ce remarquable coup d'œil des souverains qui choisissent et démêlent les hommes utiles au milieu de la foule. Je ne me vante pas, ce serait superflu, puisque tout le monde connaît les services que j'ai rendus à ma patrie... Le premier consul, à l'heure où je parle, doit avoir les yeux sur moi. Mon cher monsieur Séverin, je serais porté par vocation à m'occuper sérieusement de votre affaire et je ne vous cache pas que si je m'en occupais, elle serait coulée à fond en une journée... Mais le salut de l'État dépend de moi, et il serait coupable d'abandonner des intérêts si graves pour un objet de simple curiosité...

Ce que je voudrais voir, s'interrompit-il, c'est si les lèvres de ces sortes de personnages ont vraiment un aspect spécial. On dit qu'elles sont à vif et perpétuellement humides de sang... J'ai pris des notes dans le temps... Et il m'est arrivé de causer avec Fog-Bog, le pitre anglais, qui se nourrissait de viande crue. Il mangeait du chien non sans plaisir; mais ce n'était pas un vampire, car il mourut d'un coup de porte-voix que lui donna son maître, sans malice, et jamais il n'est revenu sucer le sang des jeunes personnes... A quoi pensez-vous, mon cher monsieur Séverin?

— A la comtesse Marcian Gregoryi, répondit Jean-Pierre.
— N'avez-vous pas dit que vous l'aviez vue?
— Je l'ai vue.
— Parlez-moi de ses lèvres. Je vais prendre des notes. Les lèvres de ces personnes ont un aspect spécial.
— Ses lèvres sont pures et belles, prononça lentement le gardien juré : elles sembleraient un peu pâle sur un autre visage, mais elles vont bien à l'adorable blancheur de son teint...
— Très bien, continuez. La pâleur est un signe.
— Il y a des femmes de marbre ; c'est une femme d'albâtre...
— Alors, ce brave Wurtembergeois, M. Franz Koënig, a pu la prendre pour un de ses produits.

M. le secrétaire général fut sincèrement content de cette plaisanterie et se laissa aller à un rire débonnaire, après avoir fait craquer toutes les articulations de ses dix doigts.

Jean-Pierre ne riait pas.
— Et ses yeux? demanda M. Berthellemot. Les yeux présentent aussi un caractère particulier, chez ces personnes.
— Elle a des yeux d'un bleu sombre, répliqua le gardien juré, sous l'arc net et hardi de ses sourcils, noirs comme le jais; ses cheveux sont noirs aussi, noirs étrangement, avec ces

reflets de bronze qu'on voit dans l'eau profonde, quand elle mire un ciel de tempête. Et l'opposition est si violente entre le grand jour de ce teint et la nuit de cette chevelure, que le regard en reste blessé.

— Cela doit être laid, assurément, mon voisin ?

— C'est splendide ! Tout ce que le monde contient de beau passe à Paris au moins une fois. J'ai vu, sans quitter Paris, les merveilleuses courtisanes des dernières fêtes de la royauté, les déesses de la république, les vierges folles du Directoire ; j'ai vu les filles de l'Angleterre, couronnées d'or, les charmeuses d'Italie, les fées étincelantes qui viennent d'Espagne, descendant les Pyrénées en dansant ; j'ai vu de vivants tableaux de Rubens arriver d'Autriche ou de Bavière, des Moscovites charmantes comme des Françaises ; j'ai vu des houris de Circassie, des sultanes géorgiennes, des Grecques, statues animées de Phidias : je n'ai jamais vu rien de si magnifiquement beau que la comtesse Marcian Gregoryi !

— Parole mignonne ! fit le magistrat, voilà un joli portrait.

— J'ai été peintre, dit Jean-Pierre.

— Vous avez donc été tout ?

— A peu près.

— Et savez-vous l'adresse de cette huitième merveille du monde ?

— Si je la savais !... commença Jean-Pierre dont les yeux bleus eurent une noire lueur.

— Que feriez-vous ? demanda le préfet.

Jean-Pierre répondit :

— C'est mon secret.

— L'avez-vous rencontrée souvent ?

— Deux fois.

— Où l'avez-vous rencontrée ?

— A l'église... la première fois.

— Quand ?

— Avant-hier au soir.

— Et la seconde fois ?

— Sous le pont au Change, au bord de l'eau.

— Quand ?

— Cette nuit.

Berthellemot ouvrit de grands yeux, et dit avec une curiosité impatiente :

— Voyons ! faites votre rapport !

Le gardien juré redressa involontairement sa haute taille.

— Pardon, voisin, pardon, reprit le secrétaire général, je voulais dire racontez-moi votre petite histoire.

Avant de répondre, Jean-Pierre se recueillit un instant.

— Je ne sais pas si l'on peut appeler cela une histoire,

pensa-t-il tout haut. Je crois bien que non. Pour tout autre que moi ces faits devront sembler si extraordinaires et si insensés...

— Petite parole ! l'interrompit M. Berthellemot, vous me mettez l'eau à la bouche ! J'aime les choses invraisemblables...

— C'était à l'église Saint-Louis-en-l'Île, poursuivit Jean-Pierre, et si je n'eusse pas été là pour mes deux enfants, peut-être qu'à l'heure où nous sommes le baron de Ramberg serait encore au nombre des vivants. Elle était avec le baron de Ramberg ; elle l'emmenait dans ce lieu d'où le comte Wensel n'est jamais revenu... Vous avez tous les renseignements voulus, je suppose, monsieur l'employé, sur les faits qui se sont produits au quai de Béthune ?

— La pêche miraculeuse ! s'écria Berthellemot en riant ; vos almanachs sont-ils de cette force-là, mon voisin ?... Le cabaretier Ézéchiel nous tient au courant : il est un peu des nôtres.

— Monsieur l'employé, dit gravement Jean-Pierre, ceux qui ont pris la peine de jouer cette audacieuse et lugubre comédie devaient avoir un grand intérêt à cela. Les pouvoirs qui enrôlent des gens comme Ézéchiel sont trompés deux fois : une fois par Ézéchiel, une fois par ceux qui trompent Ézéchiel. J'ai beaucoup travaillé hier. Les débris humains qu'on retrouve au quai de Béthune viennent des cimetières, audacieusement violés depuis plusieurs semaines. Il y a là un parti pris de détourner l'attention. Paris contient en ce moment une vaste fabrique de meurtres, et le but de toutes ces momeries est de cacher le charnier qui dévore les cadavres des victimes.

— C'est votre avis, mon voisin ? murmura Berthellemot. Je prends des notes. Le métier que vous faites doit porter un peu sur le cerveau.

Jean-Pierre montra du doigt l'aiguille qui marquait huit heures au cadran de la grosse montre.

— Le premier consul doit être rentré, murmura-t-il. Peut-être est-il en train de lire la lettre que je lui ai écrite aujourd'hui... Et, je ne vous le cache pas, monsieur l'employé, il y a déjà du temps que je vous aurais brûlé la politesse, si je n'attendais ici même la réponse du général Bonaparte.

Berthellemot fit un petit signe de tête à la fois sceptique et soumis. Jean-Pierre continua.

— J'aurais beaucoup de choses à vous dire sur votre Ézéchiel et les derrières de sa boutique. Dieu merci, je commence à voir clair au fond de cette bouteille à encre ; mais vous me prendriez pour un fou, de mieux en mieux, monsieur l'employé, et ce serait dommage. Vous ai-je parlé de l'abbé Martel ?

— Non, de par tous les diables, mon voisin! grommela le secrétaire général, et votre façon de renseigner l'administration n'est pas des plus claires, savez-vous?

— C'est que je n'ai pas besoin de tout dire à l'administration, mon voisin; je compte bien agir un peu par moi-même. L'abbé Martel est un digne prêtre qui se trouve mêlé, à son insu, à quelque diabolique affaire. Je suis retourné à Saint-Louis-en-l'Île aujourd'hui, et je l'ai demandé à la sacristie. On lui portait justement le viatique; il avait été frappé, dans la nuit, d'un coup de sang. J'ai pu pénétrer jusqu'à lui. Je l'ai trouvé paralysé et sans parole. Mais quand j'ai prononcé à son oreille certains noms, ses yeux se sont ranimés pour peindre l'horreur et la terreur.

— Quels noms, mon voisin?

— Entre autres, celui de la comtesse Marcian Gregoryi.

M. Berthellemot baissa la voix pour demander :

— A la fin, penseriez-vous que cette comtesse Marcian Gregoryi est la vampire?

Jean-Pierre répondit tranquillement :

— J'en suis à peu près sûr.

— Mais... balbutia Berthellemot, M. le préfet...

— Je sais, l'interrompit Jean-Pierre, qu'elle est au mieux avec M. le préfet...

— Désormais, ajouta-t-il, en fourrant sa grosse montre dans son gousset d'un geste résolu, je me donne une demi-heure pour attendre la réponse du premier consul, et puisque nous avons du loisir, je reviens à la belle comtesse. Ceci va nous amuser, monsieur l'employé : C'est curieux comme une charade. La première fois que j'ai rencontré Mme la comtesse Marcian Gregoryi, je l'ai vue telle que je vous l'ai décrite : jeune, belle, avec des cheveux d'ébène sur un front d'ivoire...

— Et la seconde, demanda M. Berthellemot, avait-elle déjà vieilli?

Jean-Pierre fixa sur lui un étrange regard.

— Il y a une légende du pays de Hongrie, répliqua-t-il, que connaît mon ami Germain Patou... comme il connaît toutes choses... cela s'appelle l'histoire de la Belle aux cheveux changeants... Il faut vous dire que Germain Patou est un orphelin, fils de noyé, que j'ai aidé un peu à devenir un homme. Il est haut comme une botte, mais il a de l'esprit plus qu'une douzaine de géants... et il cherche partout un vampire pour le disséquer ou le guérir, suivant le cas. Il compte aller à Belgrade, après sa thèse passée, pour fouiller la tombe du vampire de Szandor, qui est dans une île de la Save, et la tombe de la vampire d'Uszel, grande comme un palais, où il y a, dit-on, plus de mille crânes de jeunes filles...

— Qu'est-ce que c'est que tout cela, mon voisin? murmura Berthellemot. Moi, je vous préviens que je perds plante. Je ne déteste pas les vampires, mais pas trop n'en faut...

— Dans la légende de Germain Patou, continua imperturbablement Jean-Pierre, la vampire ou l'oupire d'Uszel, la Belle aux cheveux changeants est éperdument amoureuse du comte Szandor, son mari, qui lui tient rigueur et ne se laisse aimer que pour des sommes folles. Il faut des millions de florins pour acheter un baiser de cet époux cruel...

— Et avare, intercala le secrétaire général.

— Et avare, répéta sérieusement Jean-Pierre. La Belle aux cheveux changeants est ainsi nommée à cause d'une circonstance particulière et tout à fait en rapport avec les sombres imaginations de la poésie slave. Elle apparaît tantôt brune, tantôt blonde...

— Parbleu! fit Berthellemot, si elle a deux perruques...

— Elle en a mille! l'interrompit Jean-Pierre, et chacune de ces perruques vaut la vie d'une jeune et chère créature belle, heureuse, aimée...

Ici Jean-Pierre raconta la légende que nous entendîmes déjà de la bouche de Lila, dans le boudoir du pavillon de Bretonvilliers.

Quand il eut achevé, il reprit :

— La seconde fois que j'ai vu Mme la comtesse Marcian Gregoryi, elle avait des cheveux blonds comme l'ambre.

Berthellemot s'agita dans son fauteuil.

— Cela passe les bornes! grommela-t-il.

— Monsieur l'employé supérieur, dit Jean-Pierre d'un accent rêveur, j'ai presque achevé. La comtesse Marcian Gregoryi avait des cheveux blonds aussi beaux que ses bruns cheveux étaient naguère splendides. Je n'ai jamais vu en toute ma vie qu'une seule chevelure comparable à celle-là : ce sont les anneaux d'or qui jouent sur le front chéri de notre petite Angèle.

Même nuance, même richesse, même légèreté sous les baisers du vent.

Cela est si vrai, monsieur l'employé, que cette fois, à deux heures de nuit qu'il était, j'abordai la comtesse Marcian Gregoryi, croyant qu'elle était mon Angèle.

Il faut vous dire que je travaille la nuit aussi bien que le jour. Vous pensiez tout à l'heure que mon métier frappe le cerveau. Il se peut. En tout cas, il désapprend le sommeil.

Quand il y a de la fièvre dans l'air, de la fièvre ou du chagrin, quand les nerfs sont malades, agités, douloureux, quand le souffle difficile oppresse la poitrine, je me dis : Voici une de ces nuits où les malheureux sont faibles contre le désespoir; la Seine va charrier quelque triste dépouille vers le pont de Saint-Cloud.

Alors je détache ma barque, amarrée toujours sous le rempart du Châtelet, et je prends mes avirons.

Hier je fis ainsi. L'atmosphère était lourde, Angèle manquait à la maison, et j'avais bien de l'inquiétude dans le cœur. René aussi manquait... Sais-je pourquoi? je songeais moins à René qu'à Angèle.

René est un jeune homme ardent et hardi; depuis quelque temps une séduction l'entoure; il pouvait être aux prises avec une de ces aventures qui entraîneront éternellement la jeunesse.

Mais Angèle, notre petite sainte, l'âme la plus pure que Dieu ait faite, Angèle qui nous respecte si bien et qui nous aime tant! comment expliquer son absence?

Je laissai ma femme, assoupie à force de pleurer, et je descendis sous la tour du Châtelet. C'était une nuit de tempête. La pluie avait cessé, mais des nuages turbulents couraient au ciel, précipités vers le nord comme d'immenses troupeaux, passant avec furie sur le disque de la lune, qui semblait fuir en sens contraire.

La Seine était haute et mugissait en tourbillonnant sous le pont; mais le courant me connaît, et mes vieux bras savent encore combattre la colère du fleuve. Je cherchai un remous et je nageai vers les îles. Le quai de Béthune m'attire depuis bien des jours, et je suis sûr qu'une nuit ou l'autre, je découvrirai là quelque fatal secret.

Je passai le pont Notre-Dame sous l'arche du quai aux Fleurs, où l'eau est moins forte, à cause de la courbe que présente la cité. Comme je sortais de l'arche, la lune éclairait en plein les deux rivages. Écoutez cela, monsieur l'employé; j'avais la tête saine, les yeux clairs; je ne bois plus guère que de l'eau et je ne suis pas encore fou, quoi que vous puissiez penser.

Je vis, aussi distinctement qu'en plein jour, un fait auquel d'abord je ne voulus point croire, car il est contre toutes les lois de la nature.

Je vis un corps, un corps mort, qui dépassait en même temps que moi l'ombre du pont, mais tout à l'autre bout, sous la dernière arche, du côté de la rue Planche-Mibraie.

Et ce corps, inerte pourtant, comme un cadavre qu'il était, au lieu d'obéir au courant, remontait, du même train que moi, qui étais obligé de mettre toute ma force pour gagner une brasse en une minute.

Dès qu'un nuage passait sur la lune, je cessais de l'apercevoir, et alors je me disais : j'ai rêvé ; mais le nuage s'enfuyait, la lune versait ses rayons sur les bourbeux tumultes du fleuve, et je voyais de nouveau le cadavre, long, rigide, droit comme une statue couchée, qui suivait la même route que moi, de l'autre côté de la rivière, et qui gagnait exactement le même terrain que moi.

J'appelai, et l'idée me vint enfin que c'était une créature vivante, mais rien ne me répondit, sinon le qui-vive inquiet des factionnaires de la place de Grève..

Je pesai sur mes avirons pour tâcher de gagner d'amont, afin de traverser ensuite ; mais j'eus beau faire, quoique favorisé par le remous, ma barque avait de la peine à se tenir sur la même ligne que le corps.

Quant à couper le courant en droiture, autant eût valu essayer de marcher sur l'eau comme Notre-Seigneur. Le bateau de plaisance du premier consul, que j'ai vu à Saint-Cloud, n'aurait pu soutenir la dérive avec ses seize rameurs.

Cependant l'envie que j'avais de voir de plus près devenait une passion ; la fièvre me montait à la tête. Je redoublai d'efforts, et, remontant jusqu'à la pointe de l'Archevêché, je me lançai dans le courant, qui porte en cet endroit vers la rive droite.

Comme j'étais au milieu du fleuve, perdant, hélas ! tout ce que j'avais gagné, il y eut un grand éblouissement de lumière. La lune traversait une flaque d'azur, et chaque tourbillon de la rivière se mit à briller, comme si on eût agité à perte de vue des millions d'étincelles.

Le corps, rapetissé par la distance, m'apparut une dernière fois, remontant toujours et se perdant sous l'ombre des grands arbres qui bordent le quai des Ormes.

Là-bas, non loin du pont Marie, le long de l'eau et justement sous le quai des Ormes, il est un lieu sacré pour nous, j'entends pour ma femme, pour Angèle, pour moi et pour René Kervoz aussi, j'espère.

Angèle nous disait tout. Elle nous amenait là quelquefois, sur le gazon, parmi les fleurs, pour nous conter comme quoi, en ce lieu même, par un beau soir de printemps, son cœur et celui de René s'unirent en prenant Dieu à témoin.

J'y venais souvent, et depuis que le malheur était autour de nous, j'y priais parfois.

Je ne sais pourquoi j'eus le cœur douloureusement serré, en voyant le cadavre entrer sous cette ombre où nous placions de si chers souvenirs.

Tous mes efforts tendaient à aborder la rive droite ; car il était désormais évident pour moi que je ne pourrais point atteindre mon but en restant dans mon bateau.

Descendre sur la berge et courir à toutes jambes vers le pont Marie, tel était le seul plan raisonnable.

Je l'exécutai, et, après avoir amarré mon bateau à la hâte, je pris ma course vers le jardin du quai des Ormes.

Dire pourquoi mes jarrets étaient lâches et comme paralysés me serait impossible. Le vent qui glaçait la sueur de mes tempes me repoussait. J'avais cette faiblesse qui prend les membres à l'approche d'une grande maladie de l'esprit, quand menace un grand malheur.

J'étais loin, bien loin encore. Comment vis-je cela de si loin et si distinctement, dans le noir qui est sous ces arbres?

Je le vis, j'affirme que je le vis, car je poussai un cri d'angoisse en hâtant ma course.

Cela dura le temps d'un éclair.

Je vis, au bord de l'eau, là où sont les fleurs et les gazons, une jeune fille agenouillée, une désespérée, sans doute, de celles que je cherche toujours et que je trouve parfois, grâce à la bonté de Dieu.

Je les reconnais entre mille. Elles prient presque toutes ainsi avant de perdre leur pauvre âme aveuglée. Et pensez-vous que la miséricorde éternelle n'ait point pitié de cette navrante folie?...

Ici Jean-Pierre Sévérin, dit Gâteloup, passa la main sur son front humide. La parole hésitait dans son gosier.

Tout entier à l'émotion de sa pensée, il parlait bien plus pour lui-même que pour son interlocuteur qui, désormais, était immobile et muet.

M. Berthellemot poussa la discrétion jusqu'à ne point répondre à la dernière question qui lui était posée, question philosophique, pourtant, et qui eût pu servir de thème à quelque long bavardage.

Et si le lecteur s'étonne de cette réserve excessive chez un si déterminé interrupteur, nous lui confesserons que M. Berthellemot, comme beaucoup d'autres employés supérieurs, avait le talent utile de dormir profondément en se tenant droit sur son siège et en gardant toutes les apparences d'une vigilante attention.

Il dormait, ce juste, et rêvait peut-être de l'heure fortunée où, l'œil perçant du premier consul distinguant enfin son mérite hors ligne, le *Moniteur* insérerait cette sentence si éloquente et si courte : M. Berthellemot est nommé préfet de police.

Jean-Pierre, du reste, n'avait pas besoin qu'on lui répondît; il continua :

— Il y a une contradiction sublime et que dix fois j'ai rencontrée sur mon chemin. Toute créature humaine décidée à se détruire elle-même peut être arrêtée au bord de l'abîme par l'espoir de sauver son semblable.

L'homme qui va commettre un suicide est toujours prêt à empêcher le suicide d'autrui.

De telle sorte que deux désespérés, penchés au bord de l'abîme, vont s'arrêter mutuellement et trouver de ces paroles qui conseillent le courage et la résignation.

La jeune fille du quai des Ormes avait fait le signe de la croix, et je me disais: « Hâtons ma course impuissante, j'arriverai trop tard, » lorsque j'aperçus tout à coup, devant elle, le corps qui remontait la Seine, en côtoyant la rive.

Il brillait, ce corps, d'une lueur propre, et il me semblait que le tableau s'éclairait de pâles rayons émanant de lui.

J'eus froid dans toutes mes veines. Pourquoi ? Je n'aurais point su le dire.

La jeune fille s'inclina en avant et tendit le bras. Un autre bras, celui du corps, s'allongea aussi vers la jeune fille.

Mes cheveux se dressèrent sur mon crâne et ma vue se voila.

J'entrevis, à travers un brouillard, quelque chose d'inouï et d'impossible.

Ce ne fut pas la jeune fille qui attira le corps à elle, ce fut le corps qui attira à lui la jeune fille.

Tous deux, le corps et la jeune fille, restèrent un instant hors de l'eau, car le corps s'était arrêté et dressé.

Une main morte se plongea dans l'abondante chevelure de la jeune fille, tandis que l'autre main décrivait autour de son front et de ses tempes un cercle rapide.

Puis le corps monta sur la berge, vivant, agile, jeune, tandis que la pauvre enfant prenait sa place dans l'eau tourmentée.

Mais, au lieu de remonter le courant comme le corps, la jeune fille se mit à descendre au fil de l'eau, tournoyant et plongeant...

Je me lançai, tête première, dans la Seine, et je fis de mon mieux. Après avoir nagé en vain un quart d'heure, je me retrouvai, emporté par la dérive furieuse, à la hauteur de ma propre maison, qui est sur la place du Châtelet.

La jeune fille avait disparu.

Au moment où je remontais sur le quai, vaincu, épuisé, désolé, par les degrés de la Morgue neuve, une femme passa devant moi, cette femme qui avait les cheveux d'Angèle.

Je l'arrêtai. Quand elle se retourna, je reconnus la comtesse Marcian Gregoryi, éblouissante de beauté et de jeunesse, mais coiffée de cheveux blonds.

Et, sais-je pourquoi ? sa vue me fit penser à ce corps livide qui naguère remontait le fil de l'eau.

Je ne parlai point, l'étonnement me fermait la bouche.

La comtesse Marcian Gregoryi prononça un nom étranger, et que je crois être : Yanusa.

Une voiture, attelée de deux chevaux noirs, sortit de l'ombre, à l'encoignure du Marché-Neuf.

La comtesse y monta, et l'équipage partit au galop dans la direction de Notre-Dame...

Un violent coup de sonnette qui retentit tout à coup, fit tressaillir Jean-Pierre et réveilla le secrétaire général en sursaut.

— Présent ! dit M. Berthellemot, qui se frotta les yeux avec énergie.

Comme il cherchait à se rendre compte du bruit qui venait d'interrompre son sommeil paisible, la porte principale s'ouvrit brusquement, et Charlevoy, un des agents qui naguère était de garde, entra en disant :

— Un message pressé des Tuileries, avec la marque du premier consul.

Berthellemot se leva chancelant et tout étourdi. Il avait déjà oublié la sonnette.

— A M. Sévérin, ajouta Charlevoy.

— Ah ! ah ! fit Berthellemot, M. Sévérin... J'ai pris des notes... L'homme qui a dit : Votre Majesté, sous la Convention nationale... Donnez !

La sonnette retentit de nouveau, et Berthellemot, dégourdi cette fois, s'écria :

— C'est M. le préfet.

Il retrouvait ses jambes pour s'élancer vers la porte qui communiquait avec le cabinet de son chef, lorsque Jean-Pierre l'arrêta, lui tendant la lettre ouverte, la lettre qui venait des Tuileries.

Elle n'était pas longue et disait seulement :

« Ordre de mettre à la disposition du sieur Sévérin les agents qu'il demandera. »

Et la signature de Bonaparte, premier consul.

— Monsieur Despaux ! clama Berthellemot, tout ce que nous avons d'agents aux ordres de cet excellent homme... Pardon si je vous laisse, mon voisin... la préfecture est à vous... Petite parole ! votre histoire était bien intéressante... Vous témoignerez devant qui de droit que je n'ai pas même pris l'avis de M. Dubois pour obéir aux ordres du premier consul... Parole mignonne ! Entre le premier consul et M. Dubois, on ne peut hésiter...

Troisième coup de sonnette, qui cassa le cordon.

Berthellemot se lança, tête première, dans la porte, comme les écuyers du Cirque olympique, qui passent à travers des tambours de papier.

Quand il arriva dans le cabinet du préfet, celui-ci baisait la main d'une jeune femme radieuse de beauté et coiffée d'éblouissants cheveux blonds.

M. Dubois avait l'air fort animé et faisait la roue administrative en perfection.

— Monsieur le secrétaire général, dit-il sévèrement, j'ai appelé trois fois.

Il interrompit l'excuse balbutiante de son interlocuteur pour ajouter :

— Monsieur le secrétaire général, ayez pour entendu que la préfecture de police tout entière est à la disposition de Mme la comtesse Marcian Gregoryi, que voici.

Et comme Berthellemot reculait stupéfait, M. Dubois acheva en se redressant avec majesté :

— Ordre autographe du premier consul !

XVIII

LA COMTESSE MARCIAN GREGORYI.

M. Berthellemot n'était pas un homme ordinaire; nous avons vu qu'il possédait le regard perçant de M. de Sartines, l'ironie de M. Lenoir, et je ne sais plus quel tic appartenant à M. de La Reynie. Il jurait en outre petite parole avec élégance et savait faire craquer ses doigts comme un ange. Ajoutons qu'il était bavard, content de lui-même et jaloux de ses chefs.

Les étrangers et les malveillants prétendent que l'administration française apprécia de tout temps ces aimables vertus.

Ce sont elles, ces vertus, et d'autres encore, qui lui ont acquis la réputation européenne qu'elle a d'accomplir, en trois mois, avec soixante employés, tous bacheliers ès lettres, la besogne qui se fait à Londres en trois jours avec quatre garçons de bureau.

Il est juste d'ajouter que MM. les militaires anglais se vantent volontiers d'avoir sauvé à Inkermann l'armée française, qui vint les retirer, roués de coups, du fond d'un fossé, et qu'il est notoire à Turin que Sébastopol fut pris par l'infanterie piémontaise toute seule.

Gardons-nous de croire aux forfanteries des peuples rivaux et soyons fiers de notre administration, qui suffirait à encombrer les bureaux de l'univers entier.

M. Berthellemot, malgré ses talents et son expérience,

resta d'abord tout abasourdi à la vue de cette belle personne, insolemment blonde, qui le regardait d'un air un peu moqueur.

S'il n'aimait pas son préfet, il le craignait du moins de toute son âme.

Comment lui dire que cette charmante femme était une vampire, une oupire, une goule, un hideux ramassis d'ossements desséchés dont le tombeau, situé quelque part, sur les bords de la Seine, s'emplissait de crânes ayant appartenu à de malheureuses jeunes filles qu'elle avait scalpées à son profit, elle, la comtesse Marcian Gregoryi, la goule, l'oupire, la vampire ?

Cette insinuation aurait pu paraître invraisemblable.

Je vais plus loin : par quel moyen établir que cette monstrueuse créature, dont les joues à fossettes souriaient admirablement, se nourrissait de chair humaine ?

Comment l'accuser d'avoir été brune hier, elle, dont le front d'enfant rayonnait sous une profusion de boucles d'or?

Vous eussiez eu beau crier : Elle est chauve ! personne ne vous aurait cru.

M. Berthellemot sentait cela.

Bien plus, il doutait lui-même, tant ces cheveux d'ambre étaient naturellement plantés.

Il n'était pas du tout éloigné de croire que « son voisin » l'avait rendu victime d'une audacieuse mystification.

— Monsieur le préfet, balbutia-t-il enfin, je vous prie de tenir pour assuré que j'ai pris des notes... et je suis bien l'humble serviteur de madame la comtesse.

— Ordre autographe, monsieur, répéta noblement M. Dubois, et libellé dans une forme qui semble présager les grands événements dont l'augure favorable... Bref, je m'entends, monsieur, et je ne suppose pas que vous ayez besoin de connaître les secrets de l'État.

Berthellemot s'inclina jusqu'à terre.

— Veuillez écouter, je vous prie, poursuivit le préfet, qui déplia un papier de petite dimension, chargé d'une écriture hardie et un peu irrégulière.

Et il lut d'une voix tout à coup saturée d'onction :

« Nous chargeons M. L. N. P. J. Dubois, notre préfet de police, d'écouter avec le plus grand soin les renseignements qui lui seront fournis par le porteur du présent.

« La comtesse Marcian Gregoryi est une noble Hongroise qui nous a rendu déjà un signalé service lors de la campagne d'Italie. Nous avons éprouvé son dévouement *personnel*.

« Ce qu'elle demandera devra être exécuté à la lettre.

« Signé : N***. »

— Oui bien ! s'écria M. Dubois, qui mit le papier dans sa poche pour faire craquer ses doigts, mais non pas si adroitement que le secrétaire général ; oui bien ! je suis son préfet de police, à *lui*, jusqu'à la mort ! C'est particulier, monsieur, et même confidentiel ! Je connais des gens orgueilleux qui me traitent par-dessous la jambe, et que ce simple morceau de papier ferait trembler. Ma position se dessine, on ne peut pas toujours rester sous le boisseau, n'est-il pas vrai ? Le mérite se fait jour. Et songez qu'un œil d'aigle est fixé sur nous.

Berthellemot ouvrit timidement la bouche, mais M. Dubois la lui ferma d'un grand geste, et dit :

— Je vous prie, monsieur, de garder le silence.

Il glissa une œillade vers la comtesse pour voir l'effet produit par cette parole ferme.

La comtesse Marcian Gregoryi s'était assise et disposait avec grâces les plis d'une robe exquise. Elle était si jeune, si belle et si jolie qu'on se demandait quel âge elle pouvait avoir en 1797, quand elle rendit ce signalé service au général Bonaparte.

M. Dubois continua :

— C'est signé d'un N seulement, d'un N majuscule. J'éprouve une joie sincère, monsieur, et je ne peux la cacher. Mes opinions sont connues, elles n'ont jamais varié. Celui qui est le destin de la France et du monde a sondé, je l'espère, le fond de mon cœur... et Mme la comtesse témoignera, j'en suis sûr, devant qui de droit, de mon empressement, de mon .. En un mot, les aspirations de notre patrie sont manifestement monarchiques.

Berthellemot posa sa main droite sur sa poitrine pour pousser une acclamation prématurée, mais le préfet lui dit encore :

— Monsieur, je vous prie de garder le silence. Madame la comtesse, ajouta-t-il avec solennité, mon secrétaire général écoute vos commandements.

Cette délicieuse blonde n'avait pas encore parlé. Sa voix sortit comme un chant.

— Le plus pressé, dit-elle, est d'arrêter ce malintentionné qui, malgré sa position très subalterne, est le plus dangereux ennemi du premier consul : je veux parler du gardien juré du caveau des montres et confrontations au Châtelet.

— Mon voisin ! murmura Berthellemot en un gémissement.

— Le nommé Jean-Pierre Sévérin, dit Gâteloup, acheva la comtesse.

— Mais..., s'écria Berthellemot suffoqué, mais, madame la comtesse... mais, monsieur le préfet... ce Gâteloup est l'ami de l'empereur !

M. Dubois fut embarrassé, non point du fait en lui-même mais du mot.

— Personne plus que moi, prononça-t-il avec émotion, ne souhaite, ne désire, n'appelle de tous ses vœux... de toutes ses aspirations... et madame la comtesse n'en doit point douter..., mais enfin je dois protester, au nom même du chef de l'Etat...

— Le temps presse, l'interrompit froidement l'adorable blonde, dont les sourcils délicats étaient froncés. Chaque minute perdue aggrave la situation... et j'ai peur que M. le secrétaire général n'ait commis quelque bévue.

Ceci fut dit nettement et ne choqua point le préfet, qui murmura d'un ton de commisération :

— Ah! certes, le pauvre garçon en est bien capable!... Si l'on savait en haut lieu comme nous sommes pitoyablement secondés!

Berthellemot, rouge de colère, perdit toute mesure pour la première fois de sa vie administrative.

— Parole jolie! s'écria-t-il. A qui faut-il croire? A vous, monsieur Dubois, ou au premier consul? Moi aussi, j'ai reçu un ordre! un ordre autographe...

— Un ordre autographe! répéta le préfet. De lui à vous?...

— A moi! riposta Berthellemot, ferme sur ses ergots. C'est-à-dire... Enfin mon opinion personnelle a été que je ne devais pas désobéir à Napoléon Bonaparte.

— Et que disait l'ordre ? demanda la comtesse, qui avait légèrement pâli.

— L'ordre mettait la préfecture de police à la disposition de M. Jean-Pierre Sévérin, qui a été le maître d'armes du premier consul.

— L'ordre doit être faux! s'écria la comtesse. Ce Sévérin est le plus dangereux complice de Georges Cadoudal.

Les deux fonctionnaires demeurèrent atterrés.

M. Dubois tomba plutôt qu'il ne s'assit dans son fauteuil, et Berthellemot, exécutant pour la seconde fois son travail d'écuyer du cirque Olympique, sauta tête première au travers de la porte.

Il ne fut absent que trois minutes.

Ces trois minutes, il les passa avec M. Despaux, qui lui rapporta que, sur son ordre, à lui, M. Berthellemot, on avait donné à Jean-Pierre Sévérin un officier de paix muni de son écharpe et quatre agents choisis, parmi lesquels comptaient Laureut et Charlevoy.

— Et tout ce monde-là est parti? demanda le malheureux secrétaire général.

— Il y a beau temps! répondit Despaux. Le Sévérin avait l'air d'avoir le diable à ses trousses.

— Où sont-ils allés ?
— On ne m'avait pas chargé de m'enquérir de cela.
— Vous avez gardé l'ordre, je suppose ?
— Quel ordre ?
— L'ordre du premier consul.
— Je ne savais même pas qu'il y eût un ordre du premier consul. Je n'ai obéi qu'à vous, mon supérieur immédiat.

Berthellemot l'enveloppa d'un regard où la détresse le disputait à la fureur.

— Petite parole ! s'écria-t-il. Vous m'êtes supect, monsieur. Il ne tient à rien que je ne fasse un exemple ! Je vous laisse le choix entre ces deux épithètes : incapable ou criminel !

— Quand M. le secrétaire général voudra, répondit Despaux, chapeau bas ; je suis chasseur, et M. Fouché va faire de bien belles battues à sa terre de Pont-Carré.

— Monsieur, monsieur ! grinça Berthellemot, vous me répondez de la vie du premier consul !

Despaux salua en ricanant et sortit à reculons.

Quand M. Berthellemot rentra dans le cabinet du préfet, il avait l'air d'un chien battu.

Loin de faire craquer ses doigts, il tourna ses pouces d'un air consterné.

— Voilà tout ce que je puis faire, murmura-t-il, mettre M. Despaux en prison.

Le préfet lui coupa la parole d'un geste coupant comme un rasoir :

— Je vous prie de garder le silence, monsieur, lui dit-il. Vous m'êtes suspect !

Les jambes de Berthellemot chancelèrent sous le poids de son corps.

— Incapable ou criminel, monsieur, poursuivit Dubois. Je vous laisse le choix entre ces deux épithètes. Vous n'êtes pas digne, je suis contraint à vous le dire, d'être le lieutenant de celui qui, par son zèle et par sa clairvoyance, a su prévenir les suites désastreuses des différents complots dirigés contre une vie précieuse... de celui qui se dresse comme une infranchissable barrière... comme un bouclier de diamant, monsieur, entre le chef de l'Etat et les perfides menées des factions... de celui qui s'est emparé de Pichegru et de Moreau... de celui qui va s'emparer de Cadoudal aujourd'hui même !

— Ah !... fit Berthellemot dont la bouche resta béante.

Dubois croisa les mains derrière son dos. Il éblouissait son secrétaire général.

— M. Despaux, monsieur, continua-t-il, ne me paraît pas absolument impropre à remplir des fonctions qui désormais semblent être au-dessus de vos capacités. Il ne tient à rien que je ne fasse un exemple...

— Ah! monsieur le préfet! s'écria Berthellemot, après tout le mal que je me suis donné... *Sic vos non vobis!*...

— Voudriez-vous faire croire que vous êtes pour quelque chose dans le succès constant de mes efforts? demanda superbement Dubois.

— Parole jolie, riposta bravement le secrétaire général, retrouvant un brin de courage tout au fond de sa détresse; destituez-moi seulement, et vous verrez si j'ai ma langue dans ma poche... J'ai pris des notes, Dieu merci... M. Fouché, pas plus tard qu'aujourd'hui, me faisait tâter par ce même Despaux...

Fouché était la terreur de tout ce qui tenait à la police. On savait qu'entre lui et le premier consul, c'était un peu une querelle de ménage, et que tôt ou tard la réconciliation devait venir.

M. Dubois fit quelques pas dans sa chambre.

— Retirez-vous, monsieur, dit-il d'un ton moins rogue. J'ai besoin d'être seul avec madame la comtesse, grâce à qui je vais accomplir un acte qui sera l'honneur de ma carrière publique... Nous traversons des conjonctures difficiles; vous avez fait une faute, tâchez de la réparer... Je vous charge de retrouver à tout prix ce Jean-Pierre Séverin, qui est un effronté malfaiteur, et de vous emparer de lui mort ou vif... A ce prix, je vous laisse l'espoir de regagner ma confiance...

— Ah! monsieur le préfet!... s'écria Berthellemot les larmes aux yeux.

— Un dernier mot! l'interrompit Dubois, coupant court à cet attendrissement : je vous rends responsable de la vie du premier consul... Allez!

— Voilà comme nous les menons! dit-il en se rapprochant de la comtesse, dès que Berthellemot eut disparu derrière la porte refermée. Et il faut s'y prendre ainsi avec ces natures inférieures. Dieu seul et le chef de l'Etat peuvent mesurer la prodigieuse différence qui existe entre un préfet de police et un secrétaire général !

Berthellemot, cependant, partageait cet avis avec Dieu et le chef de l'Etat, mais il établissait la différence en sens contraire.

— Brute abjecte ! pensait-il en rentrant, l'oreille basse dans son cabinet; misérable girouette tournant à tous les vents ! J'aurai ta place ou je mourrai à la peine ! Tout ce qui te donne un certain lustre, c'est moi qui l'ai fait ! Moi, moi seul, qui suis autant au-dessus de toi que l'oiseau libre est au-dessus des volailles de nos basses-cours... Parole jolie, tu me payeras cela ! et quand je serai à la tête de l'administration, l'univers entier aura de tes stupides nouvelles !

La chanson dit que les gueux sont des gens heureux et qu'ils s'aiment entre eux, mais elle n'entend point parler de ceux qui nous administrent.

Si vous voulez voir de belles et bonnes haines, bien concentrées, bien vitrioliques, bien venimeuses, allez dans les bureaux.

Tout en songeant cependant et tout en minutant les ordres qui devaient lancer une armée d'agents sur la piste de Jean-Pierre Sévérin, dit Gâteloup, M. Berthellemot caressait dans sa pensée l'image de Mme la comtesse Marcian Gregoryi.

— Un joli brin ! se disait-il, petite parole ! On prétend que les vampires ont les lèvres gluantes de sang... celle-ci est une rose... Mais, après tout, il est bien sûr qu'un des deux ordres signés par le premier consul est faux... Si c'était le sien ?...

— Maintenant, s'il vous plaît, madame, reprit le préfet, assis auprès de la blonde adorable, poursuivons notre travail, en commençant par Georges Cadoudal...

— Non, l'interrompit la comtesse, il me faut d'abord l'arrestation de tous les Frères de la Vertu... S'il en reste un seul libre, je ne réponds plus de rien.

Elle tira d'un portefeuille en cuir de Russie, orné de riches arabesques, une liste qui était longue et contenait, entre beaucoup d'autres, plusieurs noms connus de nous :

Andrea Ceracchi, Taleh, Caërnarvon, Osman, etc. En regard de chaque nom il y avait une adresse.

— Je viens de bien loin, dit-elle, et mon voyage n'a eu qu'un but : sauver l'homme dont la gloire éblouit déjà nos contrées à demi sauvages. La pensée de ce dévouement est née en moi au delà du Danube, dans les plaines de la Hongrie, où la ligue de la Vertu commence à recruter des poignards. Je suis entrée dans la sanglante association tout exprès pour la combattre. Je n'ignorais, en partant, aucun des périls de cette entreprise, où mes trois plus chers amis ont perdu la vie : je parle du comte Wenzel, le brave cœur ; du baron de Ramberg, le brillant, le loyal jeune homme, et enfin de Franz Kœnig, dont l'avenir semblait si beau...

Dubois ouvrit vivement le tiroir de son bureau et consulta une note.

— Comte Wenzel, murmura-t-il, baron de Ramberg... tous deux de Stuttgard... C'est la première fois que j'entends parler du troisième.

— Vous n'entendites parler des deux autres qu'une fois, monsieur le préfet, répliqua la comtesse avec mélancolie, et c'est moi qui fis parvenir à la préfecture la nouvelle de leur mort. Le troisième a partagé aujourd'hui même le destin de ses deux compagnons. Vous pouvez ajouter son nom à votre liste. Il était aussi de Stuttgard.

Les yeux du préfet étaient baissés, et ses sourcils se rapprochaient comme s'il eût laborieusement réfléchi.

— Sans eux, continua la comtesse, les chevaliers errants de la jeune Allemagne, j'aurais fait il y a un mois ce que je fais aujourd'hui. Je serais venue ici où l'on dénonce et j'aurais dénoncé. Mais Wenzel, Ramberg et Koënig avaient dit : Nous combattrons par nous-mêmes, et avec nos propres forces ; nous écraserons la vampire...

— La vampire! répéta M. Dubois étonné.

La comtesse Marcian Gregoryi eut un sourire.

— C'est un nom qui se prononce beaucoup dans Paris, dit-elle, je le sais. M. Dubois, l'homme de la raison, de la science et des lumières, M. Dubois à qui le futur gouvernement de l'empereur promet une si haute fortune, ne croit pas, je le suppose, à ces pauvres fables de l'Europe orientale... Le préfet de police de Paris ne croit pas aux vampires...

— Non... certes non! balbutia Dubois. Mon éducation, mes connaissances...

— La vampire dont je parle, l'interrompit la comtesse Gregoryi d'une voix nette et ferme, c'est la société secrète qui s'intitule elle-même la ligue de la Vertu, et qui n'est qu'un faisceau des scélérats, unis dans la pensée d'un crime !

— Eh bien! fit naïvement M. Dubois, je m'en doutais!

— Association de hiboux, poursuivit la belle blonde en s'animant, rassemblés dans la nuit pour arrêter le vol de l'aigle... ramassis de haines, d'envies ou de lâches ambitions... La vampire véritable, la ligue des assassins, a inventé l'autre vampire, la fausse, le monstre fantastique et impossible qui fait peur aux grands enfants de Paris. La fable était chargée de donner ainsi le change à ceux qui auraient voulu poursuivre la réalité... de même que cette comédie du quai de Béthune, la pêche miraculeuse, avait pour objet d'attirer l'attention publique loin, bien loin du charnier, hélas! trop réel, où se décomposent les restes mortels de tant de victimes déjà immolées !

Dubois avait mis son front dans sa main.

— Cela explique tout! murmura-t-il, et cela rentre dans une série d'idées que j'ai plus d'une fois soumises à l'épreuve de mon raisonnement... car rien ne m'échappe... rien, madame, et vous allez bien le voir tout à l'heure. Les personnes qui viennent ici, la bouche enfarinée, me dire : Prenez garde à vous! attention à ceci! attention à cela! sont un peu dans le rôle de la mouche du coche.

— Vous êtes le ministre de la police de l'avenir! prononça solennellement la comtesse Marcian Gregoryi.

— Seulement, reprit M. Dubois, je ne suis pas secondé. Un troupeau d'oisons, madame, voilà mon armée... sans compter que j'ai dans mes roues deux ou trois bâtons que je ne qualifierai pas et qui se nomment MM. Savary, Bourienne, Fouché et le diable... Comprenez-vous cela?... Et sans compter encore qu'au-dessus de moi, oui, madame, au-dessus, il y a un sénateur de carton, un mannequin, un dindon empaillé, M. le grand juge, s'il vous plaît, qui suffirait, lui seul, à enrayer la machine la mieux graissée... Sans eux, j'aurais déjà fourré vingt fois la vampire dans ma poche, qu'elle soit société secrète ou une goule arrachée aux gouttières de la tour Saint-Jacques la Boucherie... je vous en donne ma parole, madame.

— Je l'ai dit à l'empereur, murmura la comtesse comme si elle se fût parlé à elle-même.

— Chut! fit Dubois. N'abusons pas de cette qualification. Fouché a des mouches jusque dans mes bureaux... Je vous prie de me dire, madame, non point pour me rien apprendre, mais afin que je compare les appréciations, quel était, selon vous, le but de ces meurtres nombreux?

— Le but était triple, monsieur le préfet: troubler les populations, faire disparaître des ennemis et battre monnaie...

— Ah! ah!... ces messieurs de la Vertu sont des voleurs?

— Il faut de l'argent pour s'attaquer à un chef d'Etat, monsieur le préfet.

— C'est vrai, madame, et j'admire votre capacité.

Ici Dubois fixa sur elle ce regard emprunté à M. de Sartines, et que Berthellemot prenait en son absence, comme tout bon valet de chambre chausse de temps en temps les bottes vernies de son maître.

— Et permettez-moi, dit-il en changeant de ton, de vous donner la preuve que je vous ai promise tout à l'heure... la preuve de ce fait que rien ne m'échappe, si mal secondé que je sois; ma clairvoyance personnelle suffit à tout... à peu près... Vous avez un dossier ici, madame la comtesse.

La belle blonde s'inclina.

— Vous avez dû épouser ce comte de Wenzel? reprit le préfet.

— Le bruit en a couru, monsieur.

— L'inscription en a été faite à la sacristie de Saint-Eustache.

— On ne peut rien vous cacher, en vérité!

— Vous avez dû encore épouser le baron de Ramberg?

— On l'a dit.

— J'ai l'extrait des registres de Saint-Louis-en-l'Ile.

— C'est merveilleux, monsieur le préfet !... Quelle institution que votre police !... Mais vous semblez ignorer que j'étais fiancée aussi, et de la même manière, à ce vaillant, à ce beau Franz Koënig...

M. Dubois laissa échapper un geste d'étonnement.

— Si j'osais solliciter de vous une explication ? commença-t-il.

— Je comptais assurément vous l'offrir, l'interrompit la comtesse, dont les grands yeux avaient, en vérité, à cette heure, une expression de religieuse tristesse. Wenzel, Ramberg et Koënig étaient les plus chers de mes amis ; c'est trop peu dire : ils étaient mes frères, et je ne cache pas que mon ardeur à continuer l'œuvre commune est doublée par l'espoir de les venger. Nous étions ligue contre ligue : la ligue du bien contre la ligue du mal. J'avais prodigué ma fortune aux préliminaires de la lutte, et, au bien comme au mal, il faut le nerf de la guerre. Mes trois compagnons bien-aimés étaient riches, mais jeunes ; ils avaient besoin de prétextes pour tirer de grosses traites sur leurs hommes d'affaires, restés au pays. On ne prit pas la peine de varier le prétexte, parce que chacun de nous croyait que la fin du combat était proche. Wenzel envoya à Stuttgard l'extrait des registres de Saint-Eustache, avec la signature de l'abbé Aymar, vicaire ; Ramberg une pièce pareille, signée de l'abbé Martel, vicaire de Saint-Louis-en-l'Ile ; Koënig...

— Les deux premières pièces seules sont ici, dit le préfet. Eûtes-vous l'argent ?

— La vampire, répliqua la comtesse, dont la voix s'assombrit, a gagné à ce jeu près d'un million de francs.

M. Dubois referma son tiroir avec bruit.

— Maintenant, monsieur, reprit la blonde charmante, dont le ton redevint bref et délibéré comme au début de l'entrevue, permettez que j'aille au-devant de la question, car la nuit s'avance et il faut que tout soit fini demain matin. J'aborde un fait que vous ignorez encore, mais qui ne peut tarder à vous être révélé et qui vous expliquera la démarche hardie tentée par ce Jean-Pierre Séverin, à l'aide d'une fausse signature du premier consul.

— Fausse ? interrogea Dubois.

— Fausse, répéta la comtesse avec assurance, car le premier consul est parti ce soir, à sept heures, pour le château de Fontainebleau.

— Sans que je sois prévenu ! s'écria Dubois, qui bondit sur son siège.

— La dernière personne que le premier consul a vue à Paris, c'est moi, et j'étais chargée de vous prévenir.

Dubois sonna à tour de bras. M. Despaux entra presque aussitôt.

Il eût fallu un regard encore plus perçant que celui de M. le préfet de police pour saisir au passage le coup d'œil rapide qui fut échangé entre le nouvel arrivant et la comtesse Marcian Gregoryi.

— Aux Tuileries, sur le champ, un exprès ! ordonna Dubois. Le premier consul serait parti ce soir pour Fontainebleau...

— On vient d'en apporter la nouvelle, dit Despaux, et j'étais en route pour l'annoncer à M. le préfet.

Despaux sortit sur un signe de son chef.

— Le fait dont je voulais vous entretenir, reprit tranquillement la délicieuse blonde, est la mise en chartre privée, par moi, d'un jeune étudiant en droit, nommé René de Kervoz, gendre futur de Jean-Pierre Sévérin...

— Que le diable emporte celui-là ! s'écria le préfet du meilleur de son cœur.

— Et propre neveu, poursuivit la comtesse, du chouan Georges Cadoudal.

M. Dubois se dérida aussitôt et devint attentif.

— Un enfant, monsieur le préfet, étranger autant qu'il est possible de l'être à tous complots politiques, et que je retiens prisonnier précisément pour l'éloigner des scènes violentes qui auront lieu demain matin.

— Est-ce par lui que vous connaissez la retraite de Cadoudal? demanda Dubois.

— C'est par lui.

— Il a donc trahi ?

— Il m'aime, répondit la comtesse Marcian Gregoryi en rougissant, non point de honte, mais d'orgueil.

— Maintenant que nous avons tout dit, monsieur le préfet, reprit-elle après un silence, convenons de nos faits. Je vous rappelle que je n'ai rien à solliciter de vous. C'est moi qui pose les conditions. Je pose pour condition première qu'aujourd'hui, à minuit, une force suffisante entourera la maison située chemin de la Muette, au faubourg Saint-Antoine, et dont voici le plan exact. (Elle déposa un papier sur le bureau.) Tous les affiliés de la ligue de la Vertu seront réunis dans cette maison. Vous aurez à faire main basse sur eux, et voici comment vous serez introduit : un de vos hommes se présentera à la porte donnant sur le chemin de la Muette et frappera six coups, espacés ainsi et non autrement: trois, deux, un. On ouvrira, on lui demandera : Qui êtes-vous? Il répondra : Au nom du Père, du Fils et du Saint-Esprit, je suis un frère de la Vertu.

A la même heure, s'il se peut, ou immédiatement après,

vos agents entreront dans l'hôtel qui porte le numéro 7, chaussée des Minimes, au Marais. Vous saisirez en ce lieu tous les papiers des conjurés, toutes les épreuves!

Mon nom se trouvera fréquemment dans ces papiers. Vous savez désormais à quel titre. J'ai hurlé avec les loups pour avoir le droit de les suivre jusqu'au fond de leur tanière.

Dans la serre, située à gauche du salon, la troisième caisse en partant de la porte vitrée, caisse qui contient un yucca, sera dérangée et découvrira une trappe.

Sous la trappe est un sépulcre, le vrai charnier de la vampire.

Il ne sera fait aucun mal au jeune René de Kervoz quand il reparaîtra parmi les vivants.

A l'instant même vous allez me préparer mes passeports pour Vienne. Je voyagerai avec une femme du nom de Yanusza Paraxin, qui est ma nourrice, avec mon cocher et mon valet. Je partirai demain, aussitôt après avoir remis entre vos mains Georges Cadoudal.

Jusqu'à ce moment je reste comme otage.

— Et comment livrerez-vous Georges Cadoudal? demanda Dubois.

— Tout est-il accepté?

— Oui, tout est accepté.

La comtesse Marcian Gregoryi se leva, et M. Dubois, qui était un connaisseur, ne put s'empêcher d'admirer les grâces exquises de sa taille.

Voici comment je vous livrerai Georges Cadoudal, dit-elle. Avant le lever du jour, vos hommes, tous en bourgeois, seront en embuscade dans la rue Saint-Hyacinthe-Saint-Michel, depuis la rue Saint-Jacques jusqu'à la place. Quelques-uns tourneront même l'angle de la rue Saint-Jacques, d'autres s'échelonneront le long de la rue de la Harpe, de manière à cerner vers le sud tout le pâté de maisons.

A huit heures du matin, un cabriolet de louage viendra stationner à l'une des portes de ce pâté, je ne sais encore laquelle, car Georges Cadoudal a su se ménager une retraite qui ressemble au terrier du renard : elle a dix issues pour une.

L'arrivée du cabriolet sera le signal pour regarder aux fenêtres.

A l'une des fenêtres une femme voilée paraîtra.

Quand cette femme voilée se montrera, Georges franchira le seuil et montera en cabriolet.

Aux agents de faire le reste.

Elle salua légèrement de la tête, en grande dame qu'elle était, et gagna la porte, reconduite de loin par le préfet de police, qui se confondait en saluts.

XIX

DERNIÈRE NUIT

Resté seul, M. le préfet prit une attitude méditative pour s'avouer sincèrement à lui-même que depuis l'invention de la police, jamais magistrat n'avait fait preuve d'une pareille perspicacité.

Grâce à son talent et d'une seule pierre, il allait frapper trois magnifiques coups : confisquer à son profit le succès de la vampire, révéler à Paris ébloui l'existence de la ligue de la Vertu, et prendre au piège ce loup de Cadoudal. Triple gloire !

Il regrettait, en se frottant les mains, qu'on ne pût faire un sous-empereur, car il se sentait digne d'un petit trône.

Cependant l'équipage de la comtesse Marcian Gregoryi attendait dans la rue Harlay-du-Palais. C'était bien la même voiture élégante, attelée de deux beaux chevaux noirs, que nous vîmes une fois stationner au seuil de l'église Saint-Louis-en-l'Ile.

— A l'hôtel ! ordonna la comtesse en franchissant le marchepied.

Comme elle refermait la portière, une ombre se détacha de l'encoignure d'une maison voisine et glissa sans bruit vers l'équipage.

L'ombre avait presque la carrure d'un homme mais tout au plus la taille d'un enfant de douze ans.

Quand la voiture partit au galop, on aurait pu voir, en passant sous le prochain réverbère, notre ami Germain Patou cramponné au siège du laquais.

Les beaux chevaux ne s'arrêtèrent qu'à la porte cochère d'une vieille et magnifique maison située chaussée des Minimes, numéro 7.

La comtesse Marcian Gregoryi monta un escalier de grand style. Dans l'antichambre du premier étage, une vieille femme de taille virile attendait, ayant auprès d'elle un énorme chien, vautré sur les dalles. À l'entrée de la comtesse, il se dressa sur ses quatre pattes et allongea le cou comme font les chiens pour hurler.

— La paix, Pluto ! fit Yanusza en son latin barbare.

Pluto savait le latin, car il se rasa, puis s'allongea et rampa jusqu'à la nouvelle venue, en balayant les dalles du poil de son ventre.

— Franz Koënig est-il arrivé? demanda la comtesse.
— Il est arrivé, répondit Yanusza.
— A l'heure dite?
— Avant l'heure dite.
— Avait-il les cent cinquante mille thalers?
— Il avait les cent cinquante mille thalers et trois écrins contenant les bijoux de noce. La corbeille viendra demain matin.
La comtesse eut un morne sourire.
— Il m'attend? demanda-t-elle encore.
— Sans doute, répliqua la vieille femme.
— Avec qui?
— Avec Taïeh, le nègre, et Osman, l'infidèle.
— Et penses-tu que l'affaire soit achevée?
Au moment où Yanusza ouvrait la bouche pour répondre, un cri déchirant, profond, lamentable, perça l'épaisse muraille de l'antichambre.
La comtesse eut un léger tressaillement, et Yanusza fit le signe de la croix.
— *Requiescat in pace!* murmura-t-elle.
Le grand chien hurla une longue plainte.
— Fais les malles, Paraxin, ordonna la comtesse, qui avait déjà recouvré son sang-froid, et ne perds pas de temps.
— Les malles sont faites, maîtresse, repartit la vieille femme. Est-il bien sûr que nous nous en allons demain?
— Aussi sûr que tu es une bonne chrétienne, Yanusza. C'est la dernière nuit. Franz Koënig a complété le million de ducats exigé par le comte Szandor. Je vais vivre et mourir, moi qui suis privée à la fois de la mort et de la vie. *In vita mors, in morte vita!* Szandor, mon époux adoré, me donnera une heure d'amour avant de me brûler le cœur!
Comme le vernis jette tout à coup d'étranges lumières sur une toile de maître, sa passion ardente transfigurait maintenant sa beauté.
Elle fit un pas vers la porte qui communiquait avec les appartements intérieurs; mais avant d'en toucher le loquet, elle s'arrêta.
— Et... murmura-t-elle avec une sorte d'hésitation, ce pauvre enfant?
— Il menace, répliqua la vieille femme, il prie, il blasphème, il pleure... Ce soir, il appelait son Angèle...
— Et ne prononçait-il pas le nom de Lila?
— Si fait... pour la maudire.
La frange de soie qui bordait les paupières de la comtesse s'abaissa.
— N'a-t-il jamais manqué de rien? interrogea-t-elle encore.

— Jamais : je lui portais son repas pendant son sommeil.
— Il dort ?
— Vous le savez bien, maîtresse, puisque...
La comtesse sourit en mettant un doigt sur ses lèvres.
— Tu n'as pas oublié, avant de partir, prononça-t-elle à voix basse, de mettre à son chevet ce vin qui donne des rêves ?
— Non, répliqua Yanusza, je n'ai pas oublié.
La comtesse passa la porte, tandis que la vieille femme se signait une seconde fois en marmottant une prière latine.
C'étaient de vastes pièces bâties et décorées selon le style de Henri IV, des boiseries moulées profondément, des plafonds à caissons, de hautes cheminées en bois sculpté, des tapisseries dont l'âge n'avait pas terni l'éclat.
Après avoir traversé une salle à manger dont les murailles semblaient fléchir sous le gibier peint, les fruits, les fleurs et les flacons, un salon tapissé de hautes lisses, encadrées d'argent, et un boudoir qui eût servi dignement à la belle Gabrielle, la comtesse Marcian Gregoryi poussa une dernière porte et entra dans une chambre que nous eussions aussitôt reconnue.
C'était là que René de Kervoz avait été pansé le lendemain de sa visite à la maison isolée du chemin de la Muette.
Tout y était dans le même état, sauf le lit à colonnes, qui avait ses rideaux fermés, et la lumière des lampes remplaçait le jour.
La serre, ouverte, envoyait les senteurs de la flore tropicale, mêlées à la fumée du cigarrito de Taïeb, qui était à son poste, sous le grand yucca, non point étendu pourtant en paresseux comme l'autre fois, mais occupé à nouer les quatre coins d'une toile à matelas sur un paquet de forme sinistre.
Le vent nocturne agitait au dehors les branches nues des arbres du jardin.
Dans le fauteuil même où nous le vîmes naguère, s'asseyait ce jeune homme pâle comme un mort et dont la chevelure était blanche, le Dr Andréa Ceracchi.
Depuis ce temps il avait maigri encore et ressemblait mieux à un fantôme.
Sa tête livide s'appuyait entre ses deux mains.
Le nègre fredonnait une chanson créole en achevant sa besogne.
— Victoire ! s'écria la comtesse en passant le seuil. Cadoudal est avec nous, et dans quelques heures tous nos frères seront vengés !
Taïeb tira un rideau qui masqua l'intérieur de la serre. On entendit la caisse grincer en roulant sur les planches, puis la trappe s'ouvrir.

Andréa Ceracchi avait relevé la tête. Tout ce qui lui restait de vie était dans ses yeux ardents.

La comtesse lui serra la main et reprit :

— J'ai suivi votre conseil, Andrea. En livrant Cadoudal, nous gagnions quelques jours de sécurité. Qu'importe, si nous n'avons besoin que de quelques heures ? Cadoudal vaut mieux que cela. Au lieu de le vendre, nous userons de lui, et demain, César égorgé sera au rang des dieux.

— Je veux frapper ! dit Ceracchi d'une voix sombre. J'ai promis à mon frère de frapper.

De l'autre côté du rideau, la trappe se referma avec un bruit sourd.

— Voilà le troisième parti avec les deux autres! s'écria le nègre.

Et il releva le rideau pour entrer, disant :

— Moi aussi, je veux frapper ! J'ai promis à mon maître de frapper.

— Vous frapperez tous, ceux qui voudront frapper ! s'écria la comtesse. Il y a dans cette gloire de la place pour mille poignards. Je hais l'homme bien plus que vous, puisque je l'admire et que je l'ai aimé à genoux : je le hais comme l'impie abhorre Dieu ! Moi aussi, je veux frapper : je ne l'ai promis à personne, je me le suis juré à moi-même !

Le docteur et le nègre baissèrent les yeux sous le foudroyant éclat de son regard.

— Quand vous êtes là, Addhéma, murmura Ceracchi, les doutes s'évanouissent, et l'on est tenté de croire en vous. Le sang versé est comme un poids sur ma conscience ; mais si mon frère est vengé, la joie guérira le remords... Que faut-il faire ?

— Que faut-il faire ? répéta le nègre en tendant à la comtesse un portefeuille et trois écrins.

— La dernière goutte de sang innocent a coulé, répondit-elle, et tu as gardé tes mains pures, Andréa Ceracchi. C'est le partage qui fait la complicité. Tu es resté pauvre au milieu de tes frères enrichis. Nous voici arrivés à l'heure suprême. Rends-toi une fois encore au lieu de nos réunions. Que la lampe de nos conseils s'allume encore une fois dans la maison solitaire, à qui l'histoire donnera peut-être un nom. Tous les frères de la Vertu seront présents ; ils ont été convoqués aujourd'hui même. C'est toi qui présideras, car je n'arriverai qu'au moment d'agir, et avec Georges Cadoudal lui-même...

— Ferez-vous cela ? s'écria Ceracchi, amènerez-vous le taureau du Morbihan ?

— J'engage ma foi que je l'amènerai avant que la troisième

heure après minuit soit sonnée... En attendant le signal qui vous annoncera notre venue, voici ce que vous aurez à faire. Il est bon que nos secrets de famille ne soient point confiés à ce Georges Cadoudal.

Vous aurez à dire à nos frères qu'aujourd'hui même, j'ai pris chez Jacob Schwartzchild et Cie des traites sur Vienne pour un million de ducats. Si le démon familier qui veille au salut de ce Bonaparte le protége contre nos coups, le rendez-vous sera à Vienne; l'association n'aura perdu que son temps et son sang, elle sera riche, elle pourra recommencer. Si nous réussissons, au contraire, ceux d'entre nous qui veulent la liberté auront de quoi profiter de leur victoire pour élever à leur idole un trône si haut et si large, qu'aucun tyran ne pourra plus l'escalader jamais.

Qu'ils soient prêts; qu'ils aient confiance; le soleil de demain ne se couchera pas sans avoir vu l'événement qui changera la face du monde.

Elle tendit une main à Ceracchi et l'autre à Taïeh.

Le noir y imprima sa lèvre.

Andréa Ceracchi dit :

— Où est Lila?

— Lila, répondit la comtesse, n'a plus de parents, elle est sous ma garde; à l'heure du danger, ma première pensée, a dû être de la mettre à l'abri.

A son tour, Andréa baisa sa main.

— Donc, à cette nuit! dit-il, trois heures!

Et il sortit accompagné de Taïeh, pour gagner le lieu du rendez-vous.

La charmante blonde écouta un instant le bruit de leurs pas.

— Trois heures! répéta-t-elle. Vous n'attendrez pas jusque-là!

Elle ouvrit tour à tour les écrins et le portefeuille, afin d'en vérifier le contenu.

Puis elle se dirigea vers la porte, sans avoir regardé du côté de la serre.

A peine avait-elle disparu que la fenêtre, poussée avec précaution, ouvrit ses deux châssis, et la courte personne de l'apprenti médecin Germain Patou se montra à califourchon sur l'appui.

— Métier à se faire rompre les os! grommela-t-il. Faut-il que j'aime ce papa Jean-Pierre! Voilà donc où elle demeure, cette blonde adorable!... Mais, pour savoir cela, je n'en suis pas beaucoup plus avancé.

Il enjamba l'appui et fit quelques pas à l'intérieur.

— On fume ici! pensa-t-il. Elle est bien logée, malepeste!...

Un lit royal comme ceux du château de Meudon... Voyons un peu.

Il écarta les rideaux et recula de plusieurs pas, comme s'il eût reçu un coup en plein visage. Le lit était en désordre et les draps dégouttaient de sang.

— Merci Dieu ! pensa-t-il, ma blonde ne sait pas cela, j'en suis sûr ! Le sang est tout frais... Ou vient de tuer ici !

Son regard perçant, où brillait une audacieuse intelligence, fit le tour de la chambre et plongea jusqu'au fond de la serre. Un instant, on aurait pu croire qu'une sorte de divination lui révélait le terrible mystère de cette demeure.

Mais une pendule sonna dans la pièce voisine, et il bondit vers la croisée, qu'il enjamba de nouveau.

— Le patron m'attend, se dit-il. J'ai accompli la mission dont il m'avait chargé. Je sais où demeure la comtesse Marcian Gregoryi... et peut-être ai-je deviné le dénoûment de cette comédie, dont la première scène fut jouée à l'église Saint-Louis-en-l'Ile.

Il descendit comme il avait monté, à la force de ses bras courts mais robustes. Au moment où sa tête était déjà au niveau du balcon, son dernier regard rencontra, au ciel du lit, la plaque émaillée qui fixait les plis des rideaux. C'était un écusson qui semblait renvoyer en faisceau tous les rayons de la lampe.

Une devise en lettres noires gothiques courait sur le fond d'or et disait : *In vita mors, in morte vita...*

La comtesse Marcian Gregoryi était nonchalamment étendue sur les coussins de sa voiture, dont le cocher, suivant ordre reçu d'avance, arrêta ses chevaux à l'angle du pont Marie, sur le quai d'Anjou.

La comtesse descendit et dit :

— Attendez.

Elle prit sa course en longeant le quai, vers la partie orientale de l'île.

Le mur d'enclos des jardins de Bretonvilliers formait l'extrême pointe de l'éperon. C'était une enceinte solide et bâtie comme un rempart. Non loin de l'angle de la rue Saint-Louis, qui fait face à l'hôtel Lambert, une vieille construction carrée et trapue élevait sa terrasse demi-ruinée à quelques pieds au-dessus du mur.

Il y avait là une poterne basse, qui existait encore voici quelques années, et dont l'enfoncement profond servait d'abri au petit établissement d'un rétameur forain.

La comtesse Marcian Gregoryi avait la clef de cette poterne, qu'elle ouvrit pour entrer dans un lieu humide et tout noir.

Quand elle eut fermé la porte derrière elle, l'obscurité fut complète.

Dès le temps de Cagliostro, et même plus d'un siècle avant lui, les propriétés du phosphore étaient connues des adeptes ; nous n'oserions pas dire, craignant l'accusation d'anachronisme, que la comtesse Marcian Gregoryi eût dans sa poche une boîte d'allumettes chimiques, et cependant un léger frottement qui bruit dans l'obscurité produisit une lueur vive et instantanée.

La bougie d'une lanterne sourde s'alluma, éclairant les parois salpêtrés d'un long couloir.

La comtesse se mit à marcher aussitôt, en femme qui connaît la route.

Au bout d'une cinquantaine de pas, un vent frais la frappa au visage. Il y avait à la paroi de gauche une crevasse assez large par où l'air extérieur et un rayon de lune passaient.

La comtesse s'arrêta, prêtant attentivement l'oreille. Elle appuya l'âme de la lanterne contre sa poitrine et jeta un regard au dehors.

Le dehors était un jardin sombre, touffu, mal entretenu.

— On dirait des pas, murmura-t-elle, et des voix...

Elle regretta Pluto, le chien géant qui, d'ordinaire, vaguait en liberté sous ces noirs ombrages.

Mais, quoiqu'elle regardât de tous ses yeux, elle ne vit rien que les branches emmêlées qui s'entre-choquaient au vent.

Elle continua sa route.

— Quand même Ezéchiel m'aurait trahie, pensa-t-elle encore, qu'importe ? ils n'auront pas le temps !...

Le couloir se terminait par un escalier de cave que la comtesse gravit ; au haut de l'escalier se trouvait un étroit palier où s'ouvrait une porte habilement masquée. La comtesse l'ouvrit, tenant toujours l'âme de sa lanterne cachée sous ses vêtements, puis la referma et se prit à écouter.

Le bruit d'une respiration faible et régulière vint jusqu'à son oreille.

— Il dort ! fit-elle.

Alors elle découvrit sa lanterne sourde, aux rayons de laquelle nous eussions reconnu cette chambre où René de Kervoz et Lila soupèrent le soir du jour qui vint commencer notre histoire :

La chambre sans fenêtres.

Dans le quartier, il est bon de le dire, on racontait beaucoup de choses touchant ce vieil hôtel d'Aubremesnil et ses dépendances plus vieilles encore : le pavillon de Bretonvilliers et la maison du bord de l'eau.

Paris avait alors quantité de ces coins légendaires.

On parlait d'une merveilleuse cachette que le président

d'Aubremesnil, ami de l'abbé de Gondy et compère de M. de Beaufort, le roi des Halles, avait fait construire en son logis, quand le cardinal de Mazarin rentra vainqueur dans sa bonne ville.

On ajoutait que ce même président d'Aubremesnil, vert galant, quoique ce fût une tête carrée, ne se servit jamais de sa cachette contre la reine mère ou son ministre favori, mais qu'il l'employa à de plus riants usages, — faisant venir de nuit par cet étroit couloir, qui conduisait à la Seine, de jolies bourgeoises et de fringantes grisettes, en fraude des droits légitimes de Mᵐᵉ la présidente...

La comtesse Marcian Gregoryi visita d'abord la table, où quelques mets étaient posés. On y avait à peine touché.

Il y avait auprès des mets un flacon de vin et une carafe. La carafe seule était entamée. La comtesse la déboucha, en flaira le contenu et sourit.

Elle vint au lit alors et tourna l'âme de sa lanterne vers la pâle et belle tête de jeune homme qui était sur l'oreiller.

Nous ne savons ce que cette sorcière de Yanusza entendait par ces mots : le vin qui donne des rêves, mais il est certain que René de Kervoz rêvait, car il souriait.

Les grands yeux de la comtesse Marcian Gregoryi exprimèrent de la compassion et de la tendresse.

— Tu seras libre demain, murmura-t-elle.

Elle effleura son front d'un baiser.

René de Kervoz s'agita dans son sommeil et prononça le nom d'Angèle.

Les sourcils de la charmante blonde se froncèrent, mais ce fut l'affaire d'un instant.

— Je n'aime que le grand comte Szandor, pensa-t-elle en redressant sa tête orgueilleuse, qu'importe un caprice de quelques heures? Ici n'est pas mon destin.

Elle éteignit sa lanterne, et la chambre fut plongée de nouveau dans la plus complète obscurité.

Une voix s'éleva dans cette nuit, disant :

— René, je suis Lila...

René ne s'éveilla point.

Et la voix se ravisa, disant cette fois avec des intonations plus douces qu'un chant :

— René, mon René, je suis Angèle... Passe ta main dans mes cheveux et tu me reconnaîtras.

Les lèvres de René rendirent un murmure qui fut coupé par un baiser.

Au dehors la ville était muette.

Au dedans, chose étrange, il y avait comme un écho confus de pas et de paroles chuchotées.

Au bout d'une heure, la comtesse Marcian Gregoryi se leva en sursaut. Les pas avaient sonné dans la chambre voisine. Elle prêta l'oreille avidement, on n'entendait plus rien.

Etait-ce une illusion?

La belle blonde regagna sans bruit la porte dérobée et sortit comme elle était entrée. Ce fut seulement dans le corridor qu'elle ralluma sa lanterne sourde. La lueur de la bougie éclaira un objet qu'elle tenait à la main : un ruban noir, supportant une médaille d'argent de Sainte-Anne d'Auray.

La comtesse Marcian Gregoryi, regagna à pied sa voiture qui l'attendait toujours à l'autre bout du quai d'Anjou, près du pont Marie.

Il pouvait être alors deux heures après minuit. Elle se dit :
— Les Frères de la Vertu sont jugés !
— Rue Saint-Hyacinthe-Saint-Michel! ajouta-t-elle en s'adressant à son cocher. Au galop!

Sa dernière pensée fut, en s'étendant sur les soyeux coussins : « Ce loup de Bretagne ne m'a rien fait ; mais il me fallait mes passeports... Demain, je dormirai dans mon lit. »

Rue Saint-Hyacinthe-Saint-Michel, la voiture s'arrêta devant une petite allée borgne. La comtesse frappa à la porte. On ne répondit pas. Elle fit descendre le cocher et lui ordonna de cogner avec le manche de son fouet, ce qu'il fit.

Après dix minutes d'attente, une fenêtre s'ouvrit à l'entresol, immédiatement au-dessus de la porte de l'allée.

— A qui en avez-vous bonnes gens? demanda la voix flûtée d'une grosse femme qui parut en déshabillé de nuit.

— Je veux voir le citoyen Morinière, marchand de chevaux, répondit la comtesse.

— Ah! fit la voix flûtée, c'est une dame... Madame, à ces heures-ci, on n'achète pas de chevaux.

— Alors, le citoyen Morinière est ici?

— Entendons-nous... il y demeure quand il vient à Paris, le cher homme, mais présentement, il traite une affaire de porcherons dans le pays de la Loupe, au-delà de Chartres... revenez dans huit jours et à belle heure.

La fenêtre de l'entre-sol se referma.

— Cognez! ordonna la comtesse à son cocher.

Le cocher cogna si fort et si dru, qu'au bout de trois minutes la croisée de l'entre-sol s'ouvrit de nouveau.

— De par tous les diables! dit la voix de la grosse femme, qui déjà n'était plus si flûtée, voulez-vous nous laisser dormir, oui ou non, mes bonnes gens?

— Je veux voir le citoyen Morinière, répondit la comtesse.

— Puisqu'il n'est pas ici...

— Je crois qu'il est ici.

— Alors, je mens, foi de Dieu!...
— Oui, vous mentez, monsieur Morinère...
La grosse femme recula et l'on entendit le bruit sec de la batterie d'un pistolet.
— Femme, gronda une voix qui n'était plus flûtée du tout, dis ton nom et ce que tu veux...
— Je veux vous parler d'une affaire de vie et de mort, répondit la comtesse. Je suis Angèle Lenoir, fille de Mme Séverin du Châtelet et fiancée de votre neveu René de Kervoz...
Une sourde exclamation l'interrompit; elle acheva :
— Je viens de la part de votre neveu, qui est en prison à cause de vous, et j'apporte pour gage la médaille de Sainte-Anne d'Auray, que sa mère, votre sœur, lui passa au cou le jour où il quitta le pays de Bretagne.
Pour la seconde fois, la fenêtre de l'entresol se ferma, mais presque aussitôt après, le porte même de l'allée borgne s'ouvrit.
— Entrez! fut-il dit.
La comtesse obéit sans hésiter.
Dans l'obscurité soudaine qui se fit après la clôture de la porte, la voix reprit avec un tremblement de colère :
— Vous jouez gros jeu, belle dame. Je connais la fiancée de mon neveu. Vous n'êtes pas Angèle Séverin.
— Je suis, répliqua bravement la comtesse, Costanza Cerachi, la belle-sœur du statuaire Giuseppe, mort sur l'échafaud.
— Ah! ah! fit la voix : un hardi coquin! quoique le poignard soit l'arme des lâches... Foi de Dieu! moi, je n'ai que mon épée... Mais comment connaissez-vous mon neveu?
— Montons, dit la comtesse.
On lui prit la main et on lui fit gravir un escalier roide comme une échelle, au haut duquel était une chambre éclairée par une veilleuse de nuit.
Elle entra dans cette chambre.
Son compagnon, qui était la grosse femme de la fenêtre, et qui, vu de près, avait la joue toute bleue de barbe, répéta:
— D'où connaissez-vous mon neveu?
La comtesse tira de son sein la médaille de Sainte-Anne d'Auray qu'elle tendit à la femme barbue, en disant :
— Monsieur de Cadoudal, votre neveu m'aime.
— Foi de Dieu! s'écria Georges, car c'était lui en personne, est-ce que je ne suis pas mieux déguisé que cela?... L'enfant a raison, car vous êtes jolie comme un cœur, ma commère... et j'avais bien entendu dire déjà qu'il faisait ses fredaines... Mais que parliez-vous de prison?
— Monsieur de Cadoudal, reprit la fausse belle-sœur de Giuseppe Ceracchi, j'aime votre neveu,

— Il en vaut bien la peine, foi de Dieu !
— Je suis venue, parce que René de Kervoz est en danger de mort... Celle qu'il a trahie s'est vengée de lui...
— Angèle ! murmura Georges, qui pâlit. Mais alors moi-même... car Angèle savait ce qu'ignoraient son père et sa mère.
— Asseyons-nous et causons, monsieur de Cadoudal, l'interrompit gravement la comtesse Marcian Gregoryi. Je n'ai pas trop de toute une nuit pour vous dire ce que vous pouvez espérer désormais et ce que vous devez craindre... Il y a un lien entre vous et la sœur de Ceracchi : c'est la haine... Quant le jour va paraître, vous saurez si vous devez frapper ou fuir...
— Fuir ! s'écria Cadoudal. Jamais !
— Alors, vous frapperez ?
— Foi de Dieu, belle dame, répondit Cadoudal en riant et en s'asseyant près d'elle, à la bonne heure ! vous parlez d'or !... Donnez-moi seulement le moyen d'aller chercher le Corse au milieu de sa garde consulaire, et, par sainte Anne d'Auray, je vous jure qu'il ne sera jamais empereur !

XX

MAISON VIDE

C'était une nuit claire et froide. Les réverbères de l'île Saint-Louis chômaient, laissant faire la lune. Les chimères se fanent vite à Paris, même les plus absurdes. A l'endroit où nous vîmes naguère tant de pêcheurs de diamants sonder le courant blanchâtre de la Seine, il n'y avait personne. Décidément, la renommée du quai de Béthune avait vécu ; on n'avait pas pêché sous l'égout de Bretonvilliers assez de bagues chevalières ; le prestige était défunt, les gens de l'hameçon et de la gaule en étaient venus à se moquer du miracle !
Et, dès onze heures du soir, le cabaret du pauvre Ézéchiel, éteint, fermé, muet, témoignait assez du mépris où tombait l'Eldorado abandonné.
La rivière coulait, turbulente, au plein de ses rives.
Quelques minutes avant onze heures, des pas précipités sonnèrent dans la rue de Bretonvilliers, sans éveiller les demeures voisines, depuis longtemps endormies. C'était Jean-Pierre Sévérin, dit Gâteloup, qui s'en allait en guerre à la tête de son escouade de gens de police.

Nous savons que le gardien de la Morgue du Châtelet avait dans tout ce quartier du vieux Paris, où la chicane et la police agglomèrent leurs suppôts, une réputation bien établie. C'était un crâne homme, pour employer l'expression des citoyennes du Marché-Neuf. Il y a toujours dans l'agent de police, quoi qu'on veuille dire et croire, un brin de vocation aventureuse, et, pour ma part, je suis resté souvent confondu en lisant la prodigieuse série des actes de courage froid, solide, implacable, accomplis au jour le jour par ces hommes qui n'ont pas à leur service le stimulant de la gloire.

Sur un champ de bataille, il y a l'ivresse du point d'honneur, l'appel du tambour, l'étourdissement du canon, la fièvre de la poudre!...

Mais dans le ruisseau, la nuit, ces luttes terribles que nul bulletin emphatique ne chantera...

Ces luttes où, la plupart du temps, le bandit armé cherche à tuer, et où l'homme de la loi a défense de frapper...

Qu'ont-ils donc fait, ces héros boueux, robustes comme les guerriers d'Homère, pour que leurs prouesses accumulées ne puissent jamais rédimer l'opprobre de leur gagne-pain!

Ils étaient quatre, accompagnés par un officier de paix, jeune homme assez bien couvert, qui allait le cigare à la bouche et les mains dans ses poches.

Ils suivaient tous Gâteloup avec plaisir et flairaient quelque curieuse bagarre.

L'officier de paix écoutait; en gardant le sérieux de son grade, certaines anecdotes racontées à voix basse par Laurent et Charlevoy, toutes à la louange du vigoureux poignet de M. Sévérin; le troisième agent applaudissait franchement; le quatrième, laid coquin, à la figure toute velue de barbe noire, marchait un peu en arrière et grommelait :

— J'ai vu mieux que ça! C'est vrai qu'il tape dur!

Quand Jean-Pierre s'arrêta au coin de la rue de Bretonvilliers et du quai, ce quatrième agent se mit à rire dans sa barbe et murmura :

— Tiens! c'te farce! c'est à l'établissement qu'il en veut. Pourtant il avait trouvé le vin mauvais.

Jean-Pierre frappa bruyamment à la porte du cabaret de la *Pêche miraculeuse*. Personne ne fit réponse à l'intérieur.

— Mes enfants, dit Jean-Pierre, il faut me jeter bas ces planches-là.

— Auparavant, fit observer l'officier de paix, je dois accomplir les formalités d'usage.

— Pas besoin, monsieur Barbaroux, dit par derrière une voix qui dressa l'oreille de Jean-Pierre. La farce est jouée là-dedans. Le propriétaire a déménagé.

— Est-ce toi ? Ézéchiel ? s'écria Jean-Pierre.

— Pour vous servir, monsieur Gâteloup, si toutefois j'en suis capable, répondit le quatrième agent, qui avança chapeau bas. J'ai mis comme ça un peu de barbe à mon menton pour la gloriole de ne pas passer pour en être quand je reviens pêcher dans le quartier. J'ai ma figure de tous les jours en bourgeois, et ma physionomie du métier : ça fait-il du mal à quelqu'un ?

Tout en parlant, il introduisit une clef dans la serrure de la porte, qui s'ouvrit aussitôt.

— Au nom de la loi, ajouta Ézéchiel, qui était en belle humeur, donnez-vous la peine d'entrer.

Dans cette espèce de cave, qui servait naguère de cabaret, il n'y avait plus que les quatre murs.

— Oh ! fit Ézéchiel, répondant au regard étonné de Jean-Pierre et tenant à la main une chandelle de suif qu'il venait d'allumer, je suis en règle, monsieur Gâteloup. J'ai fait mon rapport, et la *Pêche miraculeuse* a d'ailleurs servi de souricière. Les temps sont durs, on vit comme on peut.

— Ce n'était pas la préfecture qui te donnait à vivre, dit Jean-Pierre qui fronça ses gros sourcils ; ce n'était pas non plus ton métier de cabaretier. Ne joue pas au fin avec moi, l'homme, ou gare à tes côtes ! Tu étais payé par la comtesse Marcian Gregoryi.

— Tiens ! tiens ! grommela Ézéchiel, vous saviez donc cela, monsieur Gâteloup ?.. Eh bien, c'est vrai, quoi ! j'ai mis quelque petit argent de côté pour mes vieux jours... On ne voit pas clair dans ces histoires-là, du premier coup, vous sentez bien..., et j'ai été longtemps à deviner pourquoi la comtesse avait monté la mécanique du quai de Béthune.

— Et ce pourquoi est-il dans ton rapport ?

— Oui bien, mais M. l'inspecteur n'a pas voulu me croire... Je suis fâché de n'avoir plus un verre de vin à vous offrir, messieurs, quoiqu'il n'était pas fameux, hein, monsieur Gâteloup ?... En faut pour tous les goûts... Quand j'ai donc dit, là-bas, à la préfecture, qu'on emportait des corps du pavillon de Bretonvilliers, ici près, à un caveau qui se trouve quelque part au Marais, vers la chaussée des Minimes, on m'a ri au nez... par quoi je me trouve à couvert.

L'officier de paix jeta son cigare. Ezéchiel continua :

— Et comme on en parlait, du caveau, et de la vampire aussi, car tout se sait à Paris, seulement tout se sait mal, Mme la comtesse dit : Il faut dérouter les chiens.

— Le nom de l'inspecteur ? demanda impétueusement l'officier de paix, qui se vit du coup commissaire de police.

— M. Despaux, parbleu ! répliqua Ezéchiel, et qui sera

secrétaire général quand M. Fouché aura mis M. Dubois à la retraite.

— Le numéro de la maison suspecte? interrogea encore l'officier de paix.

— Quant à ça, monsieur Barbaroux, la plus belle fille du monde ne peut dire que ce qu'on lui a appris...

— Nous le saurons tout à l'heure, l'interrompit Jean-Pierre, qui écoutait ce colloque avec impatience. Nous sommes ici pour autre chose... Peux-tu nous introduire au pavillon de Bretonvilliers?

— Jusqu'à la porte, oui, répondit Ézéchiel, et ces messieurs doivent avoir de quoi parler aux serrures.

L'agent Charlevoy frappa sur sa poche, qui rendit un son de ferraille, et repartit :

— J'ai ma trousse.

— Mais quant à trouver la pie au nid, continua Ézéchiel, c'est autre chose. La comtesse n'est pas revenue depuis le soir où les camarades apportèrent ici cette belle petite blonde... Vous savez, monsieur le gardien... on a dit qu'un jeune homme était entré ce soir-là au pavillon?

— Qui l'a dit?

— Mme Paraxin, la femelle de Satan.

— Et l'a-t-on emporté comme les autres?

— Je n'ai point ouï parler de cela.

La figure de Jean-Pierre s'éclaira.

— Il reste une lueur d'espoir, murmura-t-il. Marchons !

Et il se dirigea de lui-même vers la porte basse qui était au fond du cabaret. Ézéchiel le laissa faire.

Aussitôt que la porte fut ouverte, Jean-Pierre Séverin se trouva en face d'un tas de terre et de déblais qui bouchaient hermétiquement le passage.

— C'est vous qui êtes la cause de cela, patron, dit Ézéchiel. Le jour où vous avez dérangé les marchandises qui étaient devant la porte, il y avait ici des gens de la comtesse. Le lendemain, le passage était bouché... Mais ils ont compté sans le vieil Ézéchiel, qui les sait toutes, depuis le temps qu'il va à l'école... Rangez-vous, s'il vous plaît, et laissez-moi passer.

L'ancien cabaretier se glissa, tenant toujours sa chandelle allumée, dans un trou étroit qui restait à gauche et conduisait à l'escalier de sa cave. Jean-Pierre et les agents le suivirent. La cave était vide comme le bouge supérieur, mais à l'extrémité orientale du cellier, il y avait un amas de plâtras, entourant une ouverture récemment pratiquée.

Ézéchiel l'éclaira ; elle pouvait donner passage à un homme de médiocre corpulence.

— Le soir où j'ai percé ce trou, dit-il en rougissant de

colère, la maudite m'a fait mordre par son chien. S'il avait pu se couler là-dedans, le diable à quatre pattes, j'étais un homme mort. Je lui garde une dent : non pas au chien, mais à la dame... Et vous qui êtes un savant, monsieur Gâteloup, savez-vous si c'est vrai qu'on ne peut faire la fin de ces gens-là qu'avec un morceau de feu qu'on leur met dans le cœur ?..,

Charlevoy et Laurent étaient tout pâles.

— Mais c'est donc bien vraiment une vampire? murmurèrent-ils ensemble,

— En avant ! ordonna Jean-Pierre.

Il se glissa le premier dans l'ouverture. Ézéchiel l'arrêta de force.

— Monsieur Gâteloup, dit-il, vous êtes un brave homme, et je vous ai vu tenir un contre dix avec un brin de bois. Vous m'allez, et je ne voudrais pas qu'il vous arrivât du gros mal... Passez le premier, c'est la justice, car vous semblez le plus intéressé à passer. Mais avant de mettre la tête hors du trou, veillez, guettez, écoutez. Si le chien est là, il grondera. S'il gronde, gardez-vous d'avancer : c'est une bête qui croque un homme comme un poulet.

Sévérin se dégagea, dit merci et franchit le trou en deux ou trois vigoureux efforts.

Il y eut un moment d'attente terrible. Ézéchiel avait de la sueur au front.

— Eh bien ! fit Gâteloup du dehors, venez-vous?

— Paraît que le chien est délogé pour tout de bon! dit Ézéchiel. Il aurait déjà fait son tapage s'il était là. Marchons.

Il passa le premier, non sans garder une certaine inquiétude. Les trois autres agents et l'officier de paix suivirent. Au delà du trou, c'était une sorte de fosse, en contre-bas de celle qu'on appelait le *vide-bouteilles*. Elle communiquait avec les jardins par un escalier de terre et de bois.

Les jardins étaient complètement déserts.

La petite troupe les parcourut d'abord et les fouilla dans tous les sens. Charlevoy et Laurent étaient deux fins limiers, et l'industrieux Ézéchiel connaissait les êtres. Ils arrivèrent jusqu'au grand mur qui bardait les deux quais, fermant l'éperon de l'île Saint-Louis comme un rempart. La nuit était claire. Quoique cette partie du jardin ressemblât à une forêt vierge, Laurent et Charlevoy, après visite faite, affirmèrent que nulle créature humaine n'y pouvait rester cachée.

La porte du bord de l'eau, par où la comtesse Marcina Gregoryi devait s'introduire une heure plus tard, ne leur échappa point, mais à voir l'état de sa serrure, ils la crurent condamnée.

Jean-Pierre lui-même, pénétrant par une brèche dans le

couloir qui communiquait de la porte du bord de l'eau à la chambre sans fenêtres, le visita dans toute sa longueur et le prit pour un de ces passages, construits à des époques troublées, qui étonnent les curieux et restent comme des énigmes proposées à la perspicacité des chercheurs.

Ce couloir avait une bifurcation : le boyau qui menait à l'ancienne cachette du président d'Aubremesnil, et une voie plus large, descendant tout droit aux cuisines du pavillon de Bretonvilliers. Jean-Pierre ne reconnut que ce dernier passage.

Il appela Charlevoy et se fit ouvrir une porte, solidement armée de fer, qui eût enchanté un antiquaire. Les cuisines étaient vides comme les jardins; on y pouvait néanmoins deviner la récente présence d'un ou de plusieurs habitants, car le sol était jonché d'épluchures de légumes, et des os de bœuf cru, à moitié rongés, s'éparpillaient çà et là.

Sur la table, il y avait une toque de femme en étoffe grossière et ornée d'oripeaux dédorés. La forme de cette toque indiquait à première vue son origine hongroise.

— C'était ici l'antre de maman Paraxin, dit Ézéchiel, et voici les restes du dernier souper de Pluto. J'ai idée que l'horrible bête mangeait plus souvent des os de chrétien que des os de bœuf.

— Les gens qu'on emportait d'ici, demanda Gâteloup, passaient-ils par le couloir que nous venons de suivre?

— Jamais, répondit Ézéchiel.

— Alors, s'écria Charlevoy, ils devaient passer par ta boutique, capitaine.

Ezéchiel rougit jusqu'aux oreilles et le regarda de travers.

Des cuisines au rez-de-chaussée c'était un large escalier de pierre de taille, mal tenu et dans un état de complète dégradation. Les portes du rez-de-chaussée ayant été ouvertes à l'aide de la *trousse* de Charlevoy, on entra dans une enfilade de chambres nues, suant l'humidité et la vétusté, et qui, évidemment, n'avaient point été habitées depuis de longues années.

Aux murailles restaient quelques portraits déteints et quelques haillons de tapisserie.

L'officier de paix, M. Barbaroux, était un utilitaire. Il fit remarquer avec raison qu'il y avait là beaucoup de terrain perdu et qu'on eût pu loger dans ces salles inoccupées une grande quantité de gens qui couchaient dans la rue.

— Montons plus haut, dit Jean-Pierre, il n'y a rien ici pour nous.

Le premier étage, beaucoup mieux conservé, présentait, au contraire, des traces d'occupation récente. C'était là que

René de Kervoz avait été introduit le soir même où commence notre récit.

La trousse de Charlevoy ayant fait encore son office, Jean-Pierre entra dans ce salon où René avait attendu, rêvant et rafraîchissant son front brûlant au froid des carreaux, la venue de sa mystérieuse maîtresse.

En face de la fenêtre, de l'autre côté de la rue Saint-Louis-en-l'Ile, était la borne où Angèle s'était assise pour endurer le cruel supplice dont elle devait mourir.

C'était de là qu'elle avait reconnu ou deviné la silhouette de son fiancé aux derniers rayons de la lune.

C'était de là qu'elle avait vu, quand la lampe allumée à l'intérieur porta deux ombres sur le rideau, ces deux têtes rapprochées en un baiser qui lui poignarda le cœur.

C'était là qu'elle avait désespéré de la bonté de Dieu.

Il n'y avait plus de rideaux à la croisée, plus de tentures aux portes, plus de tapis, plus de meubles, plus rien.

Le déménagement était fait.

La décrépitude de la vieille maison se montrait partout.

Seulement, çà et là, un bouquet fané, un chiffon de femme, un livre restaient comme des témoins de la vie passagère qui avait animé cette solitude.

Dans la seconde chambre, celle que nous vîmes ornée selon la mode orientale, et que Lila choisit pour raconter au jeune Breton son histoire fabuleuse ou véridique, les hautes piles de coussins et les lampes de Bohême avaient disparu comme tout le reste.

Cette deuxième pièce était, en apparence, la fin de la maison. La muraille opposée à la porte ne présentait aucune solution de continuité.

C'était pourtant bien cette muraille qui s'était ouverte quarante-huit heures auparavant pour montrer à René ébloui le réduit charmant, au fond duquel l'alcôve drapait ses rideaux de soie ;

Le boudoir où la collation était servie ;

La chambre sans fenêtres, en un mot, le lit d'amour qui devait se changer en prison.

Ce serait insulter à l'intelligence du lecteur que de lui expliquer pourquoi une pièce construite et installée précisément pour servir de cachette, au temps où l'art de ménager des cachettes était à son apogée, ne montrait à l'extérieur aucune trace de son existence.

Jean-Pierre Sévérin et son escouade restèrent près d'une heure au premier étage, furetant et fouillant. Toutes leurs recherches furent inutiles.

Il n'y avait plus à visiter que le deuxième étage, qui fut

trouvé dans un état de désolation plus grande encore que le rez-de-chaussée. Les plafonds étaient défoncés et les cloisons tombaient en ruine.

Jean-Pierre dit :

— Descendons aux caves. Je démolirai la maison s'il le faut, mais je trouverai le fiancé de ma fille mort ou vif.

Les gens de police étaient là pour lui obéir. Barbaroux, l'officier de paix, se borna à murmurer :

— Mme Barbaroux m'attend, toute seule.

Laurent et Charlevoy échangèrent, à ce mot, un sourire incrédule.

— Attend-elle ? demanda Charlevoy.

Laurent ajouta :

— Toute seule ?

Hélas ! on dit qu'Argus, fils d'Avestor, patron de la police, avait cinquante paire d'yeux, dont aucune ne s'ouvrait sur les mignons mystères de son propre ménage !

Au moment où Jean-Pierre et son escouade, descendant l'escalier, repassaient devant la porte ouverte du premier étage, un bruit qui venait de l'intérieur des appartements les arrêta tout à coup.

Jean-Pierre s'élança aussitôt en avant, suivi de ses agents, et arriva dans le salon à deux fenêtres juste à temps pour voir une main passer à travers un carreau cassé d'avance, et tourner lestement l'espagnolette.

Germain Patou sauta dans la chambre en secouant ses cheveux baignés de sueur.

Tout en le blâmant de ce travers qu'il avait de grimper ainsi aux balcons, nous plaiderons en sa faveur plusieurs circonstances atténuantes. D'abord, les murailles du pavillon de Bretonvilliers étaient construites selon ce style monumental qui, laissant entre chaque pierre un intervalle profond, rend superflu l'usage des échelles ; en second lieu, il était mû par une bonne intention ; en troisième lieu, c'était avant d'être reçu docteur.

S'il eût passé sa thèse en ce temps-là, croyez que nous le regarderions comme inexcusable.

— Bonsoir, patron, dit-il ; je suis venu en quatre minutes trente secondes, montre à la main, de la chaussée des Minimes jusqu'ici ; mais j'ai perdu plus d'un quart d'heure à rôder autour de la maison. Alors, comme la porte était close, j'ai passé par la fenêtre. Le carreau était cassé, et je voudrais savoir ce que veulent dire tous ces petits papiers qui sont là sur l'appui, et dans chacun desquels il y a un caillou. Apportez la lumière.

— As-tu trouvé ? demanda Jean-Pierre Séverin.

— J'ai trouvé la tanière, répondit Patou qui dépliait un des papiers dont il venait de parler; mais la louve s'est enfuie.
— La louve ? répéta Jean-Pierre.
Patou lui serra fortement la main.
— Patron, murmura l'apprenti médecin à son oreille, il y a du sang là-dedans. C'est demain qu'on étrenne la Morgue du Marché-Neuf, j'ai idée que votre nouvelle salle sera trop petite : Franz Koënig a été assassiné ce soir.
Les doigts de Jean-Pierre se crispèrent sur son front pâle.
— Et ma fille? dit-il en un gémissement. Et mon pauvre René?
Charlevoy approchait avec la lumière. Le regard de Gâteloup tomba sur le papier que Patou tenait à la main.
— L'écriture d'Angèle! s'écria-t-il en lui arrachant la lettre.
— Il n'en manque pas, répliqua l'étudiant en médecine, j'en ai trouvé au moins une demi-douzaine sur le rebord de la croisée... Et tenez! en voici un jusque dans la chambre ! C'est celui qui a dû casser le carreau.
Il ramassa un papier contenant un caillou comme les autres et qui était sur le plancher.
— Oh! oh! fit-il en baissant la voix malgré lui, celui-là est tracé avec du sang!
Jean-Pierre prit le flambeau des mains d'Ézéchiel.
— Sortez tous! prononça-t-il à voix basse, mais ne vous éloignez pas. Tout à l'heure j'aurai besoin de vous.

XXI

PAUVRE ANGÈLE !

Jean-Pierre Séverin, dit Gâteloup, et Germain Patou étaient seuls tous deux, non plus dans le salon, mais dans la chambre qui confinait à la cachette. Jean-Pierre avait voulu mettre une porte de plus entre lui et la curiosité des agents.
Ils étaient assis l'un auprès de l'autre, sur la marche ou caisson que la coutume plaçait, dans toutes les vieilles maisons, au-devant des croisées.
C'était l'unique siège que présentât désormais l'appartement.
Chacun d'eux avait à la main un de ces papiers qui conte-

naient des cailloux. La chandelle était par terre. Ils se penchaient pour lire, et les cheveux blancs du gardien tombant en avant, inondaient son visage.

On entendait sa respiration siffler dans sa gorge.

Sur le papier tremblant que tenait sa main, des larmes coulaient.

— Pauvre Angèle! murmura Germain Patou, qui avait aussi des larmes dans la voix.

— Pauvre Angèle! répéta Gâteloup d'un accent profond. Elle n'a pas songé à sa mère!

— Elle n'a pas songé à vous, patron! ajouta l'étudiant en médecine. Vous l'aimiez autant que sa mère.

— Penses-tu qu'elle soit morte, Germain? demanda Gâteloup.

Patou ne répondit pas; il lut :

« René, mon René chéri, tu m'avais promis de m'aimer toujours. Je ne craignais rien, car il n'y a personne sur la terre qui soit aussi noble, aussi loyal que toi. Et puis, nous avons notre petite Angèle. Est-ce qu'on abandonne un chérubin dans son berceau?

« J'ai fait un rêve, René; écoute-moi, je vais te dire tout; je suis bien sûre que c'est un rêve.

« Tu es dans cette maison, je le sais; je t'y ai vu entrer et tu n'es pas revenu. Mais peut-être te retient-on de force.

« Oh! elle est belle, c'est vrai! je n'ai rien vu de si beau! Est-ce qu'elle t'aime comme moi?

« René, ce n'est pas la mère de notre petit ange!

« Je lance ce papier sur la fenêtre de la chambre où je t'ai vu; tu liras, si tu reviens encore à cette croisée, songer et regarder le vide.

« Pauvre ami, tu souffres; je voudrais ajouter tes souffrances aux miennes, je voudrais te faire heureux au prix de tout mon bonheur.

« J'étais là, sur cette borne qui est en face de la croisée, de l'autre côté de la rue. Regarde-la. Je croyais que tu me voyais. Quelles idées on a dans ces instants où l'âme chancelle! Mon Dieu! si tu m'avais vue, nous aurions peut-être été tous sauvés !

« J'ai eu tort de ne pas t'appeler, de ne pas m'agenouiller les mains jointes, au milieu de la rue. Tu es bon, tu aurais eu pitié.

« J'étais là, moi, je te voyais. J'ai tout vu, je t'aime comme auparavant, mon René. De toi à moi il y a notre petite Angèle. Je t'aime... »

Germain Patou cessa de lire, et le papier s'échappa de ses doigts.

— Diable de Breton! grommela-t-il, si je le tenais, il passerait un méchant quart d'heure.

— Tais-toi! prononça tout bas Gâteloup.

Il ajouta :

— N'est-ce pas qu'elle l'aimait bien ?

— C'est un ange du bon Dieu! s'écria l'étudiant. Ah! le coquin de Breton.

Jean-Pierre réfléchissait.

— Ce doit être ici la première lettre, dit-il, les yeux fixés sur le chiffon humide qu'il relisait pour la dixième fois. Celle-ci est peut-être la seconde :

« Je suis venue, et j'ai lancé le papier sur la fenêtre; il y est resté, après avoir retombé bien des fois. Tu ne m'as pas répondu, tu ne l'as pas lu, René! Que les heures sont longues! Ma pauvre mère ne sait pas jusqu'à quel point je suis désespérée; je n'ai rien dit à mon père, qui voudrait me venger, peut-être.

« Je n'ai parlé qu'à notre enfant. A celle-là, je dis tout, parce qu'elle ne peut pas encore me comprendre. Il y a des instants où ce bien-aimé petit être semble deviner ma souffrance; d'autres, son sourire me dit d'espérer.

« Espérer, mon Dieu !...

« Eh bien, oui ! j'espère encore, puisque je ne suis pas morte. Je n'ai pas lu beaucoup de livres, mais je sais qu'il y a des entraînements, des maladies de l'âme.

« Tu es entraîné, tu es malade, et cette enchanteresse ne t'a pas encore donné le temps de songer à ton enfant.

« Ce fut à Saint-Germain-l'Auxerrois, n'est-ce pas ? Je ne vis rien, mais quelque chose troubla ma prière. Je sentais en moi comme une sourde douleur. Mon cœur se serrait; la pensée de nos noces ne me donnait plus de joie.

« Elle était là, j'en suis sûre !

« Nos noces! ce jour si ardemment souhaité, le voilà qui arrive! Oh! René ! René ! tu m'avais dit une fois : Ce serait un crime de mettre une larme dans ces yeux d'ange.

« L'ange est tombé. Etait-ce à toi de le punir ?

« En revenant de l'église, je te ne reconnaissais déjà plus. Je cherchais ta pensée. Je pleurai en montant notre escalier.

« Et j'attendis pour voir ta lampe s'allumer.

« La nuit entière se passa, René. J'étais perdue.

« Réponds-moi, ne fût-ce qu'un mot. Que fais-tu dans cette sombre maison ? Veux-tu que je te dise mon dernier espoir ? Tu conspires, peut-être...

« Ni mon père ni ma mère n'ont rien su par moi : ce sont tes secrets. J'ai ouï parler aujourd'hui d'arrestation... Si je t'avais calomnié dans mon âme, René, mon René chéri ! si tu n'étais que malheureux !... »

— Que veut dire cela ? s'interrompit ici Jean-Pierre Séverin.

— Kervoz est de Bretagne, répondit Patou.

Il ajouta :

— Le gros marchand de chevaux de l'église Saint-Louis-en-l'Île n'est-il pas son oncle ?

Jean-Pierre se frappa le front :

— Morinière ! prononça-t-il tout bas. Et le secrétaire général de la préfecture m'a dit...

Il n'acheva pas, et sa pensée tourna.

— Morinière a l'air d'un brave homme, murmura-t-il. C'est impossible !

— La troisième lettre nous apprendra peut-être quelque chose, fit l'étudiant en médecine. L'écriture change.

Jean-Pierre saisit le papier qu'on lui tendait et le baisa.

« ... Rien de toi, rien ! Tu n'as pas reçu mes messages. Jamais tu ne pourrais te montrer si cruel envers moi...

« Notre petite fille maigrit et devient toute blanche depuis que mon sein tari n'a plus rien pour elle. Je la regardais ce matin. Peut-être que Dieu nous prendra tous ensemble.

« Quelle nuit ! Pourrait-on dire en une année ce que l'on pense dans l'espace d'une nuit ?

« J'ai vu mon père et ma mère pour la dernière fois. Tout le jour, je vais rôder autour de toi, et toute la nuit prochaine aussi. Je te verrai, je le veux, je te parlerai...

« Ils dormaient ! J'ai baisé les cheveux blancs de mon père d'adoption, qui m'aimait comme si j'eusse été sa fille.

« J'ai collé mes lèvres sur le front de ma mère.

« Celle-là aussi a bien souffert.

« Elle a eu le courage de vivre !

« J'ai baisé aussi mon jeune frère, un enfant doux et bon, qui pleurera sur moi.

« Il a déjà le cœur d'un homme. Le père dit souvent qu'il ne sera pas heureux dans la vie.

« Puis je suis revenue à ma fille et je l'ai habillée en blanc. Dans ses cheveux, j'ai mis la guirlande que tu avais apportée le jour de ma fête. Notre fille sera bien belle.

« J'avais besoin de rire et de chanter. Je ne sais pas si c'est ainsi quand on devient folle... »

Les bras de Gâteloup tombèrent.

Son visage énergique exprimait une torture si poignante que les larmes vinrent aux yeux de Patou.

— Il faut de la force, monsieur Jean-Pierre, dit-il. Tout n'est pas fini.

— Non, répliqua Gâteloup d'une voix changée, tout n'est pas fini.

Il ajouta en refoulant un sanglot dans sa gorge :

— C'est vrai que c'était demain le mariage ! ma pauvre femme ne survivra pas à cela...

Sa main fiévreuse déplia un autre papier.

« ... J'ai voulu voir ta chambre, que je connaissais si bien, quoique je n'y fusse jamais entrée. J'avais un espoir d'enfant : je croyais t'y trouver.

« La portière m'a laissée monter. Je t'écris chez toi : cela me portera bonheur.

« Je suis à l'endroit où je te voyais assis, quand je regardais par ma fenêtre. C'est de là que tes yeux m'ont parlé pour la première fois.

« J'ai devant moi les portraits de ton père et de ta mère. Comme ta mère doit t'aimer ! et combien je l'aime !

« Il y a une lettre commencée où tu lui parlais de moi. M'as-tu donc chérie ainsi, René ? Et pourquoi m'as-tu quittée ?

« Que t'ai-je fait ? Ne suis-je pas toute à toi ?

« Il y a là aussi un mouchoir sanglant, avec des armoiries et une couronne...

« Je ne peux pas rester ici, il faut que j'aille à toi et que je te cherche...

« D'ailleurs, il est un autre endroit où je te parlerai mieux qu'ici, c'est près du pont Marie, sous le quai des Ormes, là où nous nous assîmes entre le gazon et les fleurs, écoutant les murmures du vent dans le feuillage des grands arbres.

« Je ne suis pas folle encore, va ; j'ai bien de l'espoir depuis que j'ai vu l'image de la Vierge dans la ruelle de ton lit.

« Tu ne m'as pas oubliée, tu es prisonnier quelque part, je te délivrerai.

« René, mon René, ma vie ! j'ai baisé le portrait de ta mère... »

— Est-ce la dernière ? demanda Gâteloup d'une voix qui défaillait.

— Non, répondit Patou, il y a celle qui est écrite avec du sang.

— Lis, murmura le vieillard, je n'ai plus de force.

Germain Patou essuya tranquillement ses yeux mouillés, dont les paupières le brûlaient.

« ... Tout un jour encore, tout un long jour ! Où es-tu ? Les gens du quartier me connaissent et m'appellent déjà la folle.

« J'ai jeté les deux lettres avant l'aube. N'as-tu pas entendu les cailloux frapper contre les carreaux ? J'ai regardé. On ne voit rien. J'ai appelé. Tu n'as pas répondu.

« Puis les passants sont venus avec le soleil, et je me suis mise à rôder autour de la maison maudite.

« J'en ai fait dix fois, cent fois le tour.

« J'ai heurté à la porte par où tu étais entré. Une vieille femme est venue, qui parle une langue étrangère. Elle m'a chassée, me montrant les longues dents d'un chien énorme, qui a du sang dans les yeux.

« Je suis sur le banc, auprès du pont Marie. Les arbres murmurent comme l'autre fois. La Seine coule à mes pieds. Comme elle doit être profonde !

« Je t'écris avec un peu de mon sang, sur la page blanche de mon livre de messe, que j'avais emporté pour prier.

« Je ne peux pas prier.

« Mes pensées ne sont plus bien claires dans ma tête, je souffre trop.

« Il y a une pensée pourtant dans ma tête, qui est claire et qui revient toujours. Je n'essaye plus de la chasser.

« Je ne me tuerai pas toute seule. Je prendrai ma petite Angèle dans mes bras, avec sa robe blanche et sa couronne.

« Je l'emmènerai où je vais. Que ferait-elle ici sans sa mère !

« Cette fois, je lancerai ma lettre à travers le carreau. Peut-être qu'elle arrivera jusqu'à toi

« Puis je reviendrai ici, sur ce banc.

« Au matin, si je n'ai pas de réponse, j'irai prendre ma petite Angèle dans son berceau... »

— La petite fille est-elle encore chez vous ? demanda tout à coup l'étudiant en médecine.

— Oui, répondit le gardien d'un ton morne.

Puis se parlant à lui-même et d'une voix que l'angoisse brisait :

— C'était elle ! poursuivit-il. Elle n'a pas eu le temps de doubler son crime en sacrifiant son enfant !...

Son crime ! s'interrompit-il avec une soudaine violence. Quand l'excès du malheur a produit le délire, y a-t-il encore crime ? Je suis vieux ; je n'ai jamais rencontré d'âme si douce ni si pure... C'était elle !... Tu ne me comprends pas, garçon, et je n'ai pas le courage de me faire comprendre... C'est elle, c'est elle que je vis au lieu même qu'elle désigne, entraînée et saisie par le démon du suicide... Vue de mes yeux, entends-tu, comme je te vois... et le reste dépasse tellement les bornes du vraisemblable que les paroles s'arrêtent dans mon gosier... Un monstre, un être impur lui a pris sa vie, sa vie angélique, et la prodigue à toute sorte de hontes... La vampire...

L'œil de Patou brilla.

— J'ai lu, la nuit dernière, le plus étonnant de tous les livres, prononça-t-il à voix basse : *la Légende de la goule Addhéma et du vampire de Szandor*, imprimée à Bade, en 1736, par le professeur Hans Spurzheim, docteur de l'Université de Presbourg... L'oupire Addhéma prenait la vie de ses victimes au marc le franc, pour ainsi dire, vivant une heure pour chacune de leurs années, et courant sans cesse le monde, afin de rassembler des trésors au roi des morts-vivants, le comte Szandor, qu'elle aime d'une adoration maudite, et qui lui vend chaque baiser au prix d'un monceau d'or.

— Et comment s'inoculait-elle la vie d'autrui ? demanda Jean-Pierre, qui avait honte d'interroger ces mystères de la démence orientale.

— En appliquant sur son crâne chauve, répondit Patou, les chevelures des jeunes filles assassinées.

Le gardien poussa un cri sourd et se retint à la croisée pour ne point tomber à la renverse.

— J'ai vu la vampire Addhéma face à face, balbutia-t-il, j'ai vu la propre chevelure d'Angèle, ma pauvre enfant, sur le crâne de la comtesse Marcian Gregoryi !

L'étudiant recula stupéfait.

Il regarda Gâteloup dans les yeux, craignant l'irruption d'une soudaine folie.

Les yeux de Gâteloup se fixaient dans le vide. Peut-être voyait-il ce corps inerte, remontant le courant, le long des berges de la Seine, contre toutes les lois de la nature ; ce corps qui avait allongé le bras pour saisir la jeune fille indécise, penchée au-dessus de l'eau, près du pont Marie.

Le démon du suicide !

Dans le silence qui suivit, on put entendre un bruit qui venait de cette muraille, en apparence pleine, formant la partie orientale de la chambre.

C'était comme le grincement d'une porte sur ses gonds rouillés.

Jean-Pierre et Patou prêtèrent avidement l'oreille.

La porte grinça une seconde fois, puis fut refermée avec une évidente précaution.

— Il y a quelque chose là ! s'écria Germain Patou.

Le patron lui mit la main sur la bouche.

Ils écoutèrent pendant toute une minute, puis, le bruit ne s'étant point renouvelé, Jean-Pierre dit :

— René de Kervoz est de l'autre côté de cette muraille, j'en suis sûr !! faut percer la muraille.

XXII

SIMILIA SIMILIBUS CURANTUR

Dans le récit par où débute ce livre : *la Chambre des Amours*, nous avons vu Jean-Pierre Sévérin, dit Gâteloup, plus jeune, mais tourmenté déjà de sombres rêveries.

C'était un homme sage et fort. Dans la sphère très humble où le sort l'avait placé, il avait pu voir de très près la lutte des philosophes modernes contre les croyances du passé. Il s'y était mêlé, il avait combattu de sa propre personne.

Chrétien, il avait repoussé l'impiété; mais, libre dans son âme et ami des mâles grandeurs de l'histoire ancienne, il restait fidèle à la république, à l'heure même où la république chancelait.

Ce n'était pas un superstitieux. Il était né à Paris, la ville qui se vante d'avoir tué la superstition.

Mais c'était un voyageur de nuit, un solitaire et peut-être, sans qu'il le sût lui-même, un poète.

La vie nocturne enseigne au cerveau d'étranges pensées.

Quand Jean-Pierre Sévérin veillait, penché sur ses avirons, écoutant l'éternel murmure du fleuve et cherchant le mystérieux ennemi qu'il combattait depuis tant d'années : le suicide, qui pouvait deviner ou suivre les chemins où se perdaient ses rêves ?

Aussitôt qu'il eut dit : il faut percer la muraille, Germain Patou s'élança dans le salon, appelant les agents à haute voix. Ceux-ci, habitués à ne jamais perdre leur temps, s'étaient arrangés déjà pour dormir, tandis que M. Barbaroux, officier de paix, fumait sa pipe.

Ezéchiel, qui croyait connaître la maison par cœur, avait formellement annoncé que l'expédition était finie.

Gâteloup, resté seul dans la seconde chambre, se mit à éprouver le mur, frappant de place en place avec la paume de sa main ouverte. Le mur sonna le plein d'abord, mais lorsque Gâteloup arriva au milieu, une planche, recouvrant le vide, retentit sous sa main comme un tambour.

C'était la porte, très habilement dissimulée dans les moulures de la boiserie, et qu'aucun indice ne désignait du regard.

Gâteloup, dans les circonstances de ce genre, n'avait

besoin ni de levier ni de pince. Il prit son élan de côté et lança son épaule contre le panneau, qui éclata brisé.

Quand le renfort arriva, Gâteloup était déjà dans la chambre sans fenêtres.

— Êtes-vous là, René de Kervoz? demanda-t-il.

Il écouta, mais les battements de son cœur le gênaient et l'assourdissaient.

Il crut entendre pourtant le bruit de la respiration d'un homme endormi.

Les rayons de la chandelle de suif, pénétrant tout à coup dans la cachette, montrèrent en effet René, étendu sur un lit, la face hâve, les cheveux en désordre et dormant profondément.

— Tiens! dit Ezéchiel, elle n'a pas tué celui-là.

Il examina le réduit d'un œil curieux.

— Un joli double fond! ajouta-t-il.

— Levez-vous, monsieur de Kervoz! ordonna Gâteloup en secouant rudement le dormeur.

Laurent et Charlevoy furetaient. M. Barbaroux dit :

— Nous allons toujours arrêter ce gaillard-là !

René, cependant, secoué par la rude main de Gâteloup, ne bougeait point.

Germain Patou déboucha tour à tour les deux flacons et en flaira le contenu en les passant rapidement à plusieurs reprises sous ses narines gonflées.

Il avait l'odorat sûr comme un réactif.

— Opium turc, dit-il, haschisch de Belgrade : suc concentré du *Papaver somniferum*. Patron, ne vous fatiguez pas, vous le tueriez avant de l'éveiller.

Chacun voulut voir alors, et M. Barbaroux lui-même mit son large nez au-dessus du goulot comme un éteignoir sur une bougie.

— Ça sent le petit blanc, déclara-t-il, avec du sucre.

Charlevoy et Laurent auraient voulu goûter.

— Il faut pourtant qu'il s'éveille ! prononça tout bas Gâteloup. Lui seul peut nous mettre désormais sur les traces de la vampire!

— Ah ça? l'homme, fit M. Barbaroux, vous avez votre blancbec. Il serait temps d'aller se coucher.

Charlevoy et Laurent, au contraire, avaient envie de voir la fin de tout ceci. C'étaient deux agents par vocation.

— As-tu les moyens de l'éveiller, garçon? demanda JeanPierre à Patou.

— Peut-être, répondit celui-ci.

Puis il ajouta en baissant la voix et en se rapprochant :

— Peut-être tous ces gens-là sont-ils de trop maintenant.

Quand le jeune homme s'éveillera, il peut parler; il n'aura pas conscience de ses premières paroles. J'aimerais mieux, pour vous et pour lui, qu'il n'y eût point d'oreilles indiscrètes autour de son réveil.

— Messieurs, dit aussitôt Gâteloup, je vous remercie. M. Barbaroux a raison : nous avons trouvé celui que je cherchais, je n'ai plus besoin de vous.

Mais l'officier de paix avait réfléchi. Ce n'est jamais inutilement qu'une administration possède dans son sein un homme complet comme M. Berthellemot. La grande image de cet employé supérieur passa devant les yeux de Barbaroux, qui dit :

— Vous en parlez bien à votre aise, l'ami; ne croirait-on pas que vous avez des ordres à nous donner ? J'ai reçu mission de vous suivre et de vous prêter main-forte. Je dois soumettre mon rapport à M. le préfet, et je reste.

Il n'avait pas encore achevé ces sages paroles, quand le marteau de la porte extérieure, manié à toute volée, retentit dans le silence de la nuit.

C'était là une interruption tout à fait inattendue. Au premier moment, personne n'en put deviner la nature.

Mais bientôt une voix s'éleva dans la rue, qui disait :

— Ouvrez, au nom de la loi !

— M. Berthellemot ! s'écrièrent en chœur les gens de la préfecture.

M. Barbaroux s'élança le premier, suivi des quatre agents, et l'instant d'après, le secrétaire général faisait son entrée solennelle. Il avait derrière lui une armée.

Pour se présenter, il avait arboré le sourire déjà bien connu de M. Talleyrand et l'avait ajouté au regard de M. de Sartines.

— Ah ! ah ! mon voisin, fit-il aiguisant avec soin la pointe d'une fine ironie, rien ne m'échappe ! Nous avons eu de la peine à retrouver vos traces, mais nous y sommes parvenus. C'est une affaire ! c'est une grave affaire ! Je ne m'explique pas prématurément sur ses ramifications, mais tenez-vous pour assuré que j'ai pris des notes... Je vous demande de m'exhiber le prétendu ordre du premier consul, au cas où vous ne l'auriez pas déjà détruit.

— Pourquoi l'aurais-je détruit ? demanda Gâteloup en plongeant sa main dans sa poche.

M. Berthellemot jeta à la ronde un coup d'œil satisfait, et répondit en faisant claquer quelques-uns de ses doigts :

— On ne sait pas, mon voisin, on ne sait pas !

Barbaroux murmura :

— Dès le début, j'ai pensé : il y a du louche !

Dans la chambre voisine, la suite du secrétaire général et les agents de Barbaroux causaient avec animation.

La fausseté de l'ordre signé Bonaparte, dont Jean-Pierre Sévérin avait fait usage, n'était déjà plus un mystère pour personne.

Charlevoy disait :

— Le personnage a de drôles de manières. Si on a à l'emballer, il faut le faire tout de suite, car il a des partisans dans son quartier, et ça occasionnerait une émeute.

— Fouillez-le, ajouta Ézéchiel, et vous trouverez sur lui un cœur, qui prouve comme quoi c'est le chouan des chouans !

Pendant cela, Germain Patou s'occupait de René, toujours endormi.

Jean-Pierre remit l'ordre à M. Berthellemot, qui fit apporter le flambeau et essuya minutieusement son binocle.

Quand il eut retourné le papier dans tous les sens et examiné la signature, il toussa.

La toux même de certains hommes éminents a une signification doctorale.

— M. le préfet ne voit pas plus loin que le bout de son nez ! grommela-t-il. Moi, je juge la situation d'un coup d'œil. Il y a là une affaire d'État où le diable ne connaîtrait goutte. C'est bel et bien le premier consul qui a griffonné ces pattes de mouche. Que ferait ce scélérat de Fouché en semblable circonstance ? Il irait à Dieu plutôt qu'à ses saints...

— Mon cher voisin, dit-il à haute voix et d'un accent résolu, en prenant la main de Gâteloup, qu'il serra avec effusion, M. le préfet est mon chef immédiat, mais au-dessus du préfet il y a le souverain maître des destinées de la France... je veux parler du premier consul. Vous témoignerez au besoin de mes sentiments politiques... Quelle est votre opinion personnelle sur cette comtesse Marcian Gregoryi ?

Jean-Pierre fut un instant avant de répondre.

— Monsieur l'employé supérieur, dit-il enfin, prenez une bonne escorte, allez chaussée des Minimes, n° 7, et fouillez la maison de fond en comble.

— Sans oublier la serre, ajouta Germain Patou, et, dans la serre, une trappe qui est sous la troisième caisse, en partant de la caisse du salon : une caisse de *Yucca gloriosa*.

Jean-Pierre acheva :

— Quand vous aurez fait là-bas votre besogne, monsieur l'employé, vous ne demanderez plus ce qu'est la comtesse Marcian Gregoryi.

— Messieurs, suivez-moi, s'écria Berthellemot, enflammé d'un beau zèle, et songez que le premier consul a les yeux sur nous.

Il pensait à part lui :

— Il y a là quelque tour mémorable à jouer à M. le préfet.

La double escouade partit au pas accéléré. Une fois dans la rue, M. Berthellemot s'arrêta et appela :

— Monsieur Barbaroux ?

L'officier de paix s'étant approché, Berthellemot le prit à part :

— Dès longtemps, monsieur Barbaroux, lui dit-il avec majesté, les soupçons les plus graves étaient éveillés en moi au sujet de cette femme, malheureusement soutenue par de hautes protections. J'ai des rapports particuliers du nommé Ezéchiel, qui obéissait en aveugle à une direction intelligente donnée par moi. J'ai toutes les notes. Sans croire aux vampires, monsieur, je ne repousse rien de ce qui peut être admis par un scepticisme éclairé. La nature a des secrets profonds. Nous ne sommes qu'à l'enfance du monde... Je vous charge de veiller sur M. Séverin adroitement et en vous gardant d'exciter sa défiance. Il a des relations.. Si les événements tournent comme il est permis de le prévoir, nous aurons du mouvement à la préfecture, monsieur Barbaroux, et je ne vous oublierai pas dans le mouvement.

L'officier de paix ouvrait la bouche pour exposer brièvement ses droits à une place de commissaire de police, Berthellemot l'interrompit :

— Je prendrai des notes, dit-il. Vous me répondez de ce M. Séverin... Vous ne me croiriez pas, monsieur, si je vous disais que toute cette intrigue est pour moi plus claire que le jour.

Il partit, ne joignant qu'Ézéchiel à son ancienne escorte. Charlevoy et Laurent restèrent en observation dans la rue Saint-Louis, sous les ordres de M. Barbaroux, qui murmurait :

— Toi, tu vois à peu près aussi clair que M. le préfet, qui voit juste aussi clair que moi, qui n'y vois goutte !

Cette prosopopée s'adressait à M. Berthellemot. Quand donc les subalternes comprendront-ils les mérites de leurs chefs ?

Dans la chambre sans fenêtres, Jean-Pierre Séverin et son protégé Patou étaient penchés sur le sommeil de Kervoz.

— Comme il est changé ! murmura Jean-Pierre, et comme il a dû souffrir !

— Ces quarante-huit heures, répondit l'étudiant en médecine, ont été pour lui un long rêve, ou plutôt une sorte d'ivresse. Il n'a pas souffert comme vous l'entendez, patron.

— La sueur inonde son front et coule sur sa joue hâve.

— Il a la fièvre d'opium.

— Et ne peut-on l'éveiller ?

Germain Patou hésita.

— C'est si drôle les évangiles de ce Samuel Hahnemann! murmura-t-il enfin. On n'ose pas trop en parler aux personnes raisonnables. C'est bon pour les cerveaux brûlés comme moi... *Similia similibus*... Si j'étais tout seul, j'essayerais les formules du sorcier de Leipzig.

— Quelles sont ces formules? Ne parle pas latin.

— Je parlerai français. Il y a beaucoup de formules, car le système de Samuel Hahnemann étant précis et mathématique comme une gamme, la chose la plus mathématique qu'il y ait au monde, varie et se chromatise selon l'immense échelle des maux et des médicaments; seulement ces milliers de formules s'unifient dans LA FORMULE: *Similia similibus curantur*, ou plutôt, car la règle elle-même est exprimée d'une façon lâche et insuffisante: CECI est guéri par CECI; au lieu de l'ancienne norme, qui disait: *Ceci* est guéri par CELA.

— Ce sont des mots, murmura Jean-Pierre Sévérin, et le temps passe.

— Ce sont des choses, patron, de grandes, de nobles choses! Le temps passe, il est vrai, mais ce ne sera pas du temps perdu, car votre jeune ami, M. René de Kervoz, est déjà sous l'influence d'une préparation hahnemannienne. Je lui ai délivré le traitement qui convient à son état.

L'œil de Jean-Pierre chercha sur la table de nuit une fiole, un verre, quoi que ce soit enfin qui confirmât l'idée d'un médicament donné.

Il ne vit rien.

— Tu as osé?... commença-t-il.

— Il n'y a point là d'audace, l'interrompit Germain Patou. Vous pourriez prendre ce qu'il a pris et mille fois, et cent mille fois la dose, sans que votre constitution en éprouvât aucun choc.

— Cent mille fois! répéta Jean-Pierre indigné. Quelle que soit la dose...

— Un million de fois! l'interrompit Patou à son tour. C'est le miracle, et c'est le motif qui retardera la vulgarisation du plus grand système médical qui ait jamais ébloui le monde scientifique. Quand l'école Sangrado sera à bout d'arguments pour combattre le jeune système, elle s'écriera : Mensonge! momerie! imposture! Hahnemann ne donne rien qu'une matière inerte et neutre: du sucre, du lait ou de l'eau claire! Et en effet, dans ce que Hahnemann distribue, l'analyse chimique ne découvrirait rien.

— Mais alors...

— Mais alors connaissez-vous le chimiste qui découvrirait, par l'analyse ordinaire, le principe vivifiant du bon air et le principe malfaisant de l'atmosphère en temps d'épidémie? Si quelqu'un vous dit qu'il le connaît, répondez hardiment : C'est un menteur! L'air libre rend les mêmes éléments partout à l'analyse... et pourtant il y a un air qui donne la santé, un air qui produit la maladie... j'entends l'air qui est sous le ciel, car le miasme concentré dans un endroit clos s'apprécie chimiquement... Vous pouvez donc être tué ou guéri par une chose infinitésimale, échappant à des instruments qui reconnaîtraient aisément la millionième partie de la dose d'arsenic, par exemple, qui ne suffirait pas à vous donner la colique...

René de Kervoz fit un mouvement brusque sur son lit.

— Il a bougé, dit Jean-Pierre.

Patou prit dans la poche de son frac une boîte plate un peu plus grande qu'une tabatière et l'ouvrit :

— J'ai passé bien des nuits à fabriquer cela, dit-il avec un naïf orgueil. On fera mieux, mais ce n'est pas mal pour un début.

Dans la boîte, il y avait une vingtaine de petits flacons, rangés et étiquetés. Patou en choisit un, disant encore :

— Jusqu'à présent, notre pharmacie n'est pas bien compliquée; mais le maître cherche et trouve... Là, patron, voulez-vous ma confession? Si je venais à découvrir que cet homme-là est un fou ou un imposteur, j'en ferais une maladie !

Ayant débouché un des petits flacons, il en retira une granule qu'il enfila à la pointe d'une aiguille, piquée pour cet objet dans la soie qui doublait la boîte.

René de Kervoz avait entr'ouvert ses lèvres pour murmurer des paroles indistinctes. Patou profita d'un instant où les dents du dormeur se desserraient, et introduisit lestement le globule, qui resta fixé sur la langue.

— Que lui donnes-tu ? demanda Jean-Pierre.

— De l'opium, répondit l'étudiant.

— Comment, de l'opium! Tu disais tout à l'heure que cette léthargie était produite par l'opium!

— Juste!

— Eh bien?

— Eh bien, patron, il faudra du temps et de la peine pour habituer le monde à cette apparente contradiction. Le système de l'homme de Leipzig subira une longue, une dure épreuve; on lui opposera le raisonnement, on lui prodiguera la raillerie. Comment ceci peut-il tuer et guérir? Tout à l'heure je vous démontrais en deux mots l'effet possible, l'effet terrible d'une dose invisible, impondérable, — infinitésimale, puisque c'est le terme technique. Faut-il vous prouver maintenant, à vous qui avez l'expérience de la vie, que la même chose peut et doit produire des résultats tout à fait contraires, selon le mode et la quantité de l'emploi ? Dans l'ordre moral, la passion, ce don suprême de Dieu, source de toute grandeur, engendre toutes les hontes et toutes les misères ; l'orgueil avilit, l'ambition abaisse, l'amour fait la haine ; dans l'ordre physique, le vin exalte ou stupéfie, — selon la dose.

— Je sais cela, dit Jean-Pierre, qui courba la tête.

— Le bon La Fontaine, dans une fable qui n'amuse pas les enfants, reproche au satyre de *souffler le chaud et le froid*, employant une seule et même chose : son haleine, à refroidir sa soupe et à réchauffer ses doigts. C'est une image vulgaire, mais frappante, de la nature. Tout, ici-bas, tout souffle le chaud et le froid. L'univers est homogène ; il n'y a pas dans la création, si pleine de contrastes, deux atomes différents ; le physicien qui vient de promulguer cet axiome va changer en quelques années la face de toutes les sciences naturelles. Le siècle où nous entrons inventera plus, grâce à ces bases nouvelles, expliquera mieux et produira autant, lui tout seul, que tous les autres siècles réunis...

— Ses yeux essayent de s'ouvrir ! murmura Gâteloup, dont le regard inquiet était toujours fixé sur René de Kervoz.

— Ils s'ouvriront, répliqua Patou.

— Si tu lui donnais encore une de ces petites dragées ?

— Bravo, patron ! s'écria l'étudiant en riant. Vous voilà converti à l'opium qui réveille ! malgré le *facit dormire* de Molière, qui est la vérité même ! Je n'ai pas eu besoin de vous citer le plus extraordinaire et le plus simple parmi les faits scientifiques de ce temps : le *cow-pox* d'Édouard Jenner, sa vaccine, qui est le virus même de la petite vérole et qui préserve de la petite vérole.

— Donne une dragée, garçon.

— Patience ! la dose ne suffit pas ; il faut l'intervalle... on s'enivre aussi avec ces joujoux qu'on nomme des petits verres, quand on les vide trop souvent.

Jean Pierre essuya la sueur de son front, Patou tenait la main du dormeur et lui tâtait le pouls.

— Mais enfin, grommela Gâteloup, dont la vieille raison se révoltait encore, si tu me trouvais, un beau matin, couché sur le carreau de la chambre, avec de l'arsenic plein l'estomac...

— Patron, interrompit l'étudiant, vous n'avez pas besoin d'aller jusqu'au bout. Je vais vous répondre. Le jour où la vérité m'a frappé comme un coup de foudre, c'est que, n'espérant plus rien de la médication ordinaire et me trouvant auprès d'un malheureux, empoisonné par l'arsenic, j'essayai au hasàrd la prescription du maître ; je donnai au mourant de l'arsenic...

— Et tu le sauvas ?...

— J'eus tort, car c'est notre ami Ézéchiel ; mais, morbleu ! je le sauvai.

Gâteloup lui serra la main violemment.

Les lèvres de Kervoz venaient d'exhaler un son.

Ils firent silence tous deux. Au bout de quelques secondes, la bouche de René s'entr'ouvrit de nouveau, et il prononça faiblement ce nom :

« Angèle ! »

XXIII

LE RÉVEIL

Les mairies de Paris donnent maintenant trois francs à toute famille pauvre qui fait vacciner son enfant. Ce n'est pas cher, et cela paye pourtant avec splendeur les vingt années de souffrances, envenimées par le sarcasme, que Jenner vécut, entre l'invention de la vaccine et le jour où la vaccine fut victorieusement acceptée.

De même les quelques milliers de thalers employés à fondre le bronze de la statue érigée à Samuel Hahnemann payent glorieusement les cailloux qui poursuivirent jadis le maître lapidé.

Ainsi va le monde, conspuant d'abord ce qu'il doit adorer.

L'homéopathie compte désormais au nombre des systèmes illustrés par le triomphe. Elle possède la vogue, ses adeptes roulent sur l'or, éclaboussant les anciennes et illustres méthodes, qui protestent en vain du haut des trônes académiques. La raillerie a émoussé sa pointe, le dédain s'est usé, la haine est venue, cette providentielle consécration du succès.

Ceci n'est point un livre de science ; tout au plus y pourra-t-on trouver, chemin faisant, quelques pages détachées de la curieuse histoire des contradictions de l'esprit humain. Nous voulons pourtant ajouter un mot, à propos de la doctrine du grand médecin de la Saxe royale.

Quelquefois, l'homéopathie semble arrêtée tout à coup dans sa marche triomphante par une large rumeur : on l'accuse d'avoir tué quelque personnage illustre ou d'avoir ouvert à quelque prince héritier la succession d'un trône.

C'est qu'elle est, en effet, généralement la médecine de bien des gens dont on parle; elle soigne l'art qui est en vue et tâte volontiers le pouls des mains qui tiennent le sceptre, tout en ouvrant bien larges au travail et à l'infortune les portes de ses dispensaires. Ceux qu'elle *tue*, comme disait notre grand comique, ennemi né des médecins, font du bruit en tombant.

Et puis, les meilleures médailles ont leur revers. Samuel Hahnemann, qui a inventé tant de spécifiques, n'a pas laissé dans son testament la formule capable d'extirper le charlatanisme.

Il y a des charlatans partout, et les charlatans, par une heureuse propriété de leur nature, préfèrent les palais aux chaumières.

En somme, nous avons voulu montrer ici seulement les débuts d'un praticien original qui, sous la Restauration, quinze ans plus tard, passa pour sorcier, tant ses cures semblèrent merveilleuses.

Après qu'il eut prononcé le nom d'Angèle, René de Kervoz redevint silencieux; mais son pâle visage prit, en quelque sorte, le pouvoir d'exprimer ses pensées. On pouvait suivre sur son front comme un reflet fugitif des rêves qui traversaient son sommeil.

Jean-Pierre Sévérin et Germain Patou l'examinaient tous les deux avec attention. Tantôt sa physionomie s'éclairait, trahissant une vague extase, tantôt un nuage sombre descendait sur ses traits, qui exprimaient tout à coup une poignante souffrance.

L'étudiant consulta plusieurs fois sa montre, et ne donna la troisième prise du médicament que quand l'aiguille marqua l'heure voulue.

Quelques minutes après que le globule eut fondu sur la langue du dormeur, ses yeux s'ouvrirent encore, mais cette fois tout grands.

Ses yeux n'avaient point de regard.

— Lila! prononça-t-il d'une voix changée.

Puis avec une soudaine colère qui enfla les veines de son front :

— Va-t'en! va-t'en!

— M'entendez-vous, monsieur de Kervoz? demanda Jean-Pierre, incapable de se contenir.

On eût dit un charme subitement rompu.

Les paupières de René retombèrent, tandis qu'il balbutiait :

— C'est un songe! toujours le même songe! tantôt Lila! tantôt Angèle... l'haleine brûlante du démon, les doux cheveux de la sainte !...

Sa main eut, sous la couverture, un mouvement frémissant, comme s'il eût caressé une chevelure.

— Angèle est morte ! pensa tout haut Jean-Pierre. Je comprends tout ce qu'il dit... tout !

Sa joue était plus livide que celle du malade, et ses yeux exprimaient une indicible terreur.

René se couvrit tout à coup le visage de ses mains :

— *In vita mors*, murmura-t-il, *in morte vita !* Toujours le même songe ! La mort dans la vie, la vie dans la mort !... Non... non... C'est le frère de ma pauvre mère... je ne te donnerai pas les moyens de le perdre !

L'attention des témoins redoublait.

— De qui parle-t-il ? demada Patou après un moment de silence.

— Le frère de sa mère, répondit Gâteloup, est un marchand de chevaux de Normandie, vers la frontière de Bretagne. Je ne sais pas ce qu'il veut dire.

René bondit sur son lit.

— C'est toi, c'est toi, cria-t-il, la vivante et la morte !... C'est toi qui es la comtesse Marcian Gregoryi !... C'est toi qui es Addhéma la vampire !

Il s'était levé à demi ; il se laissa retomber épuisé.

Jean-Pierre passa ses doigts sur son front baigné de sueur.

— Je ne crois pas à cela, au moins ! prononça-t-il entre ses dents serrées ; je ne veux pas y croire ! c'est l'impossible !

— Patron, répondit l'étudiant gravement, je ne suis pas encore assez vieux pour savoir au juste ce à quoi il faut croire. Il n'y a jusqu'à présent qu'une seule chose que je nie, c'est l'impossible ?

Et son doigt tendu désignait la devise latine, courant autour du cartouche qui ornait la cheminée.

La devise disait exactement les paroles échappées au sommeil de René.

Patou poursuivit :

— L'homme a dit longtemps : Cela n'est pas parce que cela ne peut pas être, mais, depuis quelques années, Franklin a joué avec la foudre ; un pauvre diable de ci-devant, le marquis de Jouffroy, fait marcher des bateaux sans voile ni rames, avec la fumée de l'eau bouillante... Vous pouvez me parler si vous avez quelque chose à dire : je sais la légende du comte Szandor, le roi des vampires, et de sa femme, l'oupire Addhéma.

— Moi, je ne sais rien, répliqua rudement Jean-Pierre. Le monde vieillit et devient fou !

— Le monde grandit et devient sage, repartit l'étudiant.

Les vieux républicains comme vous sont de l'ancien temps tout comme les vieux marquis. Le jour viendra où l'on aura honte de douter, comme hier encore on rougissait de croire.

La chandelle de suif, presque entièrement consumée, bronzait de sa flamme mourante le cuivre du flambeau. Elle rendait ces lueurs vives, mais intermittentes, des lampes qui vont s'éteindre.

Mais la fin de la nuit était venue, et les premières lueurs du crépuscule arrivaient par la porte entr'ouverte.

René de Kervoz, assis sur son séant, était soutenu par Jean-Pierre, tandis que Germain Patou, agitait dans un verre à demi plein un liquide qui semblait être de l'eau pure.

René avait l'air d'un fiévreux ou d'un buveur terrassé par l'orgie.

— Ne me demandez rien, dit-il ; et ce fut sa première parole. Je ne sais pas si je pense ou si je rêve. La moindre question me ferait retomber tout au fond de mon délire.

— Buvez, lui ordonna Patou, qui approcha une cuiller de ses lèvres.

Le jeune Breton obéit machinalement.

— Combien y avait-il de temps que vous ne m'aviez vu, père ? demanda-t-il en s'adressant à Gâteloup.

— Trois jours, répondit celui-ci.

René fit effort pour éclaircir les ténèbres de son cerveau.

— Et n'ai-je point vu Angèle depuis ce temps ! questionna-t-il encore.

— Non, répliqua Jean-Pierre.

— Trois jours, reprit René, qui compta péniblement sur ses doigts. Alors nous sommes au matin du mariage.

Jean-Pierre baissa les yeux.

— C'est vrai, c'est vrai, balbutia le jeune Breton, dont les traits se décomposèrent, Angèle est morte !

Deux grosses larmes roulèrent sur sa joue.

Jean-Pierre se redressa, sévère comme un juge.

— Comment savez-vous cela, monsieur de Kervoz ? interrogea-t-il à son tour.

René pleurait comme un enfant, sans répondre.

Jean-Pierre répéta sa question d'un ton de sombre menace.

— J'ignore tout, balbutia René. Mais j'ai le cœur meurtri comme si quelqu'un m'eût dit : Elle est morte.

— Elle est morte ! prononça Jean-Pierre comme un écho.

— Qui vous l'a dit ?

— Personne.

— L'avez-vous vue ?

— Sa dernière lettre, balbutia le vieil homme, dont les larmes jaillirent, était écrite avec du sang et disait : Je vais mourir !..

René se leva de son haut et mit ses deux pieds nus sur le parquet.

— Il est peut-être temps encore ! s'écria-t-il, rendu comme par enchantement à l'énergie de son âge.

Jean-Pierre secoua la tête et voulut le retenir pour l'empêcher de tomber; mais Germain Patou dit :

— C'est fini, la crise est passée.

Et en effet René resta solide sur ses jarrets.

— Dites-moi tout, reprit René d'une voix basse, mais ferme. Je ne sais rien. Ces trois jours ont été arrachés à ma vie... et bien d'autres avant eux. Je ne sais rien, sur mon salut, sur mon honneur ! Je n'ai jamais cessé de l'aimer. J'ai été fou encore plus que criminel, et cela me donne le droit de la venger.

Jean-Pierre l'attira contre son cœur.

— Nous aurions été trop heureux ! pensa-t-il tout haut. La pauvre femme me disait souvent : « J'ai tant de joie que cela me fait peur ! » Nous sommes vieux tous deux, elle et moi, monsieur de Kervoz, nous ne souffrirons pas bien longtemps désormais... Promettez-moi que vous serez le frère et l'ami de l'enfant qui va rester tout seul.

— Votre fils sera mon fils ! s'écria René.

— Part à deux ! fit Germain Patou. Mais vous ne vous en irez pas comme cela, patron, de par tous les diables ! Hahnemann soigne aussi le chagrin. Votre chère femme a sa résignation chrétienne, et ce fils dont vous parlez : elle va reporter sur lui tout son cœur...

Jean-Pierre secoua la tête une seconde fois et murmura :

— Son cœur, c'était Angèle !

— Et si Angèle n'était pas morte ? interrompit l'étudiant. Nous n'avons pas de preuves...

Cette fois ce fut René qui secoua la tête, répétant à son insu :

— Angèle est morte !

Germain Patou, obstiné dans l'espoir, comme tous ceux dont la volonté doit briser quelque grand obstacle, répondit:

— Je le croirai quand je l'aurai vu.

Jean-Pierre raconta en quelques mots l'histoire de ces pauvres lettres, si naïvement navrantes, trouvées sur l'appui de la croisée, et dont la dernière, celle qui était écrite avec du sang, avait percé le carreau.

René de Kervoz écoutait. Sa force d'un instant l'abandonnait et ses jambes tremblaient de nouveau sous le poids de son corps.

Il tomba sur le lit en gémissant :

— Je l'ai tuée !

Puis, sa raison se révoltant contre sa conviction, qui n'avait aucune base humaine et ressemblait à l'entêtement de la démence, il s'écria :

— Courons ! cherchons !...

Sa parole s'arrêta dans sa gorge, et ses yeux devinrent hagards.

— Il y a longtemps déjà, fit-il d'une voix qui semblait ne pas être à lui, longtemps. J'ai tout vu en rêve et tout entendu, tout ce qu'elle écrivait... Sa pauvre plainte me venait d'en haut... Et j'ai été dans le jardin du quai des Ormes, au bord de l'eau... une nuit où la Seine coulait à pleines rives... Elle s'est mise à genoux... et le Désespoir l'a prise par la main, l'entraînant doucement dans ce lit glacé où l'on ne s'éveille plus jamais... jamais !...

Un sanglot convulsif déchira sa poitrine.

— Le reste est horrible ! poursuivit-il, parlant comme malgré lui. Elle est venue... mes lèvres connaissaient si bien ses doux cheveux... J'ai baisé les chères boucles de sa chevelure ; j'en suis certain, j'en jurerais... Qui donc m'a raconté la hideuse histoire de ce monstre gagnant une heure de vie pour chaque année de l'existence qu'elle volait à la jeunesse, à la beauté, à l'amour ?..

Ce fut un cri qui répondit à cette question.

— Lila !... c'est Lila qui me l'a dit... Et la Vampire ne peut se soustraire à cette loi de conter elle-même sa propre histoire ?...

Il s'élança loin du lit, comme si le contact des couvertures l'eût brûlé.

— Je me souviens ! je me souviens ! râla-t-il, en proie à un spasme qui l'ébranlait de la tête aux pieds, comme l'ouragan secoue les arbres avant de les déraciner. Il y a des choses qui ne se peuvent pas dire... Mon cœur restera flétri par ce sépulcral baiser... C'est ici l'antre du cadavre animé... du monstre qui vit dans la mort et qui meurt dans la vie !

Son doigt crispé montrait la devise latine, que les lueurs du matin, glissant par l'ouverture de la porte entre-bâillée, éclairaient vaguement.

Il chancela. Jean-Pierre et Patou coururent à lui pour le soutenir, mais il les repoussa d'un geste violent.

— Tout est là, désormais ! dit-il en se frappant le front. Ma mémoire ressuscite. J'ai trahi le sang de ma mère... Tant mieux ! entendez-vous ? tant mieux ! ma trahison va me mettre sur les traces de la comtesse Marcian Gregoryi... Angèle sera vengée !

Il se précipita, tête première, au travers des appartements et descendit l'escalier en quelques bonds furieux.

12

Jean-Pierre et l'étudiant se lancèrent à sa poursuite sans avoir le temps d'échanger leurs pensées.

Quand ils atteignirent la rue, René en tournait l'angle déjà, courant avec une rapidité extraordinaire vers les ponts de la rive droite.

Nos deux amis suivirent la même direction à toutes jambes.

Derrière eux, les agents apostés par M. Berthellemot se mirent aussitôt en chasse.

XXIV

LA RUE SAINT-HYACINTHE-SAINT-MICHEL.

Le boulevard de Sébastopol (rive gauche), passant avec majesté entre le Panthéon et la grille du Luxembourg, aplanit maintenant cette croupe occidentale de la montagne Sainte-Geneviève. Tout est ouvert et tout est clair dans ce vieux quartier des écoles, subitement rajeuni. Sa bizarre physionomie d'autrefois, si pittoresque et si curieuse, a disparu pour faire place à des aspects plus larges. Paris, la capitale prédestinée, ne perd jamais une beauté que pour acquérir une splendeur.

Était-ce beau, cependant! C'était étrange. Cela racontait à la vue de vives et singulières histoires. A ceux-là mêmes qui admirent franchement le Paris nouveau, il est permis de regretter l'aspect original et bavard du vieux Paris.

Que d'anecdotes inscrites aux noires murailles de ces pignons! et comme ces antiques masures disaient bien leurs dramatiques histoires!

En faisant quelques pas hors du jeune boulevard, vous pouvez encore rencontrer de ces trous horribles et charmants où le moyen âge radote à la barbe de nos civilisations; les larges percées ont même facilement l'abord de ces mystérieuses cavernes. Derrière le collège de France, tout confit en moderne philosophie, vous n'avez qu'à suivre cette voie qui semble un égout à ciel ouvert : voici des maisons, à droite et à gauche, qui ont vu les capettes de Montaigu, couchées sur le fouarre; voici des débris de cloîtres où la Ligue a comploté; voici des chapelles, changées en magasins, au portail desquelles Claude Frollo dut faire le signe de la croix, en courant la pretantaine, tandis que son frère Jehan, bête charmante, malfaisante et précoce, lui jouait quelque méchante farce du haut de ce balcon vermoulu, qui avait déjà mauvaise mine au temps où les royales vampires humaient le sang des capitaines à la tour de Nesle.

C'est le mélodrame qui le dit ; le mélodrame, vampire aussi, buvant dans son gobelet d'étain la gloire des rois et l'honneur des reines.

En 1804, au lieu où le boulevard s'évase en une vaste place irrégulière, regardant à la fois le Panthéon, le Luxembourg et le dos trapu de l'Odéon, c'était la rue Saint-Hyacinthe-Saint-Michel, plus irrégulière que la place, étroite, montueuse, tournante, et d'où l'on ne voyait rien du tout.

La maison où Georges Cadoudal avait établi sa retraite fut célèbre en ce temps et citée comme un modèle de tanière à l'usage des conspirateurs.

J'en ai le plan sous les yeux en écrivant ces lignes.

Elle avait appartenu quelques années auparavant à Gensonné, le Girondin, qui fit, dit-on, pratiquer un passage à travers l'immeuble voisin pour gagner la maison sortant sur la rue Saint-Jacques par la troisième porte cochère en redescendant vers les quais.

On n'ajoute point que ce passage ait été percé en vue d'éviter, à l'occasion, quelque danger politique.

Un autre passage existait, courant en sens inverse et reliant la maison Fallex (tel était le nom du propriétaire) à la cour d'une fabrique de mottes existant à l'angle rentrant de la place Saint-Michel, rue de la Harpe.

Ce deuxième passage, dont l'origine est inconnue et devait remonter à une époque beaucoup plus reculée, ne traversait pas moins de treize numéros ; sur ce nombre, il était en communication avec cinq maisons ayant sortie sur la rue Saint-Hyacinthe, et une s'ouvrant sur la place Saint-Michel.

De telle sorte que la retraite de Georges Cadoudal possédait neuf issues, situées, pour quelques-unes, à de très grandes distances des autres.

Il avait coutume de dire de lui-même : Je suis un lion logé dans la tanière d'un renard.

Lors du procès, il fut prouvé que la plupart des voisins ignoraient ces communications.

Georges Cadoudal n'usait guère que des deux issues extrêmes, encore n'était-ce que rarement. D'habitude, au dire des gens du quartier, qui le connaissaient parfaitement sous son nom de Morinière, il sortait et rentrait par la porte même de sa maison.

La police n'eut donc pas même l'excuse des facilités exceptionnelles que la disposition de sa retraite donnait à Georges Cadoudal.

Le 9 mars 1804, à sept heures du matin, un cabriolet de

place s'arrêta devant la porte du chef chouan, rue Saint-Hyacinthe, et attendit.

Tout le long de la rue, selon les mesures prises la veille dans le cabinet du préfet de police, les agents stationnaient. Il y en avait aussi aux fenêtres des maisons. Le cordon de surveillance s'étendait à droite et à gauche jusque dans les rues Saint-Jacques et de la Harpe.

On n'avait fait aucune démarche auprès du concierge de la maison, qui, sur l'invitation du cocher du cabriolet de place, monta au premier étage de la maison, frappa à la porte de Georges et cria, comme c'était apparemment l'habitude :

— La voiture de monsieur attend.

Georges était tout habillé et très abondamment armé, bien qu'aucune de ses armes ne fût apparente.

Il avait la main dans la main d'une femme toute jeune et adorablement belle, qui s'asseyait sur le canapé de son salon.

C'était une blonde dont les yeux d'un bleu obscur semblaient noirs au jour faux qui entrait par les fenêtres trop basses.

— C'est bien ! dit Georges au concierge, qui redescendit l'escalier.

— Je crois, dit la blonde charmante, dont les beaux yeux nageaient dans une sorte d'extase, qu'il est permis de tuer par tous les moyens possibles l'homme qui fait obstacle à Dieu... Mais que je vous aime bien mieux, mon vaillant chevalier breton, dédaignant l'assassinat vulgaire et jetant le gant à la face du tyran !

— Je ne dédaigne pas l'assassinat, répondit Georges, je le déteste.

Il était debout, développant sa haute taille, trop chargée d'embonpoint, mais robuste et majestueuse.

Malgré son poids, qui devait être considérable, il avait, en Bretagne, une réputation d'extraordinaire agilité.

Sa figure était ouverte et ronde. Il portait les cheveux courts, et, chose véritablement étrange, conforme du reste à la chevaleresque témérité de son caractère, il portait à son chapeau une agrafe bronzée réunissant la croix et le cœur, qui étaient le signe distinctif et bien connu de la chouannerie.

La comtesse Marcian Gregoryi fit le geste de porter la main de Georges à ses lèvres, mais celui-ci la retira.

— Pas de folie ! dit-il brusquement. Dès que le jour est levé, je suis le général Georges et je ne ris plus.

— Vous êtes, répliqua la blonde enchanteresse, le dernier chevalier. Je ne saurai jamais vous exprimer comme je vous admire et comme je vous aime.

— Vous m'exprimerez cela une autre fois, belle dame,

repartit Georges Cadoudal en riant ; il y a temps pour tout. Aujourd'hui, si vos renseignements sont exacts et si vos hommes ont de la barbe au menton, je vais forcer le futur empereur des Français à croiser l'épée avec un simple paysan du Morbihan... ou à faire le coup de pistolet, car je suis bon prince et je lui laisserai le choix des armes. Mais, sur ma foi en Dieu, le pistolet ne lui réussira pas mieux que l'épée, et le pauvre diable mourra premier consul.

Il jeta sous son bras deux épées recouvertes d'un étui de chagrin et poursuivit :

— Redites-moi bien, je vous prie, l'adresse exacte et l'itinéraire.

— Allez-vous tout droit ? demanda la comtesse.

— Non, je suis obligé de prendre le capitaine L... au carrefour de Buci. C'est mon second.

— Un républicain !...

— Ainsi va le monde. Nous nous battrons tous deux, le capitaine et moi, le lendemain de la victoire.

— Eh bien ! reprit la comtesse en battant l'une contre l'autre ses belles petites mains, voilà ce que j'aime en vous, Georges ! Vous jouez avec la pensée du sabre comme nos jeunes Magyars, toujours riants en face de la mort... Du carrefour Buci, vous prendrez la rue Dauphine, les quais, la Grève, la rue, le faubourg Saint-Antoine, toujours tout droit et vous ne tournerez qu'au coin du chemin de la Muette, à deux cents pas de la barrière du Trône. Là, vous verrez une maison isolée, une ancienne fabrique, entourée de marais... Vous frapperez à la porte principale et vous direz à celui qui viendra vous ouvrir : « Au nom du Père, du Fils et du Saint-Esprit, je suis un frère de la Vertu.

— Peste ! fit Georges, vos Welches n'y vont pas par quatre chemins ! Et faudra-t-il leur chanter un bout de tyrolienne ?

— Il faudra ajouter, répondit la blonde en souriant comme si cette insouciante gaieté l'eût ravie : Je viens par la volonté de la rose-croix du troisième royaume, souveraine du cercle de Bude, Gran et Comorn ; je demande le Dr Andréa Ceracchi.

— Et après ?

— Après, vous serez introduit dans le sanctuaire... et nos frères vous mettront à même de rencontrer aujourd'hui même, en un lieu propice, votre ennemi, le général Bonaparte.

— Un maître homme ! grommela Georges, et qui aurait fait un joli chouan, s'il avait voulu !

Il serra gaillardement la main de la comtesse et se dirigea vers la porte.

Sur le seuil, il s'arrêta pour ajouter :

12.

— Il y a un petit endroit, là-bas, à mi-côte, de l'autre côté du bourg de Brech, que j'aurais voulu revoir. Chacun a quelque souvenir qui revient aux heures de péril, et m'est avis que la danse sera rude aujourd'hui... Elle me dit : Sois à Dieu et au roi, et je fis un serment, la bouche sur ses lèvres... J'avais seize ans... J'ai bien tenu ce que j'avais promis... Le capitaine répète souvent : Georges, si tu étais né dans la rue Saint-Honoré, tu crierais : Vive la république !... Mais, bah ! ceux de Paris radotent comme ceux de Bretagne. Le fin mot, qui le connaît ?...

Ma belle dame, s'interrompit-il, n'oubliez pas de prendre le couloir sur votre gauche : vous sortirez par la place Saint-Michel. Et si quelqu'un vous parle du citoyen Morinière, vous répondrez :

— Je n'ai jamais entendu ce nom-là.

Dans le sourire de la comtesse il y avait de l'admiration et du respect.

Georges poussa la porte et descendit l'escalier en chantant.

Aussitôt qu'il fut parti, la physionomie de la comtesse changea, exprimant un dur et froid sarcasme.

Au moment où Georges sautait dans le cabriolet, son cocher lui dit tout bas :

— La rue a mauvaise mine et tout le quartier aussi.

Le regard rapide et sûr du chouan avait déjà jugé la situation.

— Prends ton temps, mon bonhomme, dit-il en s'asseyant près du cocher. Tant qu'on fait semblant de ne pas les voir, ces oiseaux-là restent tranquilles... Ta bête est-elle bonne ?

— J'en réponds, monsieur Morinière.

Georges se mit à rire franchement et feignit de remonter d'un cran la capote du cabriolet.

— Rassemble, dit-il cependant à voix basse, et enlève ton cheval d'un temps... Ne manque pas ton coup... Tu vas enfiler la rue Monsieur-le-Prince comme si le diable t'emportait.

Il paraît que les gens de la police n'avaient pas même le signalement de Georges Cadoudal. Nous nous plaignons tous, plus ou moins, de nos domestiques, les chefs d'État ne sont pas mieux servis que nous.

Tout le long de la rue les agents se regardaient entre eux et hésitaient.

Le cabriolet était sur le point de s'ébranler, et Georges allait encore une fois passer comme la foudre au travers de cette meute mal dressée, lorsqu'à une fenêtre du premier étage, qui s'ouvrit doucement, juste au-dessus de lui, une femme parut, jeune, adorablement belle, donnant à la brise du matin ses cheveux blonds, qui scintillaient sous le premier regard du soleil levant.

Elle se pencha, gracieuse, et quoique Georges ne pût la voir, elle lui envoya un souriant baiser.

Les agents s'ébranlèrent tous à la fois : c'était un signal.

A ce moment, le cocher enlevait son cheval; qui, robuste et vif, partit des quatre pieds et passa, jetant une demi-douzaine d'hommes sur le pavé.

La comtesse Marcian Gregoryi restait à la fenêtre, suivant le cabriolet, qui descendait la rue comme un tourbillon. Le pavé de la rue Saint-Hyacinthe tournait. Quand le cabriolet disparut, la blonde charmante s'éloigna de la croisée à reculons et en referma les deux battants.

— A cette heure, dit-elle, il n'en doit plus rester un seul de ceux du faubourg Saint-Antoine. J'ai conquis ma rançon, je suis libre, je ne laisse rien derrière moi... Demain, je serai à cinquante lieues de Paris.

Elle se retourna soudain, étonnée, parce qu'un pas sonnait sur le plancher de la chambre, tout à l'heure déserte.

Quoique son cœur fût de bronze, elle poussa un grand cri, un cri d'épouvante et de détresse.

René de Kervoz étant devant elle, hâve et défait, mais l'œil brûlant.

— Je viens trop tard pour sauver, dit-il, je suis à temps pour venger.

Il la saisit aux cheveux, sans qu'elle fît résistance, et appuya sur sa tempe le canon d'un pistolet.

Le coup retentit terriblement dans cet espace étroit.

La balle fit un trou rond et sec, sans lèvres, autour duquel il n'y eut point de sang. Il semblait qu'elle eût percé une feuille de parchemin.

La comtesse Marcian Gregoryi tomba et demeura immobile comme une belle statue couchée.

XXV

L'EMBARRAS DE VOITURES.

René de Kervoz avait coutume d'entrer chez son oncle par la rue Saint-Jacques. Il possédait une clef du passage secret. Georges Cadoudal avait réglé cela ainsi, afin que le fils de sa sœur ne fût pas compromis en cas de mésaventure.

En quittant la rue Saint-Louis-en l'Ile, René s'était lancé à pleine course vers le pont de la Tournelle, sans s'inquiéter s'il était suivi.

La fièvre lui donnait des ailes.

Jean-Pierre se faisait vieux et Germain Patou avait de courtes jambes. Quoiqu'ils fissent de leur mieux l'un et l'autre, ils perdirent René de vue aux environs de l'Hôtel-Dieu.

Les agents de M. Berthellemot venaient par derrière, suivis à une assez grande distance par M. Barbaroux, officier de paix, qui était d'humeur pitoyable et nourrissait la crainte légitime d'avoir gagné cette nuit quelque mauvais rhumatisme.

Le jour était désormais tout grand.

En arrivant à l'endroit où ils avaient perdu la vue de René, l'étudiant et Gâteloup se séparèrent, prenant chacun une des deux voies qui se présentaient. Jean-Pierre continua le quai et Patou monta la rue Saint-Jacques.

C'était cette dernière route que René avait choisie, mais il était désormais de beaucoup en avance et Patou ne pouvait plus l'apercevoir.

René s'introduisit, comme nous l'avons vu, à l'aide de la clé qu'il portait sur lui. En entrant de ce côté, la chambre où se trouvait la comtesse Marcian Gregoryi était la troisième.

Sur le guéridon de la seconde une paire de pistolets chargés traînait. La maison, du reste, était pleine d'armes.

René prit en passant un des deux pistolets et l'arma avant d'ouvrir la dernière porte.

Comme Germain Patou atteignait, toujours courant, le haut de la rue Saint-Jacques, il aperçut une grande cohue de peuple massée dans la rue Saint-Hyacinthe. Cette foule était en train de pénétrer dans la maison n° 7, où l'on avait entendu un cri d'appel, puis un coup de pistolet.

Germain Patou entra avec les autres.

René était encore debout, le pistolet à la main.

Patou s'agenouilla auprès de la blonde, qui était splendidement belle et semblait dormir un souverain sommeil.

Il lui tâta le cœur.

Le sien battait à rompre les parois de sa poitrine.

— Quelqu'un connaît-il cette femme? demanda-t-il.

Comme personne ne répondait, il ajouta :

— Qu'elle soit portée à la morgue du Marché-Neuf, qui a ouvert aujourd'hui même.

Puis il dit à René, espérant ainsi le sauver :

— Citoyen, vous allez me suivre.

Son dernier regard fut cependant pour la comtesse Marcian Gregoryi, et il pensa :

— L'aurais-je aimée? l'aurais-je haïe? Mon scalpel, désormais, peut aller chercher son secret jusqu'au fond de sa poitrine!

Au bas de la rue Monsieur-le-Prince et dans la rue de l'Ancienne-Comédie, une autre foule roulait comme une avalanche, criant :

— Au chouan! au chouan! Arrêtez Georges Cadoudal!

Quoiqu'il semblât que toutes les maisons eussent vomi leurs habitants sur le pavé, les fenêtres regorgeaient de curieux.

Le cabriolet de Georges Cadoudal avait rencontré un premier obstacle à la hauteur de la rue Voltaire. Deux charrettes de légumes se croisaient.

— Enlève! ordonna Georges.

Les deux charrettes, culbutées, lancèrent leurs pauvres diables de conducteurs dans le ruisseau.

Et le cabriolet passa.

Les gens qui étaient devant commencèrent à s'émouvoir, bien qu'ils n'eussent aucun soupçon.

Ils crurent à un cheval fou, emporté par le mors aux dents, et des attroupements secourables se formèrent pour barrer la route.

Mal leur en prit.

— Place! commanda Georges, qui s'était levé tout debout dans le cabriolet.

Comme on n'obéissait pas assez vite à son gré, il arracha le fouet des mains du cocher et allongea de si rudes estaflades que la route, en un instant, redevint libre.

Mais la rumeur qui venait par derrière se faisait si forte qu'on l'entendait gronder au loin.

— Nous n'irons pas longtemps comme cela, monsieur Morinière, grommela le cocher.

— Nous irons jusqu'à Rome, si nous voulons, répliqua Cadoudal. Penses-tu qu'un homme comme moi sera arrêté par de faillis Parisiens?

Allume, mon gars! ajouta-t-il en lui rendant son fouet, et n'aie pas peur!

En abordant le carrefour de l'Odéon, le cocher fut obligé de rêner. Il y avait une lourde voiture en travers.

— Passe dessus ou dessous! cria Georges, qui regardait en arrière.

Et il se mit à sourire, saluant de la main ceux qui le suivaient en criant :

— Au chouan! au chouan! Arrêtez l'assassin!

Du carrefour de l'Odéon à l'endroit où la rue de l'Ancienne-Comédie s'embranche aux rues Dauphine et Mazarine, il n'y eut point de nouvel obstacle, mais là, un véritable embarras de véhicules barrait complètement le passage.

— Arrête, bonhomme, dit Georges. Autant vaut jouer sa dernière partie ici qu'ailleurs. Pichegru, et Moreau sont tombés, par leur faute, vivants tous deux ; moi je ne tomberai que mort, et j'aurai fait de mon mieux,

Il se leva de nouveau tout debout, dégagea les deux épées et rangea sous les coussins trois paires de pistolets qu'il avait sous ses vêtements.

Ceux qui le poursuivaient approchaient.

Il tendit la main au cocher.

— Va-t'en, garçon, lui dit-il avec une cordiale bonne humeur. Le reste ne te regarde pas... Si la rue se dégage, je conduis aussi bien que toi, et ils ne me tiennent pas encore!

Le cocher hésita.

— J'ai trois enfants, dit-il enfin, et il sauta sur le pavé pour se perdre dans la foule.

La foule se massait, devinant déjà un spectacle extraordinaire.

Georges releva complètement la capote du cabriolet. Un instant, le voyant ainsi au milieu de cette foule, vous eussiez dit un de ces joyeux charlatans de nos foires parisiennes sur le point de commencer son travail.

Son travail en effet, allait commencer.

Il dépouilla vivement le surtout qu'il portait et parut vêtu d'une sorte de jaquette, en drap fin, il est vrai, mais rappelant exactement la coupe de la veste des gars d'Auray. Au côté gauche de cette veste, il y avait un cœur brodé en argent.

— Au chouan! au chouan! Arrêtez le chouan!

Cette fois, ce fut une grande clameur qui partait de tous les côtés à la fois. Georges prit son fouet à la main. Il s'en servait bien, et il est à propos de dire que le fouet, emmanché à un bras morbihannais, devient une arme qui n'est point à dédaigner.

J'ai vu au gros bourg de la Gacilly, sur la rivière d'Oust, des combats au fouet, tournois bizarres et sauvages qui laissent des blessures plus profondes assurément que celles des sabres savants usités dans les querelles universitaires de l'Allemagne.

Le fouet de Georges fit un large cercle autour de lui.

— Que me voulez-vous, bonnes gens! demanda-t-il, imitant avec perfection l'accent de basse Normandie. Je suis Julien-Vincent Morinière de mon nom, je vends des chevaux par état, je n'ai fait de tort ici à personne.

— Chouan, répliqua de loin Charlevoy, qui se tenait à distance tu t'es dépouillé trop vite.

— C'est pourtant vrai, murmura Georges en riant.

Il va sans dire qu'il ne perdait point de vue son cheval, surveillant toujours l'embarras qui avait fait obstacle à sa course.

De l'autre côté de l'embarras, rue Dauphine, la foule grossissait à vue d'œil. Il y eut un moment où l'effort de sa curiosité rompit l'embarras et ouvrit un passage au beau milieu de la voie.

Il exécuta un second moulinet pour assurer ses derrières, et, touchant légèrement les oreilles de son cheval, il cria :

— Hie, Bijou ! Passe partout ! nous avons affaire à la foire !

Les spectateurs étaient là, comme à la comédie. Paris s'amuse de tout, et sur cent badauds il n'y en avait pas dix pour croire à la présence de Georges Cadoudal.

Malgré la veste bretonne, malgré le cœur chouan, les neuf dixièmes des assistants doutaient. Ce gros gaillard avait l'air si bonne personne ! et la police s'était si souvent trompée !

Le cheval s'enleva avec sa vigueur ordinaire, tandis que Georges, toujours debout, commandait :

— Gare, bonnes gens ! je ne réponds pas de la casse.

Le cheval passa, mais la voiture s'engagea entre la caisse d'un fiacre et la roue d'une grosse charrette qui était en train de tourner.

— Foi de Dieu ! dit Georges, nous voilà engravés, mais nous sommes ici comme dans une redoute.

Un coup de pistolet, le premier, partit derrière lui et abattit son chapeau.

— Plus bas ! fit-il en se retournant et en abattant d'un coup de feu l'homme qui tenait encore l'arme fumante à la main.

Les agents reculèrent encore une fois, tandis que les badauds, essayant de fuir, produisaient une presse meurtrière.

On n'entendait plus que les cris des femmes et des enfants.

Georges, qui avait ouvert son couteau, coupa les deux liens de cuir qui rattachaient le cheval aux brancards, et dit avec beaucoup de calme à ceux de la rue Dauphine :

— Citoyens, voulez-vous livrer passage à un brave homme ?

Il y eut de l'hésitation parmi les curieux. Georges se retourna pour faire tête aux agents, qui essayaient de monter dans les deux véhicules voisins. Il tira deux coups de pistolet et fut blessé de trois projectiles, dont l'un était une bouteille, parti du cabaret qui faisait le coin de la rue de Buci.

Quand il regarda de nouveau devant lui, les rangs s'étaient notablement éclaircis, mais ceux qui restaient semblaient décidés à tenir tête : entre autres un groupe de militaires qui avaient dégainé le sabre.

On put entendre, en ce moment, des coups de feu dans la rue de Buci. C'était le capitaine L..., et trois de ses amis qui prenaient les agents à revers.

En même temps, un homme de haute taille et coiffé de cheveux blancs, fendit la presse qui encombrait la rue Saint-André-des-Arts. Il bondit en scène, brandissant un sabre qu'il venait d'arracher à un soldat du train de l'artillerie, lequel le poursuivait en criant.

Nous avons vu que Jean-Pierre Sévérin, au lieu de prendre la rue Saint-Jacques, comme son compagnon Germain Patou, avait continué de longer le quai.

Tout ce que nous venons de raconter s'était passé avec une rapidité si grande que Jean-Pierre Sévérin ne faisait que d'arriver, quoiqu'il eût toujours marché d'un bon pas.

De la rue Saint-André-des-Arts, il avait reconnu, au beau milieu de la bagarre, l'oncle de René de Kervoz, debout dans sa voiture et faisant le coup de feu.

L'idée lui vint soudain que ceci était une suite de l'erreur de M. Berthellemot, confondant M. Morinière, le maquignon inoffensif, avec Georges Cadoudal, qui voulait tuer le premier consul.

Aucun de nous n'est parfait. Tout homme tient à son opinion, surtout les chevaliers errants, dit-on, et Gâteloup était un chevalier errant. Sa vie s'était passée à défendre le faible contre le fort.

Dans sa pensée peut-être, car il était subtil à sa manière, le danger de Morinière se rattachait à quelque piège tendu par la comtesse Marcian Gregoryi.

N'avait-il pas été pris lui-même, lui Gâteloup, au cabaret de la *Pêche miraculeuse*, pour un des assassins du chef de l'État?

Il apaisa le soldat du train en lui jetant son nom, connu dans toutes les salles d'armes de tous les régiments, et lui dit :

— On va te rendre ton outil, mon camarade. Prête-le-moi cinq minutes, si tu es un bon enfant!

Et, attachant rapidement sur sa poitrine le cœur d'or que nous connaissons, il s'écria :

— Holà! y a-t-il quelqu'un pour se mettre du côté de papa Gâteloup?

Dix voix répondirent dans la foule :

— Présent, monsieur Sévérin! on y va!

Et les militaires qui barraient le passage du côté de la rue Dauphine remirent l'épée au fourreau.

Gâteloup, cependant, abordait le cabriolet par devant.

Il comprit la situation d'un coup d'œil et acheva de dételer le cheval.

Georges le regardait stupéfait. Quelques hommes protégeaient déjà les derrières de la voiture, où les agents de police résistaient mollement à une vigoureuse poussée.

— Compère Sévérin, dit Georges en montrant du doigt le cœur que le gardien portait sur la poitrine, est-ce que vous êtes aussi pour Dieu et le roi?

— Pour Dieu, oui, monsieur Morinière, répliqua Gâteloup, mais au diable le roi!... Montez à cheval et prenez la clef des champs, je me charge de retenir ceux qui vous pourchassent.

Georges fronça le sourcil.

Gâteloup le regardait en face.

— Ah ça! ah ça! grommela-t-il, vous avez une drôle de figure aujourd'hui, compère. Seriez-vous vraiment Georges Cadoudal?

— Vieil homme, répliqua Georges, qui ne riait plus, je vous remercie de ce que vous avez voulu faire pour moi. Soigner mon neveu, qui n'est pas cause et qui aime peut-être ce que nous combattons, là-bas, devers Sainte-Anne-d'Auray, la noble terre où je suis né... Je ne suis pas Normand, je suis Breton... Je ne suis pas Morinière le maquignon; je suis Georges Cadoudal, officier général de l'armée catholique et royale... Je ne suis pas un assassin, je suis un champion arrivant tout seul et tête haute contre l'homme qui a des millions de défenseurs... Ecartez-vous de moi : votre chemin n'est pas le mien.

Gâteloup baissa la tête et s'éloigna sans mot dire.

Georges se redressa, passa deux des quatre pistolets qui lui restaient à sa ceinture et prit les autres, un dans chaque main.

— Qu'on se le dise! cria-t-il de toute la force de sa voix : je suis le chouan Cadoudal, et je viens combattre celui qui veut se faire empereur!

Ce ne furent plus seulement les agents de police, ce fut la foule entière qui se rua en avant. Paris entier était amoureux du premier consul. Georges déchargea ses quatre pistolets et saisit les épées. La première se brisa avant qu'on fût maître de lui. Quand il tomba, chargé de sang de la tête aux pieds, il n'avait plus dans la main qu'un tronçon de la seconde.

La dernière blessure qu'il reçut lui vint d'un garçon boucher, qui le frappa avec le couteau de son étal.

Il n'était pas mort. Les agents n'osaient l'approcher. Ce fut le même garçon boucher qui lui jeta au cou la première corde.

Cinq minutes après, au moment où la charrette qui avait arrêté le cabriolet de Georges Cadoudal l'emmenait, garrotté, à la Conciergerie, un homme parut au milieu des agents qui formaient le noyau de la foule immense rassemblée au carrefour de Buci.

— Voilà comme je mène les choses ! dit cet homme, qui se frottait les mains de tout son cœur.

— Tiens ! fit Charlevoy, on ne vous a pas vu pendant l'affaire, monsieur Barbaroux !

— Je crois bien, dit M. Berthellemot en fendant la presse, il n'y était pas ! Il n'y avait que moi !... Mes enfants, je suis content de vous. Nous avons fait là un joli travail. Tout était combiné à tête reposée, j'avais pris des notes, parole mignonne !

M. Berthellemot était en train de faire craquer un peu les phalanges de ses doigts, quand un autre organe plus majestueux prononça ces mots :

— Rien ne m'échappe. Il fallait ici l'œil du maître. Je suis venu au péril de ma vie.

— Monsieur le préfet !... balbutia le secrétaire général.

Ces deux fonctionnaires, en vérité, semblaient être sortis de terre.

— Pendant qu'ils se regardaient, le secrétaire général penaud et jaloux, le préfet triomphant, un troisième dieu, sortant de la machine, passa entre eux et fit la roue.

— Mes chers messieurs, dit le grand juge Régnier avec bonté, j'avais pris toutes les mesures. Je vous remercie de n'avoir pas jeté de bâtons dans mes roues. Je vais aux Tuileries faire mon rapport au premier consul... Eh ! eh ! mes bons amis, il faut du coup d'œil pour remplir une place comme la mienne !

Quand Régnier, futur duc de Massa, entra au château, il rencontra dans l'antichambre Fouché, futur duc d'Otrante, qui le salua poliment et lui dit :

— Le premier consul sait tout, mon maître. Eh bien ! il m'a fallu mettre la main à la pâte : sans moi vous n'en sortiez pas !

XXVI

MAISON NEUVE

Paris fut en fièvre, ce jour-là, depuis le matin jusqu'au soir.

La nouvelle de l'arrestation de Georges Cadoudal courut

comme l'éclair d'un bout de la ville à l'autre, et se croisa en chemin avec d'autres nouvelles drama tiques ou terribles.

Les gazetiers ne savaient à laquelle entendre.

D'ordinaire, quand la réalité prend la parole, la fantaisie se tait, et, au milieu de ces grands troubles de l'opinion publique, ce n'est, en vérité, pas l'heure de raconter des histoires de coin du feu. Nous devons constater néanmoins que Paris s'occupait de la vampire plus qu'il ne l'avait fait jamais.

J'entends Paris du haut en bas, Paris le grand et Paris le petit.

Ce matin, le premier consul avait causé de la vampire avec Fouché, et comme le futur ministre de la police exprimait très vivement la pensée que l'existence des vampires devait être reléguée parmi les absurdités d'un autre âge, celui qui allait être empereur avait souri...

De ce sourire de bronze que nul diplomate ne se vanta jamais d'avoir traduit à sa guise.

Le premier consul croyait-il aux vampires?

Question oiseuse. Personne ne croit aux vampires.

Et cependant, parmi le grand fracas des nouvelles politiques, une sourde et sinistre rumeur glissait. Le mot vampire était dans toutes les bouches. On dissertait, on commentait, on expliquait. Les hommes forts en étaient réduits à reprendre en sous-œuvre l'idée mise en avant depuis longtemps, à savoir, que « la vampire » était uniquement une bande de voleurs.

Cette manière de voir les choses avait un certain succès, mais l'immense majorité tenait à son monstre et lui donnait un nom franchement. La vampire était une vampire et s'appelait la comtesse Marcian Gregoryi.

Elle était belle à miracle, et jeune, et séduisante. Elle affectait une grande piété. C'était dans les églises qu'elle tendait principalement ses filets, sans exclure les théâtres ni les promenades.

La circonstance qu'elle avait tantôt des cheveux blonds, tantôt des cheveux noirs était soigneusement notée. Mais on ne peut changer la nature des Parisiens. Leur superstition même a le mot pour rire. Ce miracle des chevelures était tout bonnement pour eux une affaire de perruques.

Et, en somme, le secret tout entier était peut-être là!

Ses pièges s'adressaient surtout aux étrangers. Elle les affolait d'amour et les conduisait jusqu'au mariage.

Comme le mariage civil ne plaisante pas et qu'on ne peut épouser qu'une fois à la mairie, elle s'introduisait, sous couleurs de bonnes œuvres, ou même de politique, dans la confiance de ces saints prêtres, qui vivent en dehors du monde, au point de ne plus savoir l'heure que marque l'horloge historique. Ils furent de tout temps nombreux et faciles à tromper.

Elle les trompait. Elle inventait des fables qui rendaient indispensable le secret du mariage religieux. Ces fables avaient toujours une couleur de parti. La persécution explique tant de choses !

Quant à elle, et provisoirement, le mariage religieux, célébré selon cette forme si simple qu'un récent procès a mise en lumière (une messe entendue et le consentement mutuel murmuré au moment voulu), suffisait à satisfaire sa conscience.

Après la messe, les deux nouveaux époux montaient en voiture. Le mari avait annoncé la veille son départ pour un long voyage.

Et, en effet, il partait pour un pays d'où l'on ne revient pas.

Notez que chaque prêtre était intéressé à garder le secret, en dehors même des raisons respectables qu'elle donnait.

Qu'il y eût ou non exagération, les gens disaient aujourd'hui que la plupart des paroisses de Paris avaient marié la comtesse Marcian Gregoryi.

On citait surtout ses trois dernières victimes, les trois jeunes Allemands du Wurtemberg : le comte Wenzel, le baron de Ramberg et Franz Koënig, l'opulent héritier des mines d'albâtre de la forêt Noire.

Vous eussiez dit que ces mystères, si longtemps et si profondément cachés, avaient éclaté au jour tout d'un coup.

Et à mesure que les détails allaient se croisant, ils se corroboraient l'un l'autre. Ce n'étaient plus des suppositions, c'étaient des certitudes. Il y avait des rapports officiels. Par un coin que nul ne connaissait, mais dont tout le monde parlait, la vampire se trouvait mêlée aux attentats récents dirigés contre la personne du premier consul.

Elle avait touché à la machine infernale, à la conjuration dite du Théâtre-Français, et enfin à la conjuration de Georges Cadoudal.

Ces choses vont comme le vent : vers midi, la vampire était la maîtresse de Georges Cadoudal, après avoir été la maîtresse du sculpteur romain Giuseppe Ceracchi.

Puis un nouveau flux de renseignements arriva : la comtesse Marcian Gregoryi était morte d'un coup de pistolet dans la propre demeure du chef chouan.

Puis un autre encore : elle avait été tuée par un jeune homme qui restait en vie par miracle, puisqu'elle avait bu tout son sang.

Ce jeune homme avait été trouvé dans une sombre demeure du Marais, au fond d'un véritable cachot, sans porte ni fenêtre, endormi d'un sommeil mortel.

Et la demeure en question communiquait par des passages souterrains avec ce cabaret fameux, *la Pêche miraculeuse*, qui avait vécu durant des semaines et des mois de ce sinistre achalandage : les débris humains, descendant en Seine par l'égout de Bretonvilliers.

On n'oubliait pas, bien entendu, les cimetières violés, et l'on se demandait avec effroi pourquoi ce luxe d'horreurs.

Dans l'après-midi, troisième marée de nouvelles : une maison de la chaussée des Minimes, prise d'assaut par la police, avait révélé des excès tellement hideux que la parole hésitait à les transmettre. C'était là le grand magasin de cadavres, et toute cette comédie lugubre du quai de Béthune n'avait pour but que de rompre les chiens.

Un trou s'ouvrait dans la serre de cette maison de la chaussée des Minimes : un lieu délicieux où restaient des traces de plaisir et d'orgies, un trou méphitique où de véritables monceaux de corps humains se consumaient, rongés par la chaux vive.

Tout cela était si invraisemblable et si fort que, vers le soir, Paris se mit à douter.

Il y en avait trop. Tout avide qu'il est des drames rouges ou noirs, Paris, rassasié cette fois, se sentait venir la nausée.

Mais au moment où Paris, vaincu dans son redoutable appétit par l'abondance folle du menu, allait demander grâce et déserter le festin, un nouveau service arriva foudroyant celui-là, et si friand qu'il fallut bien se remettre à table.

Il ne s'agissait plus de cancans plus ou moins vraisemblables : c'était un fait, de la chair visible et tangible, morbleu ! le résidu tout entier d'une épouvantable tragédie, le marc sanglant de tout un massacre !

Le théâtre où devait se faire cette exhibition eût-il été à dix lieues des faubourgs, que Paris eût pris ses jambes à son cou.

Mais le théâtre était au plein cœur de la ville, au beau milieu de la Cité, entre le palais et la cathédrale.

Vous vous souvenez de cette petite maison en construction dont les maçons saluèrent Jean-Pierre Sévérin du nom de patron, quand il passa sur le Marché-Neuf, le soir où commence notre histoire ?

Cette maison était achevée. C'était le théâtre dont nous parlons.

Et le théâtre faisait aujourd'hui son ouverture.

Ouverture dont la terrifiante solennité ne devait être oubliée de longtemps.

C'était la Morgue, vierge encore de toute exposition.

Et les dernières nouvelles affirmaient que, pour l'étrenne de la Morgue, il y avait vingt-sept cadavres entassés dans la salle de montre.

Paris entier se rua vers la Cité.

Quelquefois Paris se dérange ainsi pour rien. On voit souvent des foules obscènes, qui courent au spectacle de la guillotine, revenir la tête basse, parce que la représentation n'a pas eu lieu.

Ces dames, qui ressemblent à des femmes, en vérité, et d'où viennent-elles, les misérables créatures? Et que font-elles? Ces dames s'en retournent la moue à la bouche. Elles ont loué en vain de « bonnes places » dont elles ont conservé le coupon pour une autre fois.

Assurément, ceux qui souhaitent avec ardeur que le chômage du crime supprime le supplice ne doivent avoir dans l'âme qu'une profonde pitié pour ces créatures, femelles ou mâles, qui se font les claqueurs du bourreau; mais ils ne peuvent blâmer bien sévèrement le courroux populaire poursuivant de ses huées ce comble de la perversité humaine.

Et nul ne prendrait la peine de s'indigner bien gravement si quelqu'un de ces couples à gaieté blasphématoire, à la honteuse élégance, qui viennent là savourer un sanglant sorbet entre leur souper et leur déjeuner, recevait une bonne fois le fouet dans le ruisseau de la rue Saint-Jacques : seul châtiment qui soit à la hauteur de ces fangeuses espiègleries.

Mais Paris, aujourd'hui, ne devait pas être trompé dans son espoir.

Voici ce qui s'était passé.

M. Dubois, préfet de police, sur les indications données par la comtesse Marcian Gregoryi, avait fait cerner, la nuit précédente, la maison isolée du chemin de la Muette, au faubourg Saint-Antoine, où se réunissaient les Frères de la Vertu.

Quoi qu'on puisse penser des mérites de M. Dubois comme préfet de police, il est certain que ce n'était point un homme de mesures extrêmes.

Il ne fut en aucune façon la cause de l'événement que nous allons raconter.

Vers une heure après minuit, les Frères de la Vertu étaient rassemblés au lieu ordinaire de leurs réunions, attendant la venue de la comtesse Marcian Gregoryi, qui devait leur amener Georges Cadoudal.

La séance était fort chaude, car la plupart des affiliés avaient des motifs de haine tout personnels. On peut dire que tous les membres de cette *Tugenbaud* parisienne avaient soif du sang du premier consul.

Vers une heure et demie, un message de « la souveraine », comme on appelait la comtesse Marcian Gregoryi, arriva. Ce message ne contenait qu'une ligne :

« Vous êtes trahis. La fuite est impossible. Choisissez entre la trahison et la mort. »

Andréa Ceracchi donna l'ordre de déboucher le tonneau de poudre qui était à demeure dans la salle des séances.

On alla aux voix sur la question de savoir si, en cas de malheur, on se ferait sauter.

Les affiliés étaient au nombre de trente-trois. Il y eut unanimité pour l'affirmative.

Six frères furent dépêchés en éclaireurs au dehors.

Aucun moyen n'existe de savoir s'ils songèrent à leur sûreté plutôt qu'au salut général. Toujours est-il qu'aucun d'eux ne revint.

Au nombre de ces six éclaireurs se trouvait Osman, l'esclave de Mourad-Bey.

Un quart d'heure après leur départ, la maison était cernée.

Le gardien de la porte principale vint leur annoncer, deux heures sonnant, qu'il y avait dans le Marais plus de quatre cents hommes de troupe et de police.

Ceracchi monta à l'étage supérieur et reconnut l'exactitude du renseignement.

Ils avaient tous des armes. Ils auraient pu faire une défense désespérée.

Mais Ceracchi était plutôt un rêveur qu'un homme d'action.

En entrant, il dit :

— Mes frères, la main qui veut exécuter l'arrêt de Dieu doit être pure. Nos mains ne sont pas pures. Cette femme nous a entraînés dans son crime, et une voix crie au dedans de moi : C'est elle qui vous a trahis ! Sachons mourir en hommes !

Il alluma une mèche que l'Illyrien Donal lui arracha des mains, répondant :

— Les hommes meurent en combattant !

Le bruit des crosses de fusil heurtant contre la porte d'entrée retentit en ce moment.

Deux ou trois parmi les conjurés proposèrent de fuir. Il n'était plus temps. Un coup de mousquet, tiré à l'extérieur, fit sauter la serrure de la porte principale, tandis qu'on attaquait avec la hache la porte de derrière.

Taïeb, le nègre, prit ce dernier poste avec cinq hommes résolus, tandis que les Allemands, menés par Donal, se rangèrent en bataille devant l'entrée principale.

Les deux portes s'ouvrirent en même temps. Tous les fusils éclatèrent à la fois, au dehors et au dedans, puis une large explosion se fit, soulevant le plafond et déchirant les murailles.

Andréa Ceracchi avait secoué le flambeau au-dessus du baril de poudre.

Il y eut douze hommes de tués parmi les assaillants, et tous ceux qui étaient dans la salle périrent, tous sans exception.

La Morgue neuve eut pour étrenne ces vingt-sept cadavres mutilés, parmi lesquels celui de Taïeh, le nègre, excita une curiosité générale. Il n'y a point à Paris de théâtre qui se puisse vanter d'avoir eu un succès aussi long, aussi constant que la Morgue. Sa pièce muette et lugubre, toujours la même, eut pendant plus de soixante années trois cent soixante-cinq représentations par an, et jamais ne lassa le parterre.

Néanmoins, la Morgue ne devait point retrouver la vogue fiévreuse de ce premier début, autour duquel la ville et les faubourgs se foulèrent et s'étouffèrent deux jours durant, avec folie.

En sortant, la cohue terrifiée, mais non rassasiée, prenait le chemin du Marais et gagnait la chaussée des Minimes, espérant assister à un spectacle encore plus curieux. Les gens d'imagination, en effet, disaient merveilles de ce trou rempli par les victimes de la vampire, et si quelque spéculateur avait pu établir un bureau de perception à la porte de l'hôtel habité récemment par la vampire, Paris, en une semaine, lui eût fait une énorme fortune.

Mais c'était là un fruit défendu. Paris, désappointé, dut s'en tenir à la Morgue. Pendant plusieurs jours, un cordon de troupes défendit les abords de l'hôtel occupé naguère par la comtesse Marcian Gregoryi.

Revenons maintenant à nos personnages.

Dès huit heures du matin, Jean-Pierre Séverin était à son poste. Quoiqu'il eût franchi en courant l'espace qui sépare le carrefour de Buci de la place du Châtelet, il assista, calme et grave au transfert des registres qui se fit de l'ancien greffe au nouveau.

Il resta la journée entière à son devoir, et ce fut lui qui reçut les restes mortels des malheureux foudroyés au chemin de la Muette.

A l'heure où les portes se ferment, il quitta le greffe et rentra dans la maison.

Sa femme et son fils étaient agenouillés dans la chambrette d'Angèle, devant un pauvre petit lit où gisait une forme couchée.

Dans un berceau au pied du lit, un enfant dormait.

La hideuse injure qui avait mutilé le front d'Angèle disparaissait sous un bandeau de mousseline blanche. Elle était belle d'une pureté céleste et ressemblait, sous sa candide couronne, à une religieuse de seize ans, endormie dans la pensée du ciel.

Jean-Pierre dit à son fils qui pleurait silencieusement :

— Tu ne seras ni puissant ni fort sans doute mais tu seras bon. Regarde bien cela. J'en ai sauvé quelques-unes. Je te dirai plus tard le nom des ennemis qui les entraînent dans le gouffre du suicide. Et tu feras comme moi, mon fils, tu combattras.

L'enfant répliqua, essuyant ses larmes d'un geste fier et doux :

— Je ferai comme vous, mon père.

Dans la chambre voisine, Germain Patou était au chevet de René, en proie à une terrible fièvre. René délirait. Il appelait Angèle et lui jurait de l'aimer toujours.

Quand sept heures sonnèrent à l'horloge du Châtelet, l'étudiant en médecine vint à la porte et dit :

— Patron, il faut que je m'en aille. Le médicament est préparé, vous le donnerez de quart d'heure en quart d'heure, et je reviendrai demain.

Il sortit.

Sur le quai Saint-Michel, il frappa à l'échoppe déjà close d'un bouquiniste.

— Père Hubault, lui dit-il, vous m'avez offert douze louis de mes livres, venez les chercher, je vous les vends.

Le père Hubault fit la grimace bien connue des marchands de vieux papiers qui voient jour à exploiter un besoin.

— Je ne veux plus donner que huit louis, répliqua-t-il.

— Dix ou rien ! fit Patou d'un ton ferme.

Le bouquiniste prit son chapeau.

Germain Patou demeurait dans une mansarde de la rue Serpente. Sa chambre avait un lit, une table, deux chaises, une bibliothèque et un fort beau squelette.

Le bouquiniste emporta sa charge de livres et laissa les dix louis.

Germain Patou s'assit et attendit, pensant :

— Vais-je enfin savoir ?...

Au bout de dix minutes environ, un pas lourd sonna sur les marches de l'escalier tortueux qui montait à la mansarde.

Germain devint pâle et mit la main sur son cœur qui battait.

— Est-ce elle ?... murmura-t-il.

Ainsi parlent les jeunes fous dans l'attente inquiète d'un rendez-vous d'amour.

13.

Germain Patou, esprit chercheur, nature âpre à la besogne, n'avait jamais donné de rendez-vous d'amour.

On frappa à la porte ; Germain ouvrit aussitôt ; la figure ignoble et fûtée d'Ézéchiel parut sur le seuil.

Il était chargé d'un pesant fardeau ; un sac qui semblait plein de paille, mais qui, certainement, à cause du poids, devait contenir autre chose.

— J'ai eu assez de peine, monsieur Patou, dit Ézéchiel. J'ai risqué ma place à la préfecture, et vous savez que c'est fini de rire, là-bas, au quai de Béthune... Vous donnerez trois cents francs.

— Je n'ai que dix louis, répliqua Germain. C'est à prendre ou à laisser.

Les paroles étaient fermes, mais la voix tremblait.

Germain ajouta, en montrant l'armoire vide où se rangeaient naguère ses livres :

— J'ai tout vendu pour me procurer ces dix louis.

Le regard d'Ézéchiel fit le tour de la chambre.

— J'aurais pu avoir autant là-bas, grommela-t-il ; peut-être davantage. Ceux qui font la poule au café de la Concorde, place Saint-Michel, voulaient voir comment elle est faite en dedans... et ils m'auraient payé gros pour lui brûler le cœur.

— Si tu ne la vends pas ici, répondit l'étudiant en médecine, tu ne la vendras nulle part. Je vais descendre avec toi, et te forcer à la déposer à la Morgue.

Ézéchiel jeta son fardeau sur le lit, qui craqua.

Il reçut les dix pièces d'or et s'en alla de mauvaise humeur.

Quand il fut parti, Germain ferma sa porte à double tour.

Le sang lui vint aux joues et ses yeux brillèrent étrangement. Il alluma le second flambeau qui était sur sa cheminée, puis, ayant placé des bougies dans les goulots de deux bouteilles vides, il les alluma aussi.

Jamais la chambrette n'avait été si brillamment éclairée.

Germain prit dans sa trousse un large scalpel, bien affilé, et fendit le sac dans toute sa longueur. Cela fait, il écarta, de ses deux mains qui frémissaient, la toile, puis la paille.

Il découvrit ainsi la pâle et merveilleuse beauté d'une jeune femme décédée, qui était la comtesse Marcian Gregoryi.

XXVII

ADDHÉMA

C'était, nous venons de le dire, une beauté merveilleuse, et je ne sais comment exprimer cela : les débris de paille qui souillaient sa chevelure en désordre lui seyaient comme une parure, ses vêtements affaissés dessinaient mieux l'adorable perfection de ses formes.

Elle était pâle, mais son visage et son sein n'avaient point cette lividité qui dénote l'absence de la vie. La blessure qui l'avait tuée formait un trou rond à la tempe, et s'entourait d'un petit cercle bleuâtre à peine visible.

Un regard semblait glisser entre ses paupières demi closes.

Germain se mit à la contempler. Sa physionomie, marquée au sceau de l'intelligence la plus vive, disait sa pensée comme une parole.

Et sa pensée, ou plutôt l'impression qu'il subissait, était si complexe et si subtile, que lui-même peut-être n'aurait pas su l'exprimer.

Du moins ne se l'avouait-il point à lui-même.

Il y avait un grand trouble en lui...

Le plus grand trouble, le premier peut-être qu'il eût éprouvé en sa vie, mises à part les émotions de la science.

Son pouls battait la fièvre, et il s'étonnait de l'oppression qui pesait sur sa poitrine.

Au bout de quelques minutes, et sans savoir ce qu'il faisait, il enleva brin à brin la paille accrochée aux cheveux ou prise dans les plis des vêtements. Il fut longtemps à faire cette toilette.

Quand il eut achevé, il poussa un grand soupir.

— Il n'y a pas au monde de femme si belle ! murmura-t-il.

A l'aide du propre mouchoir de la comtesse, une fine batiste dont la broderie sortait à demi de la poche de sa robe, il essuya son front amoureusement.

Ce premier contact lui procura une sensation si violente, qu'il eut peur de se trouver mal.

Elle était froide, — elle était morte, — et cependant tout le corps du jeune homme vibra sous cet attouchement.

Malgré lui, il porta le mouchoir à ses lèvres.

Un doux parfum s'en exhalait avec une mystérieuse ivresse.

Le mouchoir se déplia et montra un écusson brodé autour

duquel courait une devise, et Germain lut, en points clairs sur le fond mat : *In vita mors, in morte vita.*

Le mouchoir s'échappa de ses doigts.

Il approcha un siège, car ses jambes défaillaient sous son corps.

Il s'assit.

Le vent de mars soufflait de dehors et pleurait dans les vitres de la croisée.

D'en bas montait la musique vive et criarde d'une guinguette voisine où des étudiants dansaient.

Germain resta un instant faible et cherchant sa pensée qui le fuyait.

Sa pensée était la science. Il avait sacrifié ses livres, ses chers livres, pour chercher jusqu'au fond d'un étrange secret: tous ses livres, jusqu'à l'*Organon* de Samuel Hahnemann, dont la lecture avait été pour lui une seconde naissance.

Il croyait fermement que sa pensée était la science, et il répétait comme on murmure malgré soi-même un entêté refrain :

— Vais-je savoir ?... vais-je enfin savoir ?...

Il rouvrit sa trousse avec un grand soupir et y choisit le plus affilé de ses scalpels.

Le contact de l'acier lui donna un frisson.

— La vie dans la mort, dit-il, la mort dans la vie ! Y a-t-il là une erreur décrépite ou une prodigieuse réalité ? Le mystère est là, sous cette soie, derrière ce sein adorable, dans ce cœur qui ne bat plus et pourtant conserve une vitalité terrible et latente. Je puis trancher la vie, ouvrir le sein, questionner le cœur...

Et c'était là, songez-y, pour lui chose toute simple, occupation quotidienne. L'anatomie n'avait déjà plus pour lui de secrets.

Pourquoi la sueur froide baignait-elle ainsi ses tempes ?

Sans y penser, il étancha son front mouillé avec la même batiste qui venait d'essuyer le beau visage de la morte.

On dit qu'un roi de France devint fou d'amour en respirant ainsi les subtils parfums d'un voile qui gardait les émanations du corps divin de Diane de Poitiers.

Germain ferma ses yeux éblouis.

Mais c'était un enfant résolu. Il eut honte et serra convulsivement le manche de son scalpel.

— Je veux ! fit-il. Je veux savoir !

Il trancha la soie de la robe d'un geste brusque, il trancha la chemise et mit à nu l'exquise perfection du sein.

Il se leva, oscillant comme un homme ivre, afin de porter le premier coup.

Mais cette carnation dévoilée était si énergiquement vivante, que le scalpel sauta hors de ses doigts.

Il étreignit sa tête à deux mains, épouvanté de son propre transport...

— Est-ce que je l'aime ? pensa-t-il tout haut.

Une voix qui ne sortait point des lèvres immobiles de la morte, une voix faible qui semblait lointaine, mais distincte, répondit :

— Tu m'aimes !

Un flux glacé courut par les veines de l'étudiant.

Il se crut fou.

— Qui a parlé ? demanda-t-il.

La voix, plus lointaine et moins nette, répondit :

— C'est moi, Addhéma...

Le vent de mars secoua les châssis de la croisée, et d'en bas la guinguette envoya de stridents éclats de rire.

Germain, éveillé par ces bruits extérieurs, fit sur lui-même un violent effort, et appliqua le creux de sa main droite sur le sein, à la place où le cœur aurait dû battre.

C'était froid ; cela ne battait plus.

Germain ne sentit rien, sinon les pulsations de ses propres artères qui se précipitaient avec extravagance.

Il ne sentit rien, car le verbe sentir exprime un fait net et positif, — mais il éprouva quelque chose d'extraordinaire et de puissant qu'il compara lui-même à une profonde magnétisation.

Tout son être chancela en lui, comme si la séparation allait se faire entre l'âme et le corps. Pour la première fois depuis qu'il vivait, pour la dernière fois peut-être jusqu'à l'heure de son décès, il eut conscience des deux principes composant sa propre entité.

Il reconnut, par une perception passagère, mais robuste, la matière ici, là l'esprit.

Ce fut un déchirement plein de douleur, en quelque sorte voluptueux.

Cela ne dura qu'un instant : le temps que met une lampe à jeter ce grand éclat qui précède sa fin.

Puis, tout devint vague. Il chercha son âme comme tout à l'heure il cherchait sa pensée.

Il voulut retirer sa main, il ne put; les muscles de son bras étaient de pierre.

Ce cœur ne battait pas, cette chair était inerte et froide, mais un sourd fluide s'en épandait à flot.

Germain reconnut qu'il allait s'endormir tout debout qu'il était et tomber en catalepsie.

Il essaya de résister; un écrasement irrésistible et ironique refoula son effort.

Ses yeux voyaient déjà autrement cette blanche statue si

splendidement belle. Elle semblait pour lui se détacher du lit et nager dans l'espace.

La lumière qui glissait entre les cils fermés devenait plus brillante, s'allongeait et remontait vers lui comme un regard.

Et la voix, — la voix qui avait dit : « Tu m'aimes, » arrivant de partout à la fois et l'enveloppant comme une atmosphère parlante, murmurait en lui et au dehors de lui des mots qu'il fut longtemps à comprendre.

Cette voix disait :

— Tue-moi, tue-moi, je t'en supplie, au nom du Père, du Fils et du Saint-Esprit! Ma souffrance la plus terrible est de vivre dans cette mort et de mourir dans cette vie... Tue-moi!

Ces paroles étranges semblaient aller et venir en raillant.

Du dehors on n'entendait plus rien, ni la plainte du vent, ni la gaieté de la taverne.

Tout ce qui était dans la chambre se prit à remuer, comme si c'eût été la cabine d'un navire tourmenté par la lame.

La morte seule restait immobile, dans la sérénité de son suprême sommeil, suspendue par un pouvoir occulte au-dessus du lit, qui ne le supportait plus.

Elle montait ainsi lentement, soulevée dans le vide.

Germain devinait que sa bouche allait bientôt venir au niveau de ses lèvres.

Et la voix disait, toujours plus lointaine :

— Pour me tuer, il faut me brûler le cœur, je suis la vampire dont la mort est une vie, la vie une mort. Tue-moi! Mon supplice est de vivre, mon salut serait de mourir. Tue-moi, tue-moi!

Ces mots riaient amèrement autour des oreilles de l'étudiant.

Et la blanche statue montait.

Quand le visage de la morte fut tout près du sien, à lui, Germain, il vit une goutte de sang vermeil et liquide qui sortait de la blessure.

Et une haleine ardente le brûla.

Et sa lèvre fut touchée par cette bouche qui lui sembla de feu.

Il reçut un choc dont aucun mot ne peut rendre l'étourdissante violence. Ce fut sa dernière sensation. Il entrevit, béant, le gouffre sans fond qu'on nomme l'éternité. Il y tomba... Le lendemain matin, au grand jour, il s'éveilla, couché en travers sur son lit et le visage contre les couvertures.

Le corps de la comtesse Marcian Gregoryi avait disparu.

La pensée voulut naître en lui qu'il avait été le jouet d'un rêve affreux.

Mais il tenait encore à la main son scalpel; le sac de grosse toile était là aussi, la paille aussi, le mouchoir de fine batiste où les points clairs dessinaient la devise latine, — et sur le drap, juste à l'endroit où naguère se collaient ses lèvres, il y avait une tache ronde et rouge, qui était la goutte de sang...

Ils racontent là-bas, en moissonnant leurs larges champs de maïs, de Semlin jusqu'à Temesvar et jusqu'à Szegedin, ils racontent la grande orgie nocturne des ruines de Bangkeli.

Notre histoire a eu déjà son dénoûment réel. Ceci est peut-être le dénoûment fantasque de notre histoire.

Bangkeli était un château chrétien, flanqué de huit tours turques, qui regardaient la Save du haut d'une montagne nue. C'était vaste comme une ville. Les ruines l'attestent.

Il y avait des siècles que l'eau du ciel inondait les salles magnifiques à travers les toits désemparés, lorsqu'eut lieu l'orgie des vampires.

Lila avait menti en disant à René de Kervoz que le dernier comte était un général de l'armée du prince Charles, lors des guerres de Bonaparte.

Le dernier comte fut un voyvode célèbre et puissant, au temps de Mathias Corvinus, le fils épique de Jean Hunyade.

Il fut tué par sa femme Addhéma, qui le trahissait pour le révolté Szandor.

Et pendant de longues années, Szandor et Addhéma, maîtres de l'immense domaine, effrayèrent le pays du bruit de leurs crimes.

Tous deux étaient vampires.

Dans les âges suivants, leurs tombes, d'où sortait le malheur, furent l'épouvante et le deuil de la contrée.

A eux deux, à eux seuls, ils sont toute la légende des bords de la Save.

Une nuit, on ne dit pas quand au juste, mais ce fut vers le commencement de ce siècle, les bateliers serbes avaient vu le soleil plus rouge se mirer dans les carreaux brisés des corps de logis drapés de lierre. Vous eussiez dit un incendie.

Le soleil disparut, cependant, derrière les plaines sans fin qui vont vers le golfe Adriatique, et les vitres de l'antique forteresse restèrent rouges.

Plus rouges. Il y avait un grand feu à l'intérieur.

Les bateliers de la Save se signèrent, disant :

— Le comte Szandor va vendre une nuit d'amour à sa femme Addhéma.

Et ils pesèrent sur leurs avirons pour descendre vitement vers Belgrade.

Au prix d'un trésor, nul n'aurait voulu approcher de la forteresse maudite.

Qui donc raconta ce qui s'y passa cette nuit ? qui le premier ? On ne sait, mais cela se raconte.

Ainsi sont faites toujours les traditions populaires.

Et peut-être trouveriez-vous là l'origine de la foi qu'elles inspirent. On y croit parce que personne ne peut dire le nom du menteur qui les imagina.

La grande salle du château de Bangkeli était pompeusement illuminée. Les peintures murales, déteintes et souillées, semblaient revivre aux feux des lustres. Les vieilles armures des chevaliers renvoyaient en faisceaux les sourdes étincelles, et les galeries sarrasines, ajoutées à l'antique construction romane, étalaient coquettement la légèreté de leurs dentelles polychromes.

Sur une table dressée et couverte des mets les plus exquis, les vins de Hongrie, de Grèce et de France mêlaient leurs flacons. C'est, là-bas, le climat de l'Italie, plus beau peut-être et plus généreux. Les alberges dorées montaient en pyramides parmi des collines de cédrats, d'oranges et de raisin, tandis que les pastèques, à la verte enveloppe, saignaient sous le couteau.

On ne saurait dire d'où étaient venus les coussins soyeux et les tapis magnifiques qui ornaient, cette nuit, la seigneuriale demeure, abandonnée et déserte depuis des siècles.

Sur les coussins, auprès de la table, où les plats en désordre et les flacons décoiffés annonçaient la fin du festin, un jeune homme et une jeune femme, beaux tous les deux jusqu'à éblouir le regard, étaient demi-couchés.

Non loin d'eux il y avait un monceau de pièces d'or, à côté d'un coffre vite.

— Monseigneur, dit la jeune femme en livrant son doux front, couronné de boucles blondes, aux baisers de son compagnon, cet or a coûté bien du sang.

Le jeune homme répondit :

— Il faut du sang pour amasser l'or, et l'or qu'on prodigue fait couler le sang. Il y a un lien mystique entre le sang et l'or. Ce troupeau stupide qui peuple le monde, les hommes, nous appelle des vampires. Ils ont horreur de nous et tendent sans défiance, leurs veines à ces autres vampires qu'on nomme les habiles, les heureux, les forts, sans songer que l'opulence d'un seul, ou la puissance d'un seul, ou sa gloire ne peut jamais être faite qu'avec le sang de tous : sang, sueur, moelle, pensée, vaillance. Des milliers travaillent, un seul profite...

— Monseigneur, murmura la jeune femme, vous êtes éloquent; monseigneur, vous êtes beau; monseigneur, vous ressemblez à un dieu, mais daignez abaisser un regard vers votre petite servante Addhéma, qui languit d'amour pour vous.

Le superbe Szandor la regarda en effet.

— Tu as droit à une nuit de plaisir, répliqua-t-il; tu l'as achetée. Je suis ici pour gagner ce monceau d'or... Mais quand tu vas être morte, Addhéma, avec cet or j'achèterai un sérail de princesses; j'éblouirai Paris, d'où tu viens, Londres, Vienne ou Naples la divine; je disputerai Rome aux cardinaux, Stamboul au padischah, Mysore aux proconsuls malades de la conquête anglaise. Partout où je suis les autres vampires pâlissent et s'éclipsent...

Il y avait une lueur étrange dans les beaux yeux d'Addhéma.

— Un baiser! Szandor, mon amant! Un baiser! Szandor, mon seigneur!

Le superbe Szandor concéda : il fallait bien que le marché fût accompli.

Les conteurs riverains de la Save disent que ce baiser, dont le prix était de plusieurs millions, fut entendu le long du fleuve, dans la plaine et au fond des forêts. L'amour des tigres fait grand bruit : c'est une bataille. Il y eut des hurlements et des grincements de dents; les lueurs rouges s'agitèrent? l'antique forteresse trembla sur ses fondements dix fois séculaires.

Puis, les deux monstres à visage d'anges restèrent immobiles, vaincus par la fatigue voluptueuse.

Le vin coula, mettant ses rubis sur leurs lèvres pâlies.

Le regard d'Addhéma brûlait sourdement.

— Conte-moi l'histoire de ces boucles d'or qui couronnent ton front, ma fiancée, dit Szandor réconcilié; cette nuit, je te trouve belle.

— Toujours je te trouve beau, répliqua la vampire.

Elle appuya sa tête charmante sur le sein de son amant et poursuivit :

— Il y avait sur la route une belle petite fille qui demandait son pain. Je l'ai rencontrée entre Vienne et Presbourg. Elle souriait si doucement que je l'ai prise avec moi dans ma voiture. Pendant deux jours elle a été bien heureuse, et je l'entendais qui remerciait Dieu d'avoir trouvé une maîtresse si généreuse et si bonne. Ce soir, avant de venir, j'ai senti que mon sang refroidissait dans mes veines. Il me fallait être jeune et belle. J'ai pris l'enfant sur mes genoux, elle s'est endormie, je l'ai tuée...

Tandis qu'elle parlait ainsi, sa voix était suave comme un chant.

Les mains de Szandor se baignaient dans ces cheveux soyeux et doux qui étaient le prix d'un meurtre. Le conte lui sembla piquant et réveilla son caprice endormi.

La lutte d'amour recommença, sauvage et semblable aux ébats des bêtes féroces qui effrayent la solitude des halliers.

Puis ce fut le tour de l'orgie.

Et encore et toujours!

Les lueurs du matin éclairèrent la suprême bataille, au milieu des flacons brisés, de l'or éparpillé, des tapis souillés de vin et de fange.

Dans le foyer un brasier brûlait; au-dessus du brasier, un bassin de fer contenait du métal en fusion.

Parmi les charbons ardents une barre de fer rougissait.

Addhéma dit :

— Je ne veux pas voir le soleil se lever. O toi que j'ai aimé, vivante et morte, Szandor, mon roi, mon dieu! tu m'as promis que je mourrais de ta main, après cette nuit de délices. Tu sais comment mettre un terme à mes souffrances, car mon supplice est de vivre, et j'aspire au bienheureux sommeil de la mort.

— J'ai promis, je tiendrai, ma toute belle, répliqua Szandor sans trop d'émotion. Aussi bien, voici le jour et il faut que je me mette en route. Il y a de belles filles à Prague. Je veux être à Prague avant la nuit... Es-tu prête, mon amour ?

— Je suis prête, répliqua Addhéma.

Szandor mouilla un mouchoir de soie pour entourer l'extrémité du fer rougi.

Addhéma suivait tous ses mouvements d'un regard inquiet et sombre, guettant sur ses traits une trace d'émotion.

Mais Szandor songeait aux belles jeunes filles de Prague et souriait en fredonnant une chanson à boire.

L'œil d'Addhéma brûla.

Szandor retira du foyer la barre de fer qui rendit des étincelles.

— Elle est à point! dit-il avec une gaieté sinistre.

— Elle est à point! répéta Addhéma. Szandor, mon bien-aimé, adieu.

— Adieu, ma charmante...

Szandor leva le bras.

Mais Addhéma lui dit :

— Je ne veux pas te voir me frapper, ange de ma vie. Donne, je me percerai le sein moi-même ; tu verseras seulement le plomb fondu.

— A ton aise, répliqua Szandor. Les femmes ont des caprices.

Et il lui passa le fer rouge.

Addhéma le prit et le lui plongea dans le cœur si violemment que la tige brûlante traversa sa poitrine de part en part.

Le monstre tomba, balbutiant un blasphème inachevé.

— Les jeunes filles de Prague peuvent t'attendre! murmura la vampire, redressant sa taille magnifique et souriant avec triomphe.

Elle retira le fer de la plaie. Il resta un trou énorme, dans lequel elle versa le métal en fusion que le bassin contenait.

Puis elle baisa le front livide de son monstrueux amant et se mit dans le cœur le fer qui était rouge encore.

Ce matin-là il y eut un orage comme jamais la terre de Hongrie n'en avait vu. Le château de Bangkeli, vingt fois foudroyé, ne garda pas pierre sur pierre.

Dans les hautes herbes qui croissent parmi les décombres, on montre deux squelettes dont les ossements entrelacés s'unissent en un baiser funèbre.

FIN DE LA VAMPIRE